本书为国家社会科学基金青年项目"基于'灵活保障'的残疾人支持性就业模式研究"(14CSH052)的成果

残障人士支持性就业

服务与政策体系

廖慧卿 著

中国社会科学出版社

图书在版编目(CIP)数据

残障人士支持性就业：服务与政策体系 / 廖慧卿著. —北京：中国社会科学出版社，2022.9
　ISBN 978-7-5227-0284-1

　Ⅰ.①残…　Ⅱ.①廖…　Ⅲ.①残疾人—就业—研究—中国　Ⅳ.①D669.69

　中国版本图书馆 CIP 数据核字（2022）第 091546 号

出 版 人	赵剑英
责任编辑	宫京蕾
责任校对	秦　婵
责任印制	郝美娜

出　　版	中国社会科学出版社
社　　址	北京鼓楼西大街甲 158 号
邮　　编	100720
网　　址	http：//www.csspw.cn
发 行 部	010-84083685
门 市 部	010-84029450
经　　销	新华书店及其他书店
印　　刷	北京君升印刷有限公司
装　　订	廊坊市广阳区广增装订厂
版　　次	2022 年 9 月第 1 版
印　　次	2022 年 9 月第 1 次印刷
开　　本	710×1000　1/16
印　　张	16
插　　页	2
字　　数	263 千字
定　　价	98.00 元

凡购买中国社会科学出版社图书，如有质量问题请与本社营销中心联系调换
电话：010-84083683
版权所有　侵权必究

目 录

第一章 绪论 ……………………………………………………… (1)
  第一节 研究背景及研究问题 ……………………………… (1)
    一 研究背景 …………………………………………… (1)
    二 研究问题 …………………………………………… (5)
    三 研究目的 …………………………………………… (6)
    四 研究内容与基本观点 ……………………………… (6)
    五 本书特点 …………………………………………… (7)
  第二节 研究思路与研究方法 ……………………………… (8)
    一 研究思路 …………………………………………… (8)
    二 研究方法 …………………………………………… (9)

第二章 文献综述 ……………………………………………… (11)
  第一节 支持性就业研究概述 …………………………… (11)
    一 支持性就业的概念、内容与功能 ……………… (11)
    二 支持性就业与其他就业形式的关系 …………… (13)
    三 支持性就业发展与社会政策的关系 …………… (17)
    四 支持性就业的模式与路径研究 ………………… (19)
    五 支持性就业与融合就业 ………………………… (22)
  第二节 灵活保障与支持性就业 ………………………… (23)
    一 灵活保障的概念 ………………………………… (23)
    二 灵活保障与支持性就业的关系 ………………… (25)
    三 与支持性就业相关的灵活保障体系 …………… (27)

第三章 残障人士的公开就业需求与意愿 (30)
第一节 一般残障人士公开就业意愿 (31)
一 研究背景与研究问题的提出 (31)
二 关于工作满意度与残障人士公开就业意愿 (32)
三 测量框架与研究假设 (34)
四 数据收集与处理 (39)
五 数据分析与结果 (41)
六 研究发现 (49)
第二节 心智障碍者的公开就业意愿与能力 (51)
一 调查对象背景 (52)
二 样本就业状况 (52)
三 接受就业服务情况 (55)
四 就业意愿和需要 (57)
五 支持性就业的认知与意愿 (58)
六 对支持性就业服务的需要 (60)

第四章 支持性就业服务在国内的状况和模式 (62)
第一节 支持性就业在国内发展的现状 (62)
一 国内心智障碍者的支持性就业状况 (62)
二 国内对支持性就业之理解 (66)
三 支持性就业在国内的一般工作流程 (69)
四 新兴职业：就业辅导员 (70)
第二节 支持性就业在我国发展的历程与特点 (72)
一 支持性就业发展历程 (72)
二 支持性就业在我国发展的特点 (75)
第三节 国内支持性就业模式 (79)
一 个别安置模式 (79)
二 群组模式 (80)
三 小型企业模式 (83)
第四节 支持性就业的作用 (83)
一 有利于解决心智障碍者的就业问题 (84)
二 增加残障人士收入，减轻社会福利的压力 (84)

三　增加了残障人士的效能感，延缓其社会功能的退化 ……… (84)
　　四　促进社会融合 ……………………………………………… (85)
　　五　改变了社会公众对心智障碍者的刻板印象 …………… (86)
第五章　试点城市的支持性就业政策体系 ………………………… (87)
　第一节　北京市支持性就业政策 ………………………………… (87)
　　一　支持性就业实施概况 …………………………………… (87)
　　二　政府评量——购买服务的模式 ………………………… (89)
　　三　支持性就业政策的主要内容 …………………………… (90)
　　四　北京支持性就业政策特点 ……………………………… (92)
　　五　北京实施支持性就业的困难与挑战 …………………… (93)
　第二节　湖南省支持性就业试点的政策 ………………………… (96)
　　一　概况 ……………………………………………………… (96)
　　二　湖南省支持性就业政策内容 …………………………… (97)
　　三　实施现状与特点 ………………………………………… (100)
　　四　支持性就业在湖南实践中的困境 ……………………… (103)
　第三节　广州市支持性就业的政策与实践 ……………………… (108)
　　一　支持性就业的试点缘起与政策倡导 …………………… (108)
　　二　政策支持对象主要是特殊职业学校毕业生 …………… (109)
　　三　支持性就业政策的主要内容 …………………………… (110)
　　四　实施概况与特征 ………………………………………… (112)
　　五　支持性就业试点工作的实施效果 ……………………… (117)
　　六　支持性就业在广州实践中的困境 ……………………… (118)
第六章　支持性就业服务递送模式——广州慧灵的经验 ………… (120)
　第一节　广州市支持性就业服务递送的总体情况 ……………… (120)
　第二节　社会服务机构提供支持性就业的典型模式：
　　　　　广州慧灵 …………………………………………………… (122)
　　一　案例背景 ………………………………………………… (122)
　　二　广州慧灵承接支持性就业的模式和服务流程 ………… (123)
　　三　服务递送特征——弹性保障与社区融合相结合的
　　　　支持模式 ………………………………………………… (125)
　　四　广州慧灵支持性就业的优点 …………………………… (129)

五　广州慧灵支持性就业的困境与挑战 …………………………（135）
第七章　缺乏灵活保障的支持性就业模式：困境与制度
　　　　原因分析 ……………………………………………………（143）
　第一节　灵活保障视角下支持性就业实施的困境 …………………（143）
　　一　只能服务轻度心智障碍者 ……………………………………（143）
　　二　"挂靠"排挤了就业 …………………………………………（144）
　　三　相当部分家长不支持心智障碍的孩子就业 …………………（146）
　　四　企业难以满足家长的要求导致"分道扬镳" ………………（147）
　　五　企业不接纳心智障碍者和支持性就业的服务模式 …………（148）
　第二节　灵活保障缺乏：支持性就业效果欠佳的制度
　　　　　原因分析 ……………………………………………………（150）
　　一　现行社会保障体系与支持性就业的冲突 ……………………（151）
　　二　缺乏弹性的就业保障与支持性就业之间的冲突 ……………（158）
　　三　就业环境的弹性不足，就业与社会服务脱节 ………………（159）
　　四　缺乏就业—培训的弹性保障体系 ……………………………（165）
　　五　政府与企业缺乏灵活的责任承担合作机制 …………………（171）
　　六　缺乏灵活设计的政策支持体系 ………………………………（173）
第八章　支持性就业的域外经验与实践 ……………………………（182）
　第一节　支持性就业的国际发展脉络与灵活保障 …………………（182）
　第二节　支持性就业的美国经验 ……………………………………（184）
　　一　美国支持性就业的内容 ………………………………………（184）
　　二　美国支持性就业的特点 ………………………………………（185）
　　三　美国支持性就业的优点 ………………………………………（186）
　　四　美国支持性就业的不足 ………………………………………（187）
　　五　美国支持性就业对我国的启示 ………………………………（187）
　第三节　支持性就业的日本经验 ……………………………………（188）
　　一　日本支持性就业的内容 ………………………………………（188）
　　二　日本支持性就业的特点 ………………………………………（190）
　　三　日本支持性就业的优点 ………………………………………（190）
　　四　日本支持性就业的缺点 ………………………………………（191）
　　五　日本支持性就业对我国的启示 ………………………………（191）

第四节　支持性就业在中国台湾的实践 …………………… （192）
　　一　台湾支持性就业的对象与内容 …………………………… （192）
　　二　台湾支持性就业的特点 …………………………………… （193）
　　三　台湾支持性就业的优点 …………………………………… （194）
　　四　台湾支持性就业的不足 …………………………………… （195）
　　五　台湾支持性就业对大陆的启示 …………………………… （196）
第五节　支持性就业在中国香港的实践 …………………… （197）
　　一　香港支持性就业的内容 …………………………………… （197）
　　二　香港支持性就业的特点 …………………………………… （198）
　　三　香港支持性就业的优点 …………………………………… （199）
　　四　香港支持性就业的不足 …………………………………… （199）
　　五　香港支持性就业对内地的启示 …………………………… （200）

第九章　研究结论与促进支持性就业的政策建议 ………………… （201）
第一节　研究结论 ………………………………………………… （201）
　　一　支持性就业需要灵活的社会保障制度支撑 ……………… （201）
　　二　支持性就业回应了心智障碍者的就业需求，其外延
　　　　有待扩展 …………………………………………………… （202）
　　三　缺乏灵活保障的政策支持制约了我国支持性就业的发展 …… （203）
第二节　灵活保障视角下支持性就业发展的进路 ……………… （205）
　　一　一个基于灵活保障的支持性就业模式 …………………… （205）
　　二　灵活保障视角下支持性就业发展的进路 ………………… （207）

第十章　支持性就业案例 ………………………………………… （218）
案例一：胖胖失业是因为太胖？ ………………………………… （218）
　　一　个案背景 …………………………………………………… （218）
　　二　案例描述 …………………………………………………… （219）
　　三　主要问题与需求分析 ……………………………………… （220）
　　四　问题根源：缺乏后续服务支持 …………………………… （221）
案例二：支持性就业的安全责任应该由谁承担？ ……………… （221）
　　一　个案背景 …………………………………………………… （221）
　　二　案例描述 …………………………………………………… （222）
　　三　主要问题与需求分析 ……………………………………… （223）

四　问题根源：社会无障碍环境和支持缺乏 …………（223）
案例三：案主就业能力不足时怎么办 ………………………（223）
　　一　个案背景 ……………………………………………（223）
　　二　案例描述 ……………………………………………（224）
　　三　主要问题与需求分析 ………………………………（224）
　　四　问题根源：缺乏转衔机制和政策鼓励 ……………（225）
参考文献 …………………………………………………………（226）
附录一　灵活保障与支持性就业研究访谈提纲（一）………（237）
附录二　灵活保障与支持性就业研究访谈提纲（二）………（238）
附录三　残障人士就业状况、认知和需要调查 ………………（239）
附录四　支持性就业调查问卷 …………………………………（244）
后记 ………………………………………………………………（247）

第一章

绪 论

第一节 研究背景及研究问题

一 研究背景

劳动就业是宪法赋予每个公民的基本权利,残障人士也不例外。近年来,我国政府积极行动,推行了一系列政策措施保障残障人士的就业权利。对残障人士[①]就业权利的保障意味着各国政府除了要鼓励有劳动能力的残障者进入公开劳动力市场,还应采取一系列积极保障与援助的社会政策保障残障者的工作内权利(Kiernan et al., 1997)。联合国《残疾人权利公约》提出,各国政府除了要推行工作岗位供给这一传统就业社会政策外,还必须确保残障者在工作场所能够获得必要的环境设施与社会服务:①就业服务,②提供或协助提供就业岗位,③提供工作场所的合适的辅助设施、④推行各类型的职业康复计划。上述权利的保障都意味着政府需要推行一系列积极的就业保障政策,特别是提供适宜的就业服务。近年来,我国政府也意识到了就业对于残障人士的意义,大力发展残疾人就业服务,并相应出台了不少促进残疾人就业的相关政策。我国的残疾人就业服务包括职业培训服务、职业介绍、职业康复、辅助性就业服务、就业场所的无障碍设施建设服务、灵活就业支持服务等。其中支持性就业是由民

[①] 有观点认为,"残疾人"一词具有歧视性,且把身心障碍者的障碍全部归因于个体伤残(何乃柱,2013);但我国政府目前使用的依然是"残疾人"称谓。本书使用了"残障人士"的称谓,但涉及政策名称和文本时依然沿用官方的"残疾人"称谓。同理,本书使用了"心智障碍者"这一反映社会模式的称谓指称"智力残疾人"和"精神残疾人",但在涉及政策名称和文本时依然沿用官方的"智力残疾人"和"精神残疾人"称谓。

间社会和政府共同合作，针对心智障碍者的就业问题而推出的新型就业模式。

（一）中重度和特定类型残障者（如心智障碍者）被严重排斥出公开劳动力市场

在我国，处于就业年龄段的中重度和特定类型残障人士，如中重度肢体障碍者、中重度听力障碍者、中重度视力障碍者、心智障碍者（智力障碍、精神障碍、自闭症等）依然难以就业，他们被广泛排除出公开劳动力市场。目前，我国的就业支持政策，主要思路是将残障人士划分为有完全"劳动能力"和无完全"劳动能力"，对前者主要是通过按比例分散就业和集中就业的方式鼓励其进入公开劳动力市场；对后者则认为其不适合从事雇用劳动，通过辅助性就业的方式建立庇护工场、康园工疗站等鼓励其进行"劳动康复"。"劳动康复"的残障人士并非进入正常的自由劳动力市场，而是在一个相对封闭的环境中从事"劳动"，获得劳动补贴和有限的社会服务。这种政策思路和制度设计导致就业政策（进入公开劳动力市场）主要的受益者是"劳动能力"较好的肢体障碍者、语言障碍者和听力障碍者等，那些传统上被认为"劳动能力"不足的重度残障者，特别是心智障碍者（精神障碍、智力障碍、自闭症等）较少能够受益于针对公开劳动力市场的支持政策，而是被鼓励进入隔离式的劳动康复场所，事实上他们多数赋闲在家。传统的残障者就业支持政策和职业培训对心智障碍者效果并不明显。

中重度或特定类型残障人士（如心智障碍者）被严重排斥出公开劳动力市场。全国残疾人士抽样调查显示，残障人士就业率不足四成，但中国有超过1200万的智力和发展障碍者，他们的平均就业率仅有7.5%，还远低于全国第二次残疾人口普查中障碍人士近四成的就业率。《中国孤独症家庭需求蓝皮书》调查显示，成年自闭症就业率不到10%（程凯，2008）。

现实中，实现公开就业的中重度或心智障碍者数量甚至比公开发布的数据比例还小。据观察，就业单位更愿意雇用轻度肢体障碍者、语言障碍者和听力障碍者，而不愿意雇用心智障碍者。而且心智障碍者也难以受益于目前在我国实行的各类残障人士就业保障政策。大部分心智障碍者的"就业"现状是大部分都待在家里，少数能够进入政府资助或者运营的各类保护性就业机构,如广东省的"工疗站"、庇护工场,从事"劳动"领取小额补贴,或者接受"挂靠"。"挂靠"是我国企业应对必须分散按比例安排残障人士就业,否则就要缴纳"残疾人就业保障金"的"对策"。由于《残疾人就业条例》对用人单位聘用残疾人有比例要求,不少单位采用挂靠(就业但不上岗)的形式来达到比例要求。以广州市为例,根据广州市《2013年成年心智障碍人士就业状况、就业需求和就业可行性调研报告》显示,样本中32%的心智障碍人士有挂靠单位,并未真正就业,只有2%在企事业单位就业[①],如图1-1所示。该调查显示,在高达98%未进入公开劳动力市场的心智障碍者中,35%在残联下属的辅助性就业机构(如康园、职康站、庇护工场)接受就业安置服务,19%的心智障碍者在培训机构接受训练,16%在民办服务机构接受服务,20%则待在家中。

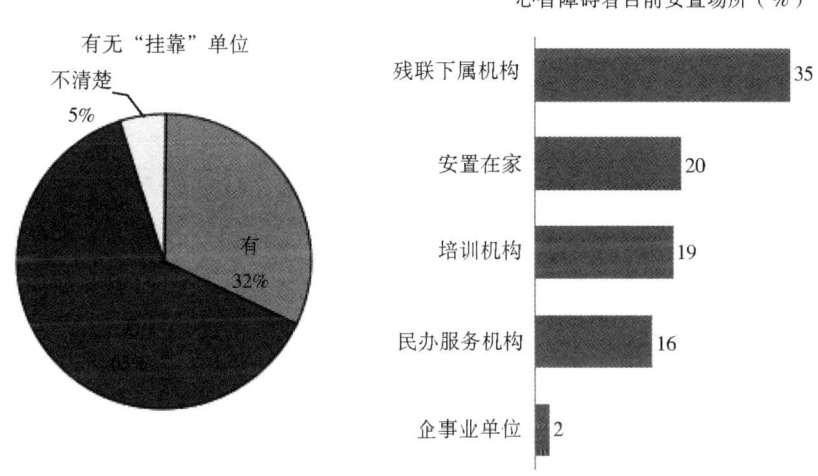

图1-1　广州市2013年心智障碍者就业情况

可见中重度残障人士,特别是心智障碍者的就业形势不容乐观,相当数量的用人单位为达到《残疾人就业条例》规定的免缴纳残疾人就业保障金标准,采用"挂靠"的模式逃避纳税[②]。

---

① 资料来源:广州慧灵心智障碍人士服务机构等,《2013年成年心智障碍人士就业状况、就业需求和就业可行性调研报告》,http://www.capidr.org.cn/news141.html,2021年03月01日。

② 因安排残疾人就业达不到其所在地省、自治区、直辖市人民政府规定比例的,就业单位需要缴纳一定比例残疾人就业保障金。

（二）不被鼓励进入公开劳动力市场的残障人士的就业权利需要被尊重

实际上大部分不被鼓励进入公开劳动力市场的残障人士有很大的就业空间，如轻度心智障碍者也有迫切的就业需求和相当的劳动能力，他们的就业权利必须得到尊重和保障。根据第六次全国人口普查和2006年《第二次全国残疾人抽样调查数据分析报告》的调查数据综合推算，我国有各类残障人士8502万人，其中精神障碍者有629万人，约占总体残障人士的7.40%；智力障碍者总人数为568万人，占总体残障人口的6.68%；多重障碍者有1386万人，占总体残障人口的16.30%[1]。从年龄分布情况来看，15—59岁所占比例最高，达到64.39%。按照残障的严重程度，重度残障人士有2518万人，约占总体残障人口的29.62%；中度和轻度残障人士有5984万人，约占总体残障人口的70.38%[2]。从上述数据可见，全国范围内存在大量处于就业年龄段的智障人士、精神障碍、自闭症、多重障碍人士，其中包括心智障碍在内的中轻度残障者，只要获得足够的支持，完全可以进入公开劳动力市场。

目前，中国的残障人士整体就业率是43%，但心智障碍者的就业率却低于10%（张宝林，2015），社会上很多用人单位对心智障碍者就业责任意识薄弱，存在严重的偏见与歧视。即便用人单位愿意雇用残障人士，但大多不会招聘心智障碍者，他们更愿意接受其他类型的残障人士。心智障碍者的就业与独立生活问题成为困扰家庭和社会的重大难题。

超越工具理性和功利主义，从社会属性和社会福利的权利视角角度理解，就业关乎残障者的贫困消除、个体尊严、社会参与、社会流动、社会融合与其他社会权利的实现（Kelly，2000；王国羽等，2012）。残障人士参与劳动力市场对于其本人、家庭以及社会都具有十分重要的意义。对于

---

[1] 数据来源：中国残疾人联合会官网，http：//www.cdpf.org.cn/sjzx/cjrgk/201206/t20120626_387581.shtml，2019/02/15，其中"全国残疾人抽样调查数据"是我国关于残障人口状况的官方数据的主要来源，最近一次抽样调查是2006年举行的第二次全国残疾人抽样调查，故该数据是目前最新官方数据的主要来源。

[2] 数据来源：中国残疾人联合会官网，http：//www.cdpf.org.cn/sjzx/cjrgk/201206/t20120626_387581.shtml，2019/02/15，其中"全国残疾人抽样调查数据"是我国关于残障人口状况的官方数据的主要来源，最近一次抽样调查是2006年举行的第二次全国残疾人抽样调查，故该数据是目前最新官方数据的主要来源。

他们及其家庭而言，就业不仅可以减轻家庭的负担，实现经济独立，还可以通过自己的生产劳动实现自身价值，获得社会认同。对于社会而言，促进残障人士回归社会，解决残障人士就业问题，有利于促进社会公平和建设一个文明和谐的社会。

(三) 支持性就业模式需要进一步的发展与创新

近年来，对残障人士就业，国家开始推行"积极的就业政策"，特别是针对难以公开就业的心智障碍者，我国已开始了支持性就业的试点，对支持性就业的推动已进入政策议程，如何完善该政策设计已成为一个迫切的议题。支持性就业已被写入国务院《"十三五"加快残疾人小康进程规划纲要》，"十三五"的目标之一就是培养2500名就业辅导员。但是在残联的体系中，仍然把支持性就业放在辅助性就业的框架下，但两者是有差别的，支持性就业是公开就业方式，与庇护式的辅助性就业存在质的差异，如何发展我国残障人士的就业体系是一个重要议题。

但是在支持性就业的试点中，也暴露出许多问题。中国残疾人联合会《2013年度中国残疾人状况及小康进程监测报告》表明，全国支持性就业现状不容乐观。心智障碍者作为残障人士的特殊群体，自理能力比一般残障人士要弱，对就业服务体系的要求比较高。如何发展服务体系并与现有的就业保障体系衔接；如何完善现有的社会保障体系，使之更具弹性以容纳他们进入公开劳动力市场都需要进一步的探讨。

二 研究问题

如何建立一个中重度和特定类型残障人士的支持性就业体系已引起学界和实务界的关注，相关研究也开始打破仅关注市场或就业单位的局限，开始从社会政策的视角，就政府、市场和社会等主体合作的模式提出初步的设想。但是，目前的就业模式难以有效支持这类残障人士就业的迷思尚未得到有效解答，未能从灵活保障的视角看待问题可能是主因；此外支持性就业体系是否可以有不同的模式、多元主体应采取怎样的模式合作、如何通过社会政策使得该模式更具弹性和灵活性等基本问题还缺乏系统、深入的研究。

综上所述，本书的主要问题是一个缺乏灵活保障制度的社会福利体系是如何阻碍支持性就业在国内发展的？具体包括 (1) 支持性就业在国内发展的状况与模式是否满足了残障人士的就业需要和社会融合？（2）目前的社会保障体系如何阻碍支持性就业的推行的？（3）社会保障体系应如何调适使之更灵活以推进支持性就业的推行？（4）支持性就业政策应如何完善？

三 研究目的

（一）实践上有利于支持性就业的推广，有利于推进有劳动能力的中重度和特定类型残障人士的就业，据第二次全国残疾人抽样调查数据估算，他们（视障、中重度肢残、重度听障和语言障碍、轻度智障、轻度精神残疾和中轻度多重残疾）处于劳动年龄（16—59岁）人口占残障人士的比例是16.87%，他们普遍有劳动能力却难以在公开劳动力市场就业。通过探析心智障碍者的就业现状与障碍，总结支持性就业的模式、流程、特点，针对支持性就业的不足，整合社区资源，为政府、机构、企业、家庭提供政策建议，帮助残障人士特别是心智障碍者成功就业，满足就业需求，促进社区融合。

（二）理论上引入灵活保障的理念和策略，有利于克服当前残障人士就业政策重量不重质、以就业单位而非残障人士为中心的弊端，创新残障人士积极保障政策的理论和实践。目前支持性就业在全国还是试点阶段，虽然我国政府十分重视支持性就业，但是政策支持不足。分析支持性就业的现状与挑战，有利于为相关部门改善政策提供参考。

（三）方法上把政府、社会组织和雇主等多元主体纳入支持性就业模式，从就业—福利整合、就业—康复整合、就业—生活整合系统地认识支持性就业的运作模式和保障机制，为残疾人就业保障制度设计和创新提供了基础。

四 研究内容与基本观点

（一）研究内容

主要内容分为四个部分。

1. 对残障人士的支持性就业保障体系以及灵活保障制度在西方的发展状况进行文献梳理。包括发展背景、模式、运行机制、服务主体、社会政策层次与内容，实施效果以及对其社会和经济影响等，对欧美学术界关于残障人士支持性就业的一些经验性个案研究进行评述。

2. 中重度残障人士和心智障碍者的就业需要和公开就业意愿。（1）中重度残障人士和心智障碍者的就业状况、就业意愿与就业需要调查；（2）系统调查现行残疾人就业保障的实施情况（特别是集中就业模式），找出需要满足差距；（3）实践中已经存在的支持性就业（如福利企业、某些社会企业）的社会效益评价；（4）探讨建立基于灵活保障的支持性就业体系的必要性和可行性。

3. 我国残障人士的支持性就业模式研究。在宏观上分别选择在支持性就业试点中较为成功和有特色的北京市、湖南省和广州市作为典型案例，比较分析支持性就业的地方政策以及开展的模式。在纵观上选取进行了支持性就业服务多年且在近年来获得政策支持的广州慧灵庇护工场的支持性就业项目为典型个案，深入剖析支持性就业的本土模式，围绕残障人士的伤残和劳动能力特征，分别从就业单位（市场）、政府、社会组织和家庭四个不同维度探讨为残障人士提供灵活保障的就业支持。

4. 基于灵活保障的支持性就业制度的社会政策框架。立足于"灵活保障"的理念和策略，从市场—政府—公民社会—家庭的不同面向，从财税福利、就业服务与支持、岗位提供、工作场所服务与支持、生活支持、经济收入维持等内容探讨支持性就业的筹资机制、组织机制、激励机制、支持服务机制和监督机制。

（二）基本观点

（1）从灵活保障的角度建立一个整合型的残障人士支持性就业体系才能从根本上满足中重度和特定类型残障人士的就业需要。

（2）这是一个多元主体共同参与、共同提供支持的就业—福利整合、就业—康复整合、就业—生活整合系统。

（3）支持性就业的广泛推行需要一个灵活保障社会政策的支持。

五　本书特点

（一）将支持性就业这一西方比较成熟的积极就业保障模式引入国内残障人士就业研究，为探索残障人士就业保障制度提供了新的思路。

（二）将灵活保障的理论引入残障人士就业保障体系，拓展了残障人士就业保障制度的思路。

（三）提出了政府、营利性的就业单位、社会服务组织和家庭在残障人士支持性就业体系中进行合作的整体框架和切实可行的模式。

第二节 研究思路与研究方法

一 研究思路

如图1-2所示，本书按照"问题提出—构建理论框架—实证调研—政策建议和机制设计"的逻辑思路展开研究。初步计划分三个阶段开展。

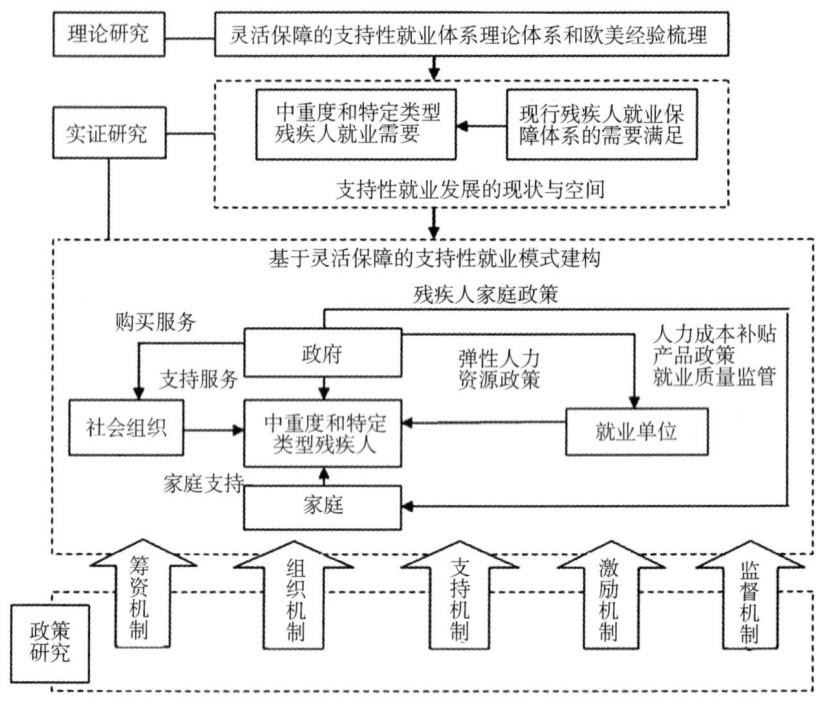

图1-2 基于灵活保障的支持性就业研究框架

首先，对支持性就业和灵活保障制度在西方的发展脉络进行文献上的梳理，在此基础上了解它在西方演进过程中的模式特征、制度安排、社会经济效果等。

其次，通过对中国实践中不同形式支持性就业的实证调查（进入福利企业、社会企业、社会服务机构进行深度观察），了解不同模式的特征在满足残疾人就业需要方面的优劣以及存在问题。

最后，对中国残疾人就业保障体制进行反思和分析，结合支持性就业在发达地区的最新实践，总结出一套符合中国国情、能够满足中重度和特定类型残疾人就业需要的弹性支持性就业模式和政策保障机制，供相关政府部门制定具体社会政策参考。

二 研究方法

（一）研究方法

本书是以个案研究为主的质性研究，具体乃是围绕研究框架确定的变量进行。个案研究在前期摸查的基础上，全面调查国内不同组织类型的支持性就业模式并选择典型个案，分析和归纳本土不同的支持性就业模式特征、政策支持情况以及存在问题。

个案选择方面，主要选择了三个主要城市试点支持性就业的案例作为典型个案进行深度剖析，主要包括北京的R心智障碍者家庭支持中心（下文简称"北京R机构"或"R机构"）、湖南长沙市的AME康复中心（下文简称"长沙AME"）和广州市H庇护工场（下文简称"广州H庇护工场"）的支持性就业案例①。它们的共同特点是都有一套系统性的就业服务流程，服务对象为智力障碍、多重障碍、自闭症、精神障碍等不同群体，每年成功推出数名个案在不同行业工作具体见表1-1。以它们为例，探究支持性就业现状具有很强代表性。

表1-1　　　　　　　　　　个案情况简表

序号	访谈对象（机构）类型	数量
1	残联（教就部门）/残疾人劳动服务中心和其他管理机构	8个
2	民办社会工作机构（助残/就业服务）	10家
3	民办助残组织和家长组织	8家
4	国际NGO（国际劳工组织北京局）	1家
5	就业辅导员和社工	20人
6	企业管理者	15人
7	心智障碍青年与家长（已就业和未就业）	40人

① 基于研究伦理，本书中凡涉及访谈对象个人和社会服务组织利益的内容或其他敏感信息，都做了匿名处理。

采用质性的个案研究法，通过对机构负责人、就业辅导员、社工、智障人士及其家长进行深度访谈和对就业个案调查研究，归纳总结支持性就业模式、流程和特点，探析支持性就业存在的困难。

（二）资料收集方法

1. 文献研究法

围绕残障人士就业需要、支持性就业的发展状况、社会政策等系统收集和整理国内外现有研究成果，并进行归纳、对比和提炼，获取本书研究的基本理论认识和假设。

2. 关键人士深度访谈

以半结构化的提纲深访相关政府部门、残联、就业单位管理者、社会服务组织、残障人士及其家属、就业辅导员、专家学者等，探索支持性就业的发展机制和社会政策框架。具体访谈内容根据实际情况有所调整，从交谈中了解支持性就业发展现状和存在的问题，整体了解服务机构发展支持性就业的真实情况。走访心智障碍者就业的工作场所和家庭，与智力障碍者、多重障碍人士、自闭儿等就业个案及其家长进行交流，以日常对话聊天形式进行，拉近与个案的之间的距离，了解智障人士就业的具体情况和就业问题、需求等。访谈结束后，对每一份访谈内容进行整理与分析。

3. 非参与式观察

对北京 R 机构、长沙 AME 和广州 H 庇护工场等典型案例实施支持性就业的情况，特别是服务对象的就业训练和真实就业现场进行非参与式观察，近距离观察心智障碍者支持性就业的工作状况，详细记录自己所看到的现象，了解心智障碍者就业的实际情况，探讨该就业模式实施的特点和环境因素等。

4. 问卷法

发放 400 份问卷调查中重度残障人士对公开就业的意愿、态度和支持需要；发放 480 份问卷调查心智障碍者和家属对支持性就业的认知和需要。具体抽样方法将在第三章中详述。

第二章

文献综述

第一节 支持性就业研究概述

一 支持性就业的概念、内容与功能

(一) 支持性就业的概念

支持性就业（Supported Employment）的概念最早出现于 20 世纪 70 年代，作为针对中重度残障人士在竞争性工作环境下所设置的包括职业复健服务（vocational rehabilitation，VR）和长期服务与支持（long term services and supports，LTSS）综合设置的一部分。1984 年美国联邦政府在《发展障碍残疾人援助和权利法案》（the Developmental Disability Assistance and Bill of Rights Act of 1984）首次确认支持性就业为残障人士就业的一种新形式（杜林、李伦、雷江华，2013）。

西方学界对支持性就业的概念尽管有所争议（Cowi，2012），总体上有广义和狭义之分。广义的理解是在残障人士或者其他弱势社群就业过程中（前、中、后期），由政府、社会组织和雇主等多方提供整合性的就业服务和工作场所支持，使他们可以在公开劳动力市场获得和维持工作，并获得正常水平（等于或高于法定最低工资标准）的薪酬（Federal，1984；Wehman et al.，1997；Cowi，2012）。

对支持性就业狭义的理解只针对心智障碍者。为了使其获得适性就业，针对具有一定工作能力，但尚不足进入竞争性职场之心智障碍者，提供一段时间的专业支持，使其能在竞争性职场中独立工作（Cowi，2012）。在狭义定义下支持性就业的对象主要是精神障碍者、自闭症者、

智力障碍者、脑瘫等。

无论是广义抑或狭义概念，支持性就业都强调对就业者和雇主在就业前、就业中和就业后的支持，其核心是就业辅导员功能的发挥，它强调要看重就业者的能力而非不足。(Cowi, 2012: 5)

台湾是中国推行支持性就业最早的地区，对支持性就业有"官方"定义，即对具有就业意愿及就业能力尚不足独立在竞争性就业市场工作之身心障碍者，提供个别化就业、训练及其他工作协助等支持性就业服务[1]。辅助就业服务为残障人士提供职业技能训练、选配及在职和跟进辅导等服务，让那些在庇护工场受训的残障人士获得更佳的职业前途，以及为一些不能公开就业的残障人士提供融入社会的必经门径[2]。

可见，在台湾的实践中，支持性就业的对象不限于心智障碍者，并强调职业辅导和培训，目的是实现公开就业。

（二）支持性就业的内容

国外有研究指出，支持性就业服务的内容包括：生态评量（ecological assessment）、职务开发（job development）、就业安置（job development）、训练（training）、持续支持与追踪（ongoing supports and follow along）等（Szymanski, Hanleymaxwell, Hansen & Myers, 1988）。国内的此观点类似，认为支持性就业的服务主要由以下几个阶段组成：评估、工作搜寻、工作分析、工作匹配、工作设计、工作准备、在工作现场外的支持以及持续的支持（杜林、李伦、雷江华，2013）。

香港的支持性就业包括辅导和支持服务：求职、职位配对、职业指导和就业相关的技巧训练。目的是让残障人士做好准备，以便他们独立地在公开和具竞争性的环境谋生。辅助就业服务单位的工作包括，安排个别服务使用者在获得支持的情况下公开就业；安排残障人士组成小队，前往不同地点从事杂务或场地管理工作，以及由他们经营便利店或生果店等业务[3]。

（三）支持性就业对残障人士融合就业的功能

支持性就业区别于传统庇护工场、展能中心等就业方式不同的地方主

---

[1] 台湾"内政部"（20090）。身心障碍者权益保障法。台北市："内政部"第34条。
[2] 《为残疾人提供的就业援助》香港立法会人力事务委员会。
[3] 《为残疾人士提供的训练、就业和住宿服务》香港社会福利署。

要在于：（1）残疾员工在公开劳动力市场与非残障人士共同工作；（2）他们同样需要面对竞争的环境，但相比非残障人士他们有更多的支持和保障；（3）他们领取市场水平、但有最低工资保障的薪酬；（4）他们有劳动合同（Cowi，2012）。

支持性就业被认为能更有效帮助有劳动能力和意愿的较重度伤残人士融入公开劳动力市场，实现社会融合，故被誉为整合型就业（integrative employment）模式（Wehman et al.，1997）。研究表明，在个体特征近似条件下，相比庇护工场、展能中心等模式，支持性就业模式能够帮助残障人士获得更符合其能力、更高层次和质量的就业机会（Mueser, Becker & Kim，2001；Kiernan, McGaughey & Schalock，1988；Coker, Osgood & Clouse，1995；等等），并在康复（Wong et al.，2004）、增能、促进社会融合方面有积极作用（Wehman et al.，1997；Bond，2004）。

二 支持性就业与其他就业形式的关系

针对残障群体的就业问题，Cowi（2012）探讨了支持性就业模式与庇护性就业模式的关系（见图2-1），认为支持性就业与传统的庇护性就业、辅助性就业是有区别的。

（一）支持性就业与庇护性就业

支持性就业在本质上不同于庇护性就业之处，在于前者是在劳动力市场公开就业，而后者则是在一个相对隔离的工作场所劳动康复，本质上不是就业而是劳动。支持性就业可以是庇护性就业的下一个环节，即在庇护工场或工疗站等庇护性就业场所，在就业辅导员和专业人员的就业支持下，能力强的残障人士（主要是心智障碍者）能够走出庇护性就业场所，在公开劳动力市场寻找或开发出合适的工作岗位。

二者的服务对象范围也不同，虽然目前两者都是针对心智障碍者，但实质上庇护性就业的服务对象范围较狭窄。庇护性就业的对象主要是中轻度的心智障碍者，而支持性就业的对象是难以进入竞争性劳动力市场的智力、精神和重度肢体残障人士，还可以是在劳动力市场处于边缘地位的非残障人士，包括少数族裔、单身母亲等。

二者的服务重点不同，庇护性就业服务重点在于通过劳动增强与提升服务对象的能力重在劳动康复；支持性就业则强调正式的公开就业安置。

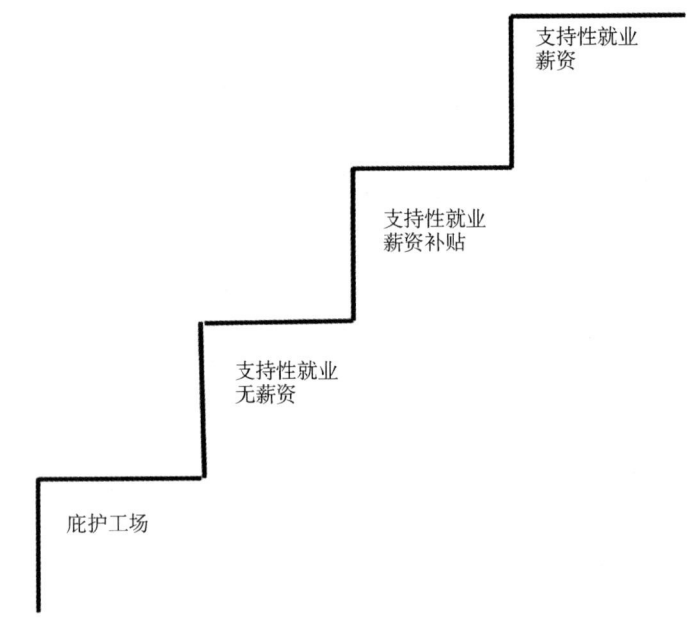

图 2-1 支持性就业模式与庇护性就业模式的关系（Cowi，2012：7）

庇护性就业更加强调环境和训练对服务对象的影响，希望通过提供安全的环境和职业训练，提高服务对象的能力。支持性就业通过密集支持，较为灵活地提供就业岗位。

支持性就业对服务对象的要求更高。庇护性就业具有保护性和过渡性，庇护性就业服务为服务对象提供一个相对安全的环境以提供充分职业技能训练，以期服务对象能提升其就业能力，并能过渡到竞争性就业。因此，庇护性就业对服务对象的要求较低，要求其生活能够自理、具有工作意愿和简单的工作能力。支持性就业的一个重要特点是服务对象在劳动市场自主就业，其环境是复杂的竞争性就业环境。因此，要求服务对象不但具有生活自理能力，还需要有成熟的工作技能、较强的沟通能力和适应能力。

（二）支持性就业、辅助性就业与组织形式

2015 年，中国残联、民政部、国土资源部等 8 个部委联合印发的《八部委联合发文扶持残疾人辅助性就业》明确定义了辅助性就业。辅助性就业是指组织就业年龄内有就业意愿，但难以进入竞争性劳动力市场的智力、精神和重度肢体残障人士，从事生产劳动的一种集中就业形式，在劳动时间、劳动强度、劳动报酬和劳动协议签订等方面相对普通劳动者较为灵活。辅助性就业机构具有庇护性、非营利性、社会福利性等性质。

可见辅助性就业和支持性就业在范围上有所交叉。但支持性就业比辅助性就业目标更明确和特定，就是要帮助残障人士进入公开劳动力市场，而辅助性就业则并不必然。

辅助性就业机构主要包括：工疗、农疗机构；其他取得独立法人资格开展辅助性就业的公益性或非营利性的事业单位和社会组织；各类企业、残疾人托养服务机构、社会福利服务机构、职业康复机构等单位中附设的开展辅助性就业的工场或车间（中残联，2015）。

首先，辅助性就业机构中比较具有代表性的是庇护工场。庇护工场的发端较早，身心障碍者的庇护工场最先在欧洲大陆与英国萌芽，17世纪于法国设立，18世纪与19世纪英国设立工作之家和收容所推动就业形态的活动，其架构提出障碍者有工作需求之实质意义，深具价值（林庆仁，2011）。国外有关庇护工场的研究也较多，在美国，其最早成立的庇护工场是为了给盲校毕业生提供工作机会的视障庇护工场（Nelson，1971）。尽管是初建立，但是已具有许多现代庇护工场的特性，如按件计薪之所得制度、维护自我价值之薪水制度以及视工作为治疗过程的几个概念（林庆仁，2011）。同时，美国庇护工场还与家庭代工方案协会在1968年将庇护工场定义为非营利下的复健机构，在一个具备控制措施且拥有较高支持度的环境下，为身心障碍者规划个别工作目标，提供薪资，以协助身心障碍者展现或维持工作的最大潜能（Murphy & Rogan，1995）。需要说明的是，美国大部分的庇护工场是由非营利组织或私人的机构所经营和设置的，且庇护工场资质的核发与设立，是需要取得美国劳工局的同意许可的，主要是为身心障碍者提供最低薪资的保障，倘若身心障碍者因产能而无法获得规定的最低薪资，也能改以按件计酬的签约获得工作（林宏炽，1997）。对于庇护工场来说，其功能可分过渡型和长期安置型两种类型。前者为提供技能、职业训练等目的在协助身心障碍者进入竞争性就业劳动市场；后者则是提供无竞争劳动力进入开发劳动市场的身心障碍者，有酬的庇护性工作。不过，在几十年的发展中，美国的庇护工场也出现了环境较隔离、易机构化而有退回行为、工资未达到最低标准等问题，有研究显示，待在庇护工场越久的劳工，越难再进入竞争性劳动力市场（陈静江，

2006），甚至这些庇护工场都在逐步转化为支持性就业的场所（Murphy & Rogan，1995）。

在我国，台湾和香港受到西方思想的影响，庇护工场已经有了一定的发展。比如，台湾在 2005 年，庇护工场的数量就已经达到 150 家（熊文娟、李伦、雷江华，2014），并且近年来，台湾已经通过借助公民社会资源力量去创设庇护工场（田蕴祥，2014）。在香港，庇护工场的数量也相当可观，截至 2015 年，已经有 34 所庇护工场，为约 5200 人提供服务[①]。

实际上，"庇护工场"一词各国的定义不同，我国的相关政策也没有对其进行明确的定义。在内地，庇护工场是最近几年才逐步发展起来的，2004 年在北京创办了我国第一家帮助智障人士就业的庇护工场，2008 年起，全国各省市开始兴起设立庇护工场的热潮。如江苏省 2009 年成立玉祁东方半导体器材厂庇护工场、2012 年成立泰兴市残疾人庇护工场等；广东省 2003 年成立江门市五邑区庇护工场、2006 年成立春晖庇护工场、2007 年成立民爱残疾人综合服务中心庇护工场等（冯慧玲，2011）。在有关的研究中，有学者以浙江省为例，分析了当地庇护性就业的举措和成效，并以此为突破点，进而拓展残疾人多元就业模式（熊文娟、李伦、雷江华，2014）。也有一些学者则是将重点放在庇护工场中的专业力量中，如社会工作者，他们在庇护工场中从事如管理个案、设计专题训练、帮助学员了解及运用现有社会资源等工作，虽然社工能够对学员的情况有比较全面的了解，但是随着学员的增多以及庇护工场的特殊环境，可能会出现学员过度关注生产训练，而忽略个人其他能力的成长，甚至难以达成真正的社区康复（吕明晓，2013）。

除了上述的庇护工场之外，一些类似庇护工场性质的工疗站和农疗站也相继出现。在 20 世纪八九十年代，主要是以精神康复的工疗站为主，并且工疗站作为当时社区初级精神卫生管理网络中的一个环节起着十分重要的作用（陈圣祺，1995）。无论是在经济效益还是社会效益方面，工疗站都发挥着十分重要的作用。近年来，工疗站发展中开始注重专业力量的介入。例如，在工疗站设置社工岗位对残疾人进行康复服务、社会心理和社会就业等方面的指导，旨在提升工疗站服务质量、工作理论水平以及有

---

① 数据来源：香港社会福利署，http：//www.swd.gov.hk/sc/index/。

效为残障人士解决问题。尽管工疗站有了专业力量的介入，但也存在资金缺乏、场地面积未达标、缺乏分类工疗、师资结构不合理、相关政策滞后等问题（谢建社，2013），工疗站的容量以及专业化、学员自身面临的社会困境如收入水平低、社会接纳等问题依然没有得到很好的解决（杨可欣，2012）。

其次是农疗的辅助就业形式。农疗站主要是为康复者创造宽松的康复环境，并且进行种植、养殖和加工方面的过渡性训练，从而实现其顺利从医院到社会的过渡（谢涵，2014）。不过，在查阅有关农疗的文献中发现，现阶段农疗大多应用于慢性精神分裂症患者，因此农疗站的服务范围相对较小，其数量也比较少。

其他比较常见的辅助性就业形式是盲人按摩。按摩现在仍然是视力残疾人的主要就业途径（杨晓岚，2010）。尽管我国盲人按摩的起源较早[①]，但是盲人按摩师在就业市场上却不是很稳定，有学者研究发现，在按摩市场上，信赖和选择盲人按摩师的顾客处于下降趋势，一些用人单位也会在经营压力之下，选择雇用非残障的按摩师，也有超过 70% 的企业主反映盲人按摩师不稳定、跳槽频繁（黄建飞，2006）。

需要注意的是，支持性就业与庇护性就业、其他辅助性就业模式或者更公开化的普通就业是可以互相转换的，也即残障人士或者其他弱势群体在上述就业模式之间是可以流动的，其中支持性就业联结着更封闭的庇护性就业模式和更开放的普通公开就业模式，在就业能力提升的时候，残障人士可以从支持性就业模式转入普通公开就业模式；而在他们就业能力退化或者身体条件无法支持情况下，他们也可以从支持性就业转入庇护性就业。而转衔的关键是在于需要建立灵活保障制度，灵活保障可以保证转衔成为可能（Cowi，2012）。

三 支持性就业发展与社会政策的关系

过去 30 多年来，支持性就业（supported employment）作为中重度和特定类型残障人士（主要指渐进伤残、视障、中重度肢残、重度听障和语言障碍、轻度智障、轻度精神残疾和中轻度多重残疾，下同）的特殊

[①] 早在 1997 年，国家有关部门联合签发了《关于做好盲人保健按摩职业技能培训、鉴定及就业工作的通知》，提出盲人按摩的就业形式。

就业模式在欧美获得长足发展（Wehman et al.，1997；Cowi，2012）。许多欧美国家通过立法，采取一系列积极社会保障措施，形成了特定的支持性就业模式，其共同特点包括：立法保障、以残疾人为中心的支持服务网络、工作介绍与服务、整合性的康复服务、个人工作场所支持等（Wehman，1997；Becker & Drake，1993、2003；Bond，2004；Cowi，2012）。

支持性就业的概念和内容往往涉及一个国家或地区的相关政策和法律框架，不同的国家在支持性就业的概念、内容、标准和具体做法上各有千秋。一些国家，比如奥地利、挪威和瑞典等已经发展出一整套关于支持性就业的资金来源、指引和标准等方面较为完备的正式框架（法律、政策等）；而在一些国家如捷克、西班牙和英国等，支持性就业是从民间发展起来的，而非政策设计的结果，故这些国家缺乏政策的支持，但通过地方、国家和欧盟林林总总的资源却也有许多支持性就业项目和服务（Cowi，2012：7）。研究表明，欧盟的资源对一些国家如捷克、英国等的支持性就业有重要影响，但因为缺乏全国性的政策框架，相关的服务呈现出碎片化而且缺乏前瞻性（Cowi，2012：7）。

研究表明，在多数国家，支持性就业即便存在了比较长的时间，但仍停留在试验阶段，甚至仅仅是这些国家或地区数一数二的少量社会服务机构实施的服务项目或计划，根本谈不上政策支持和纳入法律框架，无可避免的结果是支持性就业无法进入制度化的进程，无法成为这些国家和地区主流的就业模式（Cowi，2012：7）。这类国家或地区面临的主要问题包括：（1）支持性就业的定位不清晰；（2）对支持性就业内涵的理解不明确；（3）资金投入缺乏持续性和前瞻性；（4）缺乏支持性就业的国家政策框架和公共就业服务的相关知识；（5）缺乏监督和统计；（6）服务提供者缺乏融资和专业意识等（Cowi，2012：8）。

支持性就业在我国的实践与发展现状处于试点阶段。在全国性的法律或政策框架中，残疾人就业保障体系中尚未有"支持性就业"的官方提法，但一些城市已经开始了由官方发起的支持性就业试点阶段，在一些福利企业、新兴的社会企业中也有一定实践（李谨，2011；卓彩琴，2013等）；不过对该议题的研究仍处于起步阶段，相关研究文献较少（CNKI数据库篇名有"支持性就业"的文章仅有14篇）；实践中尚未形成全国性的政策框架，如何整合政府和社会组织的力量促其发展也是亟待探讨的问题。国内学者指出，残疾人在就业问题上仍处于弱势与边缘化的地位（杨立雄、兰花，2011；许琳，2010；蔡禾、周林刚，2008；张秀梅，2004等）；特别是中重度、视力、智障、精神病康复者等残疾人（廖慧卿，2014、2015）更是难觅工作。作为积极保障的集中就业模式缺乏直接支持他们的政策（廖慧卿，2014、2015），而社会组织提供的支持性就业服务尚不具规模。故探究支持性就业的模式及其保障机制有利于政策创新和发展，也是一个急需理论探讨的重要议题。

针对我国缺乏支持性就业的政策支持、相关法律不健全等的问题，有研究者提出需要加强政府支持。一是加强和完善有关智障人士就业的政策法规，完善各项残障补贴金和税收制度，鼓励企业聘用智障人士（刘璐璐，2016）。二是政府对轻度智障青年就业辅导给予经济支持，为促进智障人士就业设立专项资金，加强对财政资金使用情况的监管；加大对智障NGO机构支持性就业服务的资金投入，同时给予人力、物力、财力等各方面的支持（刘璐璐，2016；刘菡，2016）。三是推动非政府组织的发展，加大培育社会组织和公益基金会的扶持力度，将部分权利下放，充分发挥非政府组织在促进智障人士就业中的作用（刘璐璐，2016）。四是加强对智障人士的社会保障力度，缓解家庭承受的压力（刘菡，2016）。

总体上，支持性就业的政策设计和执行必须考虑以下几个关键要素（Cowi，2012：8）。

（1）资金支持。需要认识到支持性就业是如何获得资金支持的，有哪些条件，这些是支持性就业得以发展的关键因素。

（2）组织机制。是否具备全国性的组织体系，抑或仅仅停留在地方实践，甚至仅仅是一两个机构零星的实践，对残障人士能否进入公开劳动力市场的影响是根本性的。

（3）与支持性就业相关的灵活保障制度。包括工资补助、配额制度（类似我国的分散按比例就业制度）、弹性的劳动契约安排和社会保障金制度等。它可以提升残障人士进入公开劳动力市场的概率，并支持他们稳定就业。

四　支持性就业的模式与路径研究

1984年，美国《发展障碍残疾人援助和权利法案》的颁布使得原来残障人士就业模式从传统的"训练—安置"（Train—Place）模式转向了"安置—训练—维持"（Place—Train—Maintain，PTM Model）模式；另一种说法是"安置—训练—追踪"（Placement—Training—Follow—up，PTF Model）模式。这两种模式的细微差别主要在最后一项的"维持"和"追踪"上，"维持"倾向于对残障人士工作的持续帮助，而"追踪"更倾向于对残障人士后续工作情况的评估。但这两种模式都是让残障人士在工作环境中学习相应的工作技能，得到自身能力的提升，改变了从前以"庇护安置"为主的隔离式就业。

除此之外，美国学者还提出了个别安置模式（Individual Placement and Support Model，IPS），这种模式是一种针对患有严重精神疾病的人所运用的以证据为基础的支持性就业模式。IPS 支持人们通过他们的努力不仅在主流的竞争性工作岗位上，还有兼职或全职岗位上去实现稳定的就业。这种模式与其他职业康复方法如庇护工厂和搁置边缘岗位具有鲜明的对比（Bond ect.，2008）。该模式着重残障人士的个体分析，与庇护工厂的就业模式不同，采用的是根据个人意愿选择就业的内容，与非残障者一样处于竞争性的岗位上，脱离统一的整体安置模式。通过 20 年的临床开发和实证测试后，研究结论能够有力地证明 IPS 模式通过个别化有经济效益并以证据为基础的服务，增加了精神障碍者的劳动力参与度（Luciano et al.，2014）。

总体上，学者们认同支持性就业的模式需注重对残障人士工作技能的培训，对个体的独立分析和追踪，进行个别化就业服务，让残障人士适应具有竞争性的就业市场。

国内有学者新近探讨了心智障碍者支持性就业模式（卓彩琴，2013），指出应从宏观、中观和微观不同层面把残障人士就业、社会服务和社会保障整合起来。另有研究提出要以支持性就业的思维创新集中就业模式，为中重度残障人士提供更具支持和融合性的服务和政策体系（廖慧卿，2014）。这些研究为如何推广和发展支持性就业模式具有非常重要的参考价值。但国内关于支持性就业模式方面的研究还相当薄弱，且都处于孤立地研究官方领域的支持性就业，或研究社会组织领域的支持性就业（主要是针对智障者）的状态，在如何整合官方领域和社会领域的支持性就业模式和社会政策调整和创新方面仍需更多的努力。

有学者介绍了湖南省 H 智障人士服务中心的两种就业服务模式，一对一的个人模式和小组安置、机动工作队的小组模式，适合中重度智障人士。社会工作介入智障人士就业服务微观层面是个案工作，中观层面主要是在社区开展工作，宏观层面是从政策法规着手，提出政府支持的三点建议。一是医疗保障方面，政府应出台完善智障人士就业保障政策，针对智障人士有倾斜、有重点发放残疾津贴。二是政府应筹措资金，建立实用的支持性就业培训项目，建立智障人士就业服务的专需通道，与大型企业建立合作关系。三是政府应通过大众和传媒宣传智障人士就业服务的福利政策（胡杨，2015）。

卓彩琴等学者从广州慧灵支持性就业服务实践出发，阐述支持性就业模式强调"先安置后训练"，适合中轻度智障青年，存在就业服务机构太少未能形成合力，政府有关政策不配套不完善，执行不力等困难。然后，建构支持性就业服务模式，微观层面的支持主要是社会服务组织、家庭、就业单位的直接支持，中观层面的支持主要指残疾人的就业政策支持，宏观层面的支持指社会文化的支持。其中，中观层面提出政府支持的三点建议：一是政府应完善残疾人就业政策，对超额安排残疾人就业的用人单位给予奖励政策，对使用智障人士而增加成本投入的单位给予补偿政策，对虚假安置智障人士的单位给予行政处罚。二是公共部门要发挥表率作用，逐步建设预留岗位制度。三是政府应尽快出台扶持民办社会服务组织的支持性政策（卓彩琴等，2015）。

邓锁详细介绍了支持性就业三种模式，岗位就业模式是指集中就业或以按比例就业等途径雇用掌握一定信息技术的心智障碍者实现就业；外包就业模式是指通过残联、民政等政府部门与企业建立合作关系，以业务外包的方式创造信息化就业岗位，促进心智障碍者实现灵活就业；自主创业模式是指利用互联网等信息技术实现自主网络创业。最后提出促进支持性就业服务体系制度化和专业化的三点建议：一是政府应建设更加整合性的信息化职业培训网络，建立政府与企业合作的支持性就业职业训练计划。二是建设以社区为本的信息化就业服务平台，以社区为基础，搭建政府、雇主、残疾人三方参与的信息化就业创业平台。三是政府根据需要推动购买社会组织服务，将其纳入就业保障金的财政预算中，培养专业社工队伍，加强残联的就业服务人员能力建设（邓锁，2016）。

五 支持性就业与融合就业[①]

与庇护性的就业方式不同，支持性就业与融合就业的理念是相契的。推行支持性就业，目的就是实现心智障碍者和其他难以公开就业残障人士的就业融合，他们通常有就业意愿，有完全或者一定就业能力却被排斥于正常的劳动力市场以外。

融合就业（integrated employment）一般被定义为残障人士在公开劳动市场从事竞争性的工作，并获得劳动力市场水平（或社会最低工资水平或以上）的工资。它是西方社会在20世纪七八十年代提出的针对"庇护工场"的替代式就业方式（Migliore et al.，2007）。在一个融合就业方式下，依据残障人士伤残情况（残障类型与程度）的不同，他们通常可以获得政策性的在工作机会获得与维持上不同类型的支持和援助。融合就业的目标和社会结果是工作融合。目前的研究将工作融合（work integration）定义为：以补足普通劳动力市场和传统的就业促进公共政策没办法完全满足的需要为目标的行动，它是低水平就业能力的劳动者通过工作达成社会融合的行动与过程（OECD，1999；Vidal & Claver，2004）。直到20世纪七八十年代，西方社会通行的更多是一种主张残障人士在机构中接受"保护"的隔离主义观点，但当今国际社会的主流观点却是提倡残障人士（包括重度伤残、迁延性和进行性伤残等）[②] 应当尽可能在公开劳动力市场就业且具备不同层面社会支持的融合型就业（Brown et al.，2006；Bond，2004；Drake et al.，1999；Drake et al.，1996），与之相伴的是去机构化趋势的加剧（Hayden & Albery，1994；Murphy et al.，2002）。竞争性就业的重要意义在于它往往意味着更高的就业质量，更多的生活机遇、更充分的社会融合、更少的污名化标签；对社会而言，它比隔离式就业更节省纳税人的钱（Wehman et al.，2003）。

在就业质量上，融合就业包含了几个不同的层面：歧视的禁止、就业环境的支持、接纳及适应性调整，是一个多元、支持性的社会政策体系

---

① 这部分关于融合就业的文献综述已公开发表，廖慧卿、岳经纶：《工作场所无障碍、融合就业与残障者就业政策》，《公共行政评论》2015年第4期。
② 并非所有残障者都能够实现竞争性就业，以美国智力障碍者为例，2000财政年度内，只有1/3原来在康复机构接受服务的智力障碍者实现了竞争性就业（Braddock et al.，2002）。

（吴秀照、陈美智，2012）。融合就业状态的评价方面，Wehman 等（2003）从工作时间（周）、是否属于直接雇用、融合水平、雇主支持、人际关系、满意度等维度对美国残障人士从事竞争性就业的状况进行了评估，他指出一个支持性的就业体系应该包括通过立法确定的就业培训专家服务、信息服务、督导服务、技术支持服务等。工作无障碍环境被视作影响残障人士就业质量的重要因素（洛普雷斯蒂和马格，2013：98），这种认识反映了随着对"残障"理解的社会模式的发展，西方学者从关注残障人士个体自身改变转而强调雇主应该作出工作场所条件的改变（如 Dali & Bound，1996）。对工作场所无障碍环境的要求（接纳的态度、培训、人际支持、社区支持等）被纳入竞争性就业的核心价值观之一，或说融合就业同时也意味着对工作场所无障碍环境的需要；学者进一步指出，从功能上，一份融合型的受薪工作意味着：(1) 与非残障人士一道工作；(2) 一系列受政府财政资助的支持性服务（Wehman et al.，2003）。

支持性就业是一种融合就业的模式，它是帮助和推动心智障碍者、中重度残障人士在公开劳动力市场正式就业的方式。但与一般就业方式（如普通的残障人士分散按比例就业）不同的是，它并不意味着政府和社会服务完全退出工作场所，相反，除了合理便利的提供，它还要求重构政府、企业和社会组织在工作场所的关系，要求通过福利多元治理的模式给残障人士更多更灵活的工作场所支持，从而达成帮助他们稳定就业的目的。

第二节　灵活保障与支持性就业

一　灵活保障的概念

灵活保障（flexicurity），也有学者译作"弹性保障"，这一概念最早于 2007 年被欧盟提出，它被定义为一种旨在以同步、慎重的方式来增强劳动力市场、工作组织和劳工关系灵活性的策略，它是弹性安排和社会保障相结合的工作安排制度（European Commission，2007：7）。灵活保障被认为一方面能够增强劳动力市场外弱势群体的保障；另一方面，灵活保障能够支持劳动者在劳动力市场里—外的转衔，故灵活保障是支持性就业的重要工具（Cowi，2012：5）。但灵活保障并不意味着雇主可随意解聘雇员，不为雇员负责，不给予雇员足够保障，相反地，灵活保障是要给予雇员，特别是在劳动力市场处于脆弱地位的劳动者或潜在劳动者更好的就业机会，使他们的潜能和天赋得到更淋漓尽致的发挥（European Commission，2007：7）。欧盟把灵活保障分作两个层面：一是"内部弹性"这要通过雇主改善对工作的组织，愿意为雇员改进工作技能而投入资金来实现；另一个层面是"外部弹性"，意味着劳动者可以在就业和社会保障之间做灵活选择，他们也敢于调换工作，这需要通过有弹性的社会保障来实现（European Commission，2007：7）。欧盟对灵活保障的界定体现了其对灵活保障与支持性就业关系的理解。

传统上，人们对"就业"和"社会福利"的理解通常是两分而且是对立的，一个人要么进入公开劳动力市场就业，要么待在家里领低保或其他社会福利津贴，但灵活保障整合了这两个不同的面向，认为"就业"和"社会福利"是整合的而且是互相补充的，一个人可以在一定的社会支持措施下在劳动力市场就业，这可以帮助每个人在人生的不同阶段都能够留在劳动力市场，而无须担心因为就业而陷于比待在家里领低保更贫苦的状态（European Commission，2007：9）。当然，灵活保障中的"保障"有更广阔的含义，它还包括了积极的就业服务政策，帮助劳动者掌握新的技能，并跟上科技发展的步伐；帮助劳动者寻找适合他们自身特征的新工作；对处于从旧工作到新工作转换阶段的劳动者，提供比传统失业保障更充足的失业津贴，使他们在劳动力市场上的流动是"安全"的（European Commission，2007：9）。

欧盟认为灵活保障包括四个含义：（1）通过当代的劳动立法、集中安排和工作组织，实现建立在可靠协约基础上的对工作弹性的安排；（2）终身综合性学习；（3）为帮助人们应对社会快速变迁，减少失业和简单适应新工作的难度而采纳一系列有效的劳动力市场政策；（4）帮助人们获得充足收入，鼓励就业，保障劳动力市场流动的现代社会保障体系（Cowi，2012：36）。

欧盟指出残障人士进入劳动力市场对灵活保障的需要。欧盟列举了灵活保障的8大原则（European Commission，2007：20）。（1）灵活保障涉及灵活而可靠的合同安排，全面的终身学习策略，有效的劳动力市场政策和现代社会保障体系。它的目标是要加强和实现增长——就业策略，创造更多更好的工作，加强社会支持，为增加可适应性、增强就业和社会凝聚力提供新的灵活保障模式。(2) 它意味着必须平衡雇主、雇员、寻找工作者和公共部门的权利。(3) 灵活保障应当适应特定的环境、劳动力市场，它不是一种单一劳动力市场模式或者单一的政策措施。(4) 灵活保障应当减少劳动力市场内部和外部的隔离，应当支持和保障劳工在工作与工作之间的转衔，而对于在劳动力市场外部的人士，无论他们是女性、年轻人、移民还是残障人士，他们需要容易进入的工作机会和稳定的合同安排。(5) 应当提升劳动者在企业内部——外部流动的灵活性，并给予足够的社会保障。高质量的工作场所应具备有效领导、对工作的良好组织等特征，有劳动技能持续提高的机会。(6) 灵活保障主张性别平等，同时讲求为残者人士、女性、新移民等就业提供工作和生活整合的机会，同时照顾他们的工作和生活照料需要。(7) 灵活保障需要公共部门和社会组织之间的信任与合作，共同为变化做准备并制定平衡的"一篮子"政策方案。(8) 灵活保障的政策是需要成本的，当追求稳固与可持续的财政政策，且要致力于分配公平，平衡成本和收益，特别是在企业、个人和公共预算之间更是如此。

弹性保障做得比较好的国家主要是北欧国家，包括丹麦、芬兰、冰岛、挪威、瑞典和荷兰，他们的共同特征是劳动保障的中度弹性和高度保障并存（Cowi，2012）。

二 灵活保障与支持性就业的关系

灵活保障的视角被引入残障人士就业，与对"残障"（disability）的理解从个体模式转为社会模式有密不可分的联系（Cowi，2012：38），从社会模式的角度出发，Barnes（1992，1996，1999，2003）、Oliver（1983，1986，1996a，1996b，2004）等残障研究的知名学者指出，社会政策缺位和失当所造成的制度性歧视（institutional discrimination）是残障人士遭受就业社会排斥的重要原因。当社会模式被广为接受的时候，对待残障人士的就业问题，包括传统上被认为难以就业的中重度残障人士、心智障碍者等的就业，不再被认为必须执行特殊的、带有隔离色彩的就业安排；而是主张让他们回归主流劳动力市场，回归普通人的就业模式，与非残障人士一道工作。支持性就业模式实质上回应了作为个体社会权利的残障人士就业问题。

灵活保障被视为是实施支持性就业的模式及其发展机制创新必不可少的关键影响因素，研究者认为两者是天然共融的（Cowi，2012：38）。如何创新支持性就业模式和发展机制是西方学界和务实界关注的重要议题，近年来欧盟国家的创新做法是引入"灵活保障"体系，使残障人士不用担心因为进入劳动力市场而失去残疾人社会福利，并在劳动力市场中获得更多的支持（Cowi，2012）。灵活保障使得劳动力市场更具开放性、回应性和包容性，它可以帮助残障人士克服碎片化的就业保障带来的弊端，过去残障人士要么就业，要么申领社会救助或仰仗其他社会福利项目，这种就业—社会福利的截然两分，不利于残障人士稳定的待在公开劳动力市场。而灵活保障的引入能够有效提升残障人士进入劳动力市场的意愿和动力，平衡了残疾人就业和社会保障的关系（Cowi，2012）。在欧盟国家，灵活保障的制度安排被视为实施支持性就业必不可少的保障措施，那些在过去原本要失业或者不稳定就业的残障人士通过灵活保障的制度安排能够获得更多、更好的稳定就业机会，而且在特定条件下能够继续享有社会福利的保障，不用担心就业或者失业会导致生活陷入困境乃至贫困，这事实上提升了各类残障人士进入劳动力市场的动机和积极性，也提升了残障人士的生活机遇。但灵活保障在国内尚处于理论和经验介绍阶段（于艳芳，2012；杨伟国等，2008；等等）。

欧盟成员国认为，灵活保障有助于克服福利依赖，让劳动力市场上的脆弱群体愿意就业而不用担心失去社会保障（European Commission，2007：7）。过去学者时常谈论社会保障，特别是社会救助对就业的排挤，即所谓的福利依赖和福利陷阱，认为贫困者申领福利可能导致其对福利的依赖。就业通常意味着贫困者必须放弃福利资格，故相当多的社会救助申领者不愿意就业。这样的结论同样适用于领取低保、社会救助的残障人士。灵活保障的焦点在于"就业安全"，它认为只有在建构了足够安全的保障网络后，人们才能做好足够准备应对劳动力市场的各种变化而更愿意投身劳动力市场（European Commission，2007：7）。灵活保障的这一哲学思想为推行支持性就业提供了扎实基础。

国内少量文献对支持性就业模式进行了初步探讨，指出灵活就业保障的必要性。有学者探讨了心智障碍人士支持性就业模式（卓彩琴等，2015），指出应把残疾人就业、社会服务和社会保障整合起来。另有研究提出要创新集中就业模式，为中重度残疾人提供更具支持和融合性的服务和政策体系（唐镛，2008；童星，2011；等等）。这些研究虽未直接论及"灵活保障"，但实际上已触及"整合性就业"的精神，对推行和发展支持性就业有非常重要参考价值。但目前的研究大多是孤立地或研究官方领域的支持性就业（主要是福利企业），或研究社会组织提供的支持性就业现状，缺乏整合的视角。

研究者认为，要发展支持性就业，每个国家和地区都需要重新思考灵活保障和社会保障体系之间的关系，以适应支持性就业的需要和它的政策框架。应当同时从就业—保障的双重考虑来设计制度，使之更加灵活，以满足劳动者从领救济转向工作，或者从庇护工场进入更开放的支持性就业体系（Cowi，2012：11）。

三 与支持性就业相关的灵活保障体系

欧盟许多国家探索如何运用不同的灵活保障工具激励雇主和残障雇员，包括薪资补贴、配额制度（类似国内的残疾人按比例分散就业制度）、弹性的合同安排以及社会保障（见图2-2）。如何在不同国家不同的文化和社会环境下在支持性就业和灵活保障之间找到平衡点是关键问题，其中一方面是必须思考如何增加残障人士进入劳动力市场的途径；另一方面，则应探讨如何让残障人士能够稳定留在劳动力市场（Cowi，2012：9）。

灵活保障的政策构成主要由四个部分组成（Cowi，2012：36，European Commission，2007：11）。

（一）灵活而稳定的劳动合同安排，这主要是通过现代劳动法律制度、集体协商和工作组织实现的。

（二）具有竞争力的终身学习策略。

（三）帮助残障人士适应和处理职业生涯中经历的各种迅速变化，减缓失业的速度中或者使工作转换变得更加容易。

（四）能够提供更充足收入支持，鼓励就业并使劳动力市场的流动更便捷的现代社会保障制度。

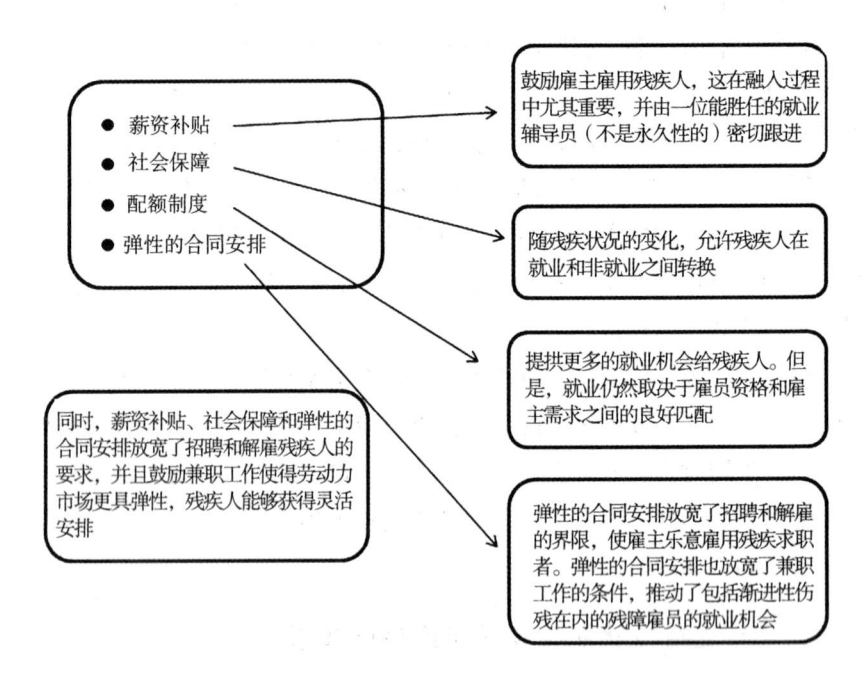

```
┌─────────────────┐        ┌──────────────────────┐
│ ● 薪资补贴      │───────▶│ 鼓励雇主雇用残疾人,这在融入过程 │
│ ● 社会保障      │        │ 中尤其重要,并由一位能胜任的就业 │
│ ● 配额制度      │        │ 辅导员(不是永久性的)密切跟进   │
│ ● 弹性的合同安排│        └──────────────────────┘
└─────────────────┘        ┌──────────────────────┐
                           │ 随残疾状况的变化,允许残疾人在 │
                           │ 就业和非就业之间转换         │
                           └──────────────────────┘
                           ┌──────────────────────┐
                           │ 提供更多的就业机会给残疾人。但 │
┌──────────────────┐       │ 是,就业仍然取决于雇员资格和雇 │
│ 同时,薪资补贴、社│       │ 主需求之间的良好匹配         │
│ 会保障和弹性的   │       └──────────────────────┘
│ 合同安排放宽了招 │       ┌──────────────────────┐
│ 聘和解雇残疾人的 │       │ 弹性的合同安排放宽了招聘和解雇 │
│ 要求,并且鼓励兼 │       │ 的界限,使雇主乐意雇用残疾求职 │
│ 职工作使得劳动力 │       │ 者。弹性的合同安排也放宽了兼职 │
│ 市场更具弹性,残 │       │ 工作的条件,推动了包括渐进性伤 │
│ 疾人能够获得灵活 │       │ 残在内的残障雇员的就业机会     │
│ 安排             │       └──────────────────────┘
└──────────────────┘
```

图 2-2 增强支持性就业计划的弹性保障工具(Cowi, 2012: 9)

研究者认为,对于残障人士,不能因为他们进入劳动力市场就不加考虑地剥夺他们原来享受的社会福利,而是应当考虑他们的伤残情况,他们就业的不稳定性等,采取更灵活的社会保障措施,为有需要者提供一定形式的保障,包括就业保障、收入保障和其他的保障,鼓励他们安心留在劳动力市场(Cowi, 2012: 36)。

威尔斯坦矩阵(Wilthagen matrix)揭示了灵活保障和支持性就业结合的各种情形,成为欧盟国家支持性就业的社会政策设计与制度设置的富有启发且具有应用价值的重要工具(Madsen, 2008)。

表 2-1 列举了部分支持性就业和灵活保障相结合的社会政策的例子,研究者指出,实际的情形比表格中列举的措施更为复杂(Cowi, 2012: 41)。这些工具的使用促进了心智障碍者就业环境的包容性,帮助他们顺利获得就业机会且实现稳定就业。

表 2-1　　　　　　　支持性就业的灵活保障政策矩阵

面向	职业安全（保有工作）	应聘安全（获得新工作）	收入安全（失去工作时）	组合安全（工作—生活平衡）
外在数量弹性（雇用/解雇）	职业保障立法	积极的劳动力市场政策	失业保障	假期安排
内在数量弹性（灵活的工作时间）	短时长的工作安排	兼职培训安排	补充性保障和津贴	兼职津贴
功能弹性	就业期间的培训	终身学习	培训补贴	志愿的工作时间安排
弹性薪酬	社会保障对雇主雇用（残障）员工的薪酬补贴	对弱势群体的薪资津贴	弹性的集体工资协议	志愿的工作时间安排

（注：表格中列举的例子仅仅是支持性就业的灵活保障政策的一部分，并非全部）

综上所述，如何建立一个中重度和特定类型残障人士的支持性就业体系已引起学界和实务界的关注，相关研究也开始打破仅仅关注市场或就业单位的局限，开始从社会政策的视角，就政府、市场和社会等主体合作的模式提出初步的设想。但是，目前的就业模式难以有效支持这类残障人士就业的困惑尚未得到有效解答，未能从灵活保障的视角看待问题可能是主因；此外支持性就业体系是否可以有不同的模式、多元主体应采取怎样的模式合作、如何通过社会政策使得该模式更具弹性和灵活性等基本问题还缺乏系统、深入的研究。

第三章

残障人士的公开就业需求与意愿

无论是广义的支持性就业还是狭义的支持性就业，指向的都是公开就业。在实践支持性就业的许多欧美国家，支持性就业服务的对象比较广泛，包括了各类难以在公开劳动力市场就业但又具备一定劳动能力的残障人士；但我国目前在试点阶段，支持性就业只是针对智力障碍人士和精神障碍人士，且以智力障碍者为主。故本章分别探讨了非心智障碍的其他类别残障人士的就业意愿和需求，以及心智障碍者的就业意愿和需求。

那么，残障人士的公开就业意愿与需求如何？本章第一节探讨了较为重度或者在劳动力市场难以就业残障人士的公开就业意愿，表明了他们在公开就业工作场所对无障碍环境的需要，回应的是广义支持性就业下残障人士的公开就业意愿问题。第二节则探讨了心智障碍者的公开就业意愿，回应了狭义支持性就业定义下残障人士的公开就业意愿问题。

因为两类残障人士面临的主要公开就业困难并不相同，他们所需要的就业支持也应该不相同。一般残障人士主要不是工作技能的障碍，而主要是社会歧视、社会环境障碍和对"残障"的污名、标签化等因素的消极影响，让他们客观上不能和主观上不愿意进入公开劳动力市场，这部分残障人士主要停留在有一定保护色彩的集中就业模式中。研究必须分析他们分散、公开就业的意愿，以及他们的就业支持需要。研究进一步探讨了这类残障人士公开就业的影响因素。这类残障人士大多处于就业状况（公开就业和保护性就业并存），这也使推理统计成为可能。

而心智障碍者除了要面对一般就业困难残障人士的困境外，因应受教育的原因，他们主要存在社会适应性问题，他们当中绝大部分不曾踏入劳动力市场。故研究只能采用描述统计初步探讨他们的公开就业意愿和进入公开劳动力市场的主要障碍。

本章问卷调查的样本来源于广州，但样本具有相当的代表性。心智障碍者的就业意愿和需求具有共性，地域并不是影响心智障碍者的就业需求和就业障碍的差异性的因素，换言之，在不同的城市上述问题是具有共性的。此外，需要说明的是，对心智障碍者做问卷调查非常困难，甚至是不可能的任务，故在必要情景下心智障碍者的就业意愿和需求的问卷调查由家长替为完成，完成这部分的问卷调查，时间和人力成本极大。

第一节　一般残障人士公开就业意愿[①]

一　研究背景与研究问题的提出

伴随西方残障权利运动"去机构化"进程，"融合就业"的理念被引入残障就业政策领域，对残障者就业障碍的归因从过去的个体伤残（impairment）演化至社会环境的歧视和空间设置的不良（Oliver，1986；Barnes，1992）。社会理念的转变，再加上福利国家的财政危机以及福利私营化的浪潮，庇护工场这类带有"机构"特征的就业形式被等同于"封闭""隔离""剥削"等，在西方全面瓦解，竞争性的就业方式获得推崇（吴秀照，2007）。联合国《残疾人权利公约》涉及就业问题的第27条对庇护性就业形式并无任何着墨，等于间接宣示对庇护性就业形式的不支持（Ferraina，2012）。但是，在大量关闭庇护工场一段时间后，实践者和研究者发现开放劳动力市场对残障者的包容度似乎有限，而作为替代性就业形式的支持性就业（supported employment）[②]方式效率与效益也没有想象中优良（Dague，2012；周怡君，2009），离开庇护工场而就业能力不足的残障者流离辗转于公开劳动力市场和就业服务机构之间而缺乏稳定的就业环境（Migliore et al.，2007），学者转而反思庇护工场的续存与融合就业之间的关系（Dague，2012）。

[①]　本节的主要内容已公开发表。廖慧卿、岳经纶：《就业模式、工作场所特征与残障者就业偏好》，《中山大学学报》2015年第6期。

[②]　支持性就业有不同的定义，广义上一般被认为由政府、社会组织和雇主等多方提供整合性的就业服务和工作场所支持，使残障者可以在公开劳动力市场获得和维持工作，并获得正常水平（等于或高于法定最低工资标准）的薪酬。

近年来，中国内地的残障权利意识开始觉醒，"融合就业"成为官方和民间社会共同倡导的就业平权目标。分散按比例就业被等同于"融合就业"而受到追捧，而一切旧有的"集中"就业方式都被等同于"隔离"就业遭到质疑（Cimera，2011）。福利企业①常被归为"隔离就业"模式，加上政策支持的匮乏（杨立雄、兰花，2011；廖娟、赖德胜，2010），其发展更是雪上加霜。但有研究表明不能简单把福利企业等同于庇护工厂或其他隔离式就业方式，它虽然带有一定政策保护特征，介于完全竞争性就业和完全封闭式就业之间，本质上却仍属于公开劳动力市场竞争性就业的方式（廖慧卿，2014）。

问题是，置身于特殊就业形态中的残障者的自身态度如何？他们的主观评价多大程度上与目前的理论研究结论相吻合？本书拟通过对福利企业残障员工就业满意度的研究回答这些问题。目前少有文献探讨作为利益主体的残障员工对特殊就业形式的主观评价，但是，有研究表明，残障者对工作的认知是他们保持工作的重要影响因素（Shier, Graham and Jones, 2009）。在我国，残障者工作偏好与满意度是个有待进一步探讨的基本议题，倘若不了解残障者的工作满意度及影响因素，制定为其获取匹配工作的社会政策与社会服务措施将是无源之水。

二 关于工作满意度与残障人士公开就业意愿

（一）工作满意度反映的就业偏好

工作满意度是员工行为预测的重要指标（Uppal，2005），亦是预测劳动力市场流动的主要变量（Freeman，1978）。有研究认为，自我报告的工作满意度实质上反映了相比其他工作机会，员工对目前工作的偏好（Lévy-Garboua，2004）。Lévy-Garboua 的理解对本书具有重要启发，在保护性就业屡遭诟病的今天，研究残障员工的工作满意度事实上能够分析与预测残障人士对保护性就业的偏好和停留在这一领域的概率。

（二）影响残障人士工作满意度的因素

目前，来自西方的经验研究显示，残障人士就业的组织形式与就业满意度相关，有趣的是有研究显示那些更具保护性或支持性的就业方式可能

---

① 我国存在一种西方国家少有的残障者就业的特殊形式——福利企业，它被官方归类为"集中就业"形式，主要特征是残障者比例较高（25%以上），并享受一定的税收优惠。

比公开劳动力市场就业能够让残障人士拥有更高的满意度（Houser and Chace，1993）。而Uppal（2005）的研究涵盖了不同就业形式的残障人士，显示残障人士对工作不满意的比例明显高于非残障人士。

除组织形式以外，目前文献对残障者工作满意度的影响因素的归因主要集中在个体伤残和工作场所特征两个方面。（1）残障人士的个体特征，主要是残障类型（Quigley，1968；Scott et al.，1980）和性别特征（Burke，1999；Uppal，2005）。（2）工作场所特征。McAfee和McNaughton（1997）的研究发现工作条件、监督和同事关系有显著影响，这一结论得到Uppal（2005）的验证。值得一提的是，Uppal（2005）用加拿大全国人口调查的数据，验证了工作场所特征和工作满意度的关系。Uppal的研究把工作场所特征纳入残障者工作满意度的影响因素，具有突破性意义。遗憾的是，因为数据的限制，无障碍设施、辅助工具等变量未能进入其研究框架。而是否参与工会情况被认为对残障者工作满意度没有影响（Renaud，2002）。此外，对一般人群工作满意度研究中提及的传统影响因素：年龄（Clark & Oswald，1996；Clark，1997）、性别（Clark & Oswald，1996；Clark，1997；Sloane & Williams，2000；Renaud，2002）、收入和工作激励（Borjas，1979；Bartel，1981；Renaud，2002）对残障者工作满意度有显著影响（McAfee & McNaughton，1997b；Uppal，2005）。这些研究的样本来自不同的就业领域，涵盖了竞争性就业和保护性就业。

在我国，公开就业主要有分散就业和福利企业两种不同的就业方式，在政策和资源的投放上可能具有潜在的竞争性，研究的理想目标是对两种就业方式的残障员工的工作满意度进行比较研究，但在不同就业形式中的残障人士对主观满意度的评价标准并不相同，无法准确取得比较结果，而且绝大部分分散就业的残障人士并没有在福利企业中工作的经验。但研究前期发现，在福利企业中工作的相当部分残障人士进入福利企业之前却有在非福利企业"按比例分散就业"的经历。故研究决定以福利企业就业的残障员工为对象，揭示他们对福利企业工作的主观满意度，以探讨个体伤残、就业模式和其他常规组织特征、工作场所特征对残障者工作满意度的影响；并揭示其作用机制，以帮助决策者理解应该如何发展与完善残障人士就业的不同形式。

三 测量框架与研究假设

（一）研究框架：伤残、就业模式、工作场所特征与工作满意度

根据 Lévy-Garboua（2004）的研究，本书把主观工作偏好表达为残障员工自我报告对工作的整体满意度，这将有助于利用工作满意度影响因素的实证研究成果进行分析。受双因素理论（赫茨伯格，1998）启发，我们可以把工作满意度区分为两个面向："没有不满意"和"满意"。前者是保健因素；后者则是激励因素。即本书把显著影响被解释变量"工作满意度"从"一般"到"不满意"变化的解释变量看作"保健因素"，把显著影响"工作满意度"从"一般"到"满意"变化的解释变量看作"激励因素"。

本书意图以福利企业为例，探究是个体伤残、就业模式还是工作场所特征是影响残障者工作满意度（主观偏好）的决定性因素？即如果残障人士选择了集中就业而非分散按比例就业，那是因为集中就业的单位——福利企业提供了帮助其克服个体伤残造成的障碍的工作场所环境。Uppal（2005）的研究把影响残障者工作满意度的工作场所特征归纳为适宜的工作时间、工伤的威胁、人际关系、性骚扰、其他滋扰、歧视、失业忧虑和其他。本书根据我国残障人就业的特征和社会文化特征，将工作场所特征划分为以下维度：组织公平、岗位适宜性、无障碍设施、人际关系与社会支持（见图3-1）。

本书控制了个体因素的影响，包括性别、年龄、家庭经济背景、户籍等；此外，还需要控制组织层面常规因素的影响，包括企业的经济性质和薪酬水平。因为在个体特征指标部分本书难以获得样本个体的真实薪酬数，故在本部分纳入每家福利企业残障员工的平均薪酬。

1. 组织公平与工作满意度

组织公平被认为是影响员工工作满意度的重要变量（Wittla et al.，2000；孙汉银，2009），对残障人士也不例外（Balser & Harris，2008）。若残障员工感觉在工作中被歧视，其工作满意度将会降低（Uppal，2005）。基于此，本书提出：

假设1：福利企业残障员工感知的组织公平程度越强，对福利企业的工作就越满意。

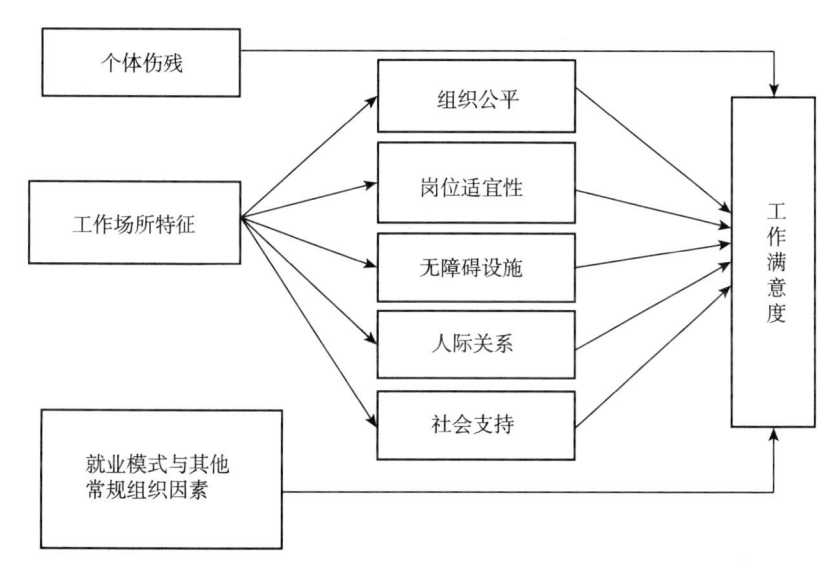

图 3-1　个体特征、就业模式、工作场所特征与工作满意度

2. 岗位（对残障情况）适宜性与工作满意度

福利企业相对其他普通企业（机构）的特殊之处在于前者为较大比例的残障人士，特别是难以在公开劳动力市场就业的中重度残障或特定类型残障人士重整工作流程，使工作岗位更适合他们从事，并为他们安排特殊的职业培训和指导（廖慧卿，2014）。即集中就业对残障人士的吸引之处在于能够获得身体状况适宜从事的岗位。据此论文提出：

假设2：工作岗位相对残障员工个体的伤残特征，越具有适宜性，他们的工作满意度越高。

3. 无障碍设施（对个体残障的适应性）与残障员工工作满意度

学者已经意识到合理便利对残障者公平获取工作机会不可或缺（Cleveland，et al.，1997；Feldblum，1991；West，1991）。Balser 和 Harris（2008）的实证研究表明，那些能够获取合理便利的残障员工比没有无障碍设施帮助的残障员工拥有更高的工作满意度。论文提出：

假设3：无障碍设施越能改善个体伤残带来的障碍，残障员工对福利企业的工作就越满意。

4. (正常化的)人际关系与工作满意度

Uppal (2005) 的研究发现，糟糕的人际关系显著降低了残障员工的工作满意度。本书通过前期的个案访谈发现，残障员工除了渴望融洽的人际关系，还渴望正常化的人际关系，他们希望工作场所中能够同时与残障员工和非残障员工接触。故论文有：

假设4：人际关系越融洽、残障员工越感受到自己被当作正常群体接纳，对福利企业的工作就越满意。

5. 社会支持与工作满意度

相比普通企业，残障人士在福利企业就业能够获得更多的组织支持和社会支持。对组织支持，本书只聚焦于那些基于回应福利企业社会政策而产生的支援措施，研究将之归入"社会支持"。论文推断：

假设5：残障员工在工作场所获得的社会支持越多，对福利企业的工作就越满意。

(二) 测量工具

1. 对被解释变量——工作偏好(自我报告的工作满意度)的测量

既然研究的主要目的试图利用"工作满意度"来反映残障员工的工作偏好，意味着需要测量的是员工对在特定组织环境下工作的总体看法，故选择单一测量法对"工作满意度"进行操作化更能达到研究目的。相比总体评价法，单一测量法被认为更直观和准确 (Skalli, Theodossiou & Vasileiou, 2008)。本书采用工作满意度分量表 (JSS) (Cammann, Fichman, Jenkins & Klesh, 1983) 中的第三个问题"总的来说，我喜欢这里的工作"①来反映残障者对特定组织环境和特定就业方式下的工作的总体偏好(满意)程度。

2. 对解释变量的测量

个体伤残方面，研究从伤残类型和程度两方面进行考虑。就业模式则询问调查对象是否有按比例分散就业的经历，看过往的就业形式和经历是否显著影响其就业偏好和满意度。

工作场所特征方面，Uppal (2005) 的研究在工作场所特征中放入的

---

① JSS 包括三个问题：(1) 总的来说，我对我的工作感到满意；(2) 总的来说，我不喜欢我的工作； (3) 总的来说，我喜欢在这里工作 (Cammann, C., Fichman, M., Jenkins, G. D., Klesh, J., 1983；冯缙、秦启文，2009)。

变量包括歧视、骚扰、裁员威胁、糟糕的人际关系、工伤、需求过多等，但无障碍设施、辅助工具等影响因素未能进入其研究框架。本书发展"组织公平"的自变量测量就业歧视，还测量了工作安排中"合理照顾/优待"的因素；人际关系不但测量了融洽（非糟糕）程度，还测量了正常化因素；此外，在工作场所特征面向下，研究放入了对残障人士，特别是中重度残障人士就业非常重要的限制性因素：岗位适宜性和无障碍设施；研究还考虑了工作场所其他社会支持和服务的影响。

本书设计了不同的立克特量表对反映工作场所特征的5个自变量进行测量，并利用因子分析法对数据进行处理。

（1）组织公平与工作满意度。过往研究对组织公平的测量存在很大分歧，几乎没有公认的标准化量表。Uppal（2005）对组织公平的测量相对简单，只是使用了单一的问题"工作中是否因为受到歧视而感到有压力"。一些研究则采用传统组织行为学的观点将组织公平区分为"程序公平"和"分配公平"（如Balser & Harris，2008；孙汉银，2009），Balser和Harris（2008）一项针对残障者工作满意度的研究亦是如此。本书针对保护性就业工作场所的特殊性，除了在测量中体现"分配公平"外，还更具体地把程序公平操作化为"岗位获取和工作安排公平"；根据联合国《残疾人权利公约》，为实行"平等和不歧视"的目的，对残障者推行必要、合理的帮助措施是必要的，故研究对"组织公平"加入了"合理照顾"的指标（见表3-1，Q17）。

（2）岗位（对残障情况）适宜性。本书对岗位适宜性的测量是通过直观的问题：岗位是否适合、是否能产生成就感以及岗位上的培训情况达到的。

（3）无障碍设施。针对相当多的福利企业设置了食堂、宿舍等情况，问卷除了询问工作区域无障碍设施能否满足残障员工的个体需要外，还询问了生活区域的无障碍设施对个体需要的满足程度。

（4）正常化人际关系。除了询问受访者人际关系是否融洽外，还探寻了他们与残障员工、非残障员工接触的意愿和需要满足情况。

（5）工作场所社会支持。询问了残障员工对获得企业、政府和社会志愿团体在工作场所为其提供支援服务的意愿、实际状态和效果。

表3-1均采用Likert五分量表的方式，用1—5分别表示非常不同意、

不同意、一般、同意、非常同意。

表 3-1　　　　　　　　工作场所特征测量

变量	题项描述
组织公平	Q16：我所在的企业能够一视同仁地对待残疾员工
	Q17：所在的企业特别关照残疾员工
	Q23：企业在工作岗位安排方面公平地对待残疾员工
	Q24：企业在工资待遇方面公正地对待残疾员工
岗位适宜性	Q20：我适合做目前岗位的工作
	Q27：企业经常对我进行培训
	Q28：企业的培训使我能够胜任工作
	Q34：这个岗位的工作经常让我觉得有成就感
无障碍设施	Q9：这家企业有特别为我（残障人士）而改变周围的设施和布置或其他环境以使我适应这里的工作
	Q13：这里的工作设施没有让我觉得不方便
	Q14：工厂的生活设施很方便
正常化人际关系	Q25：您与其他员工之间的关系是亲密合作的
	Q26：您能够融入这个集体
	Q29：在工作中，我与残疾员工经常接触
	Q30：在工作中，我与身体健全的员工经常接触
	Q31：为了更好地工作，我希望与残疾员工更多接触
	Q32：为了更好地工作，我希望与身体健全员工更多接触
工作场所社会支持	Q38：如果我在工作的过程中出现了问题，我可以获得很多的帮助来解决那些问题
	Q39：我的顶头上司或部门经理以及更高的管理者对我工作中面临的技术难题非常了解
	Q40：在找工作的时候，或工作遇到困难，我会考虑寻求政府部门（如居委、村委、残联等）的帮助
	Q41：政府部门（如居委、村委、残联等）的帮助能够帮助我顺利就业和工作

（三）统计方法

本书采用定量研究方法。数据统计分析采用的策略主要有因子分析和多元回归分析；前者主要用于探索数据结构和浓缩观测数据（提取综合性的测量指标）；后者用于针对被解释变量"工作满意度"的回归分析。

本书的描述性统计主要使用了 spss 软件，推理性统计则主要采用了 stata 软件。

因为因变量"工作满意度"是定序变量，本书推断性统计分析的策略首先使用了定序对数偶值模型（Ordered logit model，简称 ologit）进行回归分析，但发现平行回归假设不成立，这也证明了解释变量对被解释变量"工作满意""一般""工作不满意"等的影响是不同的。故本书最终选择使用多元定类对数偶数模型（multinomial logit model，简称 mlogit）来分析问题。本书用 McFadden's R^2 检验模型的解释力（Long & Freese，2001：92），用 BIC 和 BIC' 检验模型的拟合度（Long & Freese，2001：94-95）。

四 数据收集与处理

（一）数据收集

本章的研究对象是福利企业中工作的不同类型残障人士，这是假定个体不同的残障类型面对的工作挑战与困难并不相同。本书采取问卷调查法，随机配额抽取了 D 省 Z 市 39 家福利企业的残障员工进行问卷调查，这些调查其中于 2015 年 5 月到 2016 年 3 月期间进行。Z 市 39 家福利企业合计约雇用了 1100 名残障人士[①]；当中有 6 家是私营福利企业，合计雇用了约 500 多名残障人士。受访的残障人士文化程度普遍较低（平均小学学历），且部分是视障人士和智障人士（轻度）。对受访者的问卷调查并不容易，需要研究团队逐位与之解释问卷内容，调研成本极大。调查总共发放问卷 430 份，回收 415 份，当中有效问卷 400 份，样本量满足代表性的要求。

（二）测量的信度和效度

1. 信度分析

研究采用 Cronbach's Alpha 系数来判别问卷的内部一致性，计算发现组织公平性、岗位适宜性、正常化人际关系、工作场所社会支持 4 个变量测量数据的 Cronbach's Alpha 系数分别是 0.845、0.821、0.847 和 0.742；只有无障碍设施的 Cronbach's Alpha 系数是 0.580，低于 0.7，但此值仍然

---

① D 省民政厅 2011 年统计数据，笔者申请政务信息公开获得。

在可接受范围内；其他均大于 0.7；说明问卷是可靠的，具有研究所要求的信度（见表 3-2）。

表 3-2　　　　信度检验的 Cronbach's Alpha 系数值（N=400）

变量	Cronbach's Alpha	项数
组织公平性	0.845	4
岗位适宜性	0.821	4
无障碍设施	0.580	3
正常化人际关系	0.847	6
工作场所社会支持	0.742	6

2. 效度检验：探索性因子分析

研究者对测量表中的 7 个测量项进行探索性因子分析，以检验量表在实际测量中是否具有构想效度。分析结果显示，除无障碍设施一项外，其他各量表的 KMO 值都在 0.6 以上，Bartlett 球形检验都在 0.000 的水平上显著，说明各分量表题项关联性较好，适合做因子分析。上述 5 个测量项的共同度和负荷量大都在 0.5 以上，远高于最低标准 0.3，且量表的累积方差都在 50%以上，高于可接受值（50%），可见，除无障碍设施指标，其他量表测量内容在总体上都是有效的。

以上量表的信度和效度检验结果表明无障碍设施量表需要修正，经过 ANOV 分析和 mlogit 回归模型的 BIC' 拟合度检验，研究最后剔除 Q13、Q14，保留 Q9 题无障碍设施的总体适应性，并将之处理成"适宜"与"不适宜"的二分变量。

表 3-3　　　　　　　　　量表的效度检验结果

变量	题项编号	共同度	负荷量	KMO 值	累计方差贡献率
1 组织公平性	Q16	0.718	0.848	0.758	70.019%
	Q17	0.688	0.830		
	Q23	0.651	0.807		
	Q24	0.743	0.862		

续表

变量	题项编号	共同度	负荷量	KMO 值	累计方差贡献率
2 岗位适宜性	Q20	0.493	0.702	0.661	65.248%
	Q27	0.740	0.860		
	Q28	0.732	0.856		
	Q34	0.645	0.803		
3 无障碍设施	Q9	0.240	0.490	0.543	56.718%
	Q13	0.706	0.841		
	Q14	0.755	0.869		
4 正常化人际关系	Q25	0.714	0.845	0.848	57.529%
	Q26	0.567	0.753		
	Q29	0.648	0.805		
	Q30	0.461	0.679		
	Q31	0.530	0.728		
	Q32	0.532	0.729		
5 工作场所社会支持	Q38	0.530	0.728	0.703	55.048%
	Q39	0.479	0.685		
	Q40	0.632	0.775		
	Q41	0.601	0.776		

五 数据分析与结果

（一）变量的基本分布

1. 样本的基本特征

如表3-4所示：在性别上，男性264人，占66%；女性136人，占34%，基本能反映Z市福利企业工作的残障人士性别比例[①]。在年龄结构上，以中青年为主，中年人口的比例较大，约为45.5%，这与笔者在福利企业实地观察到的人口年龄结构倾向于老化的现象是一致的。伤残类型方面，主要是肢体、听力、语言障碍等（89.50%），这些都是容易在公开劳动力市场工作的残障类型。伤残程度方面，1—2级占57.50%，非中

[①] 根据广东省民政厅2010年数据，在福利企业工作的残障员工中，女性约占35%。

重度（3—4级）伤残占42.50%，可见福利企业工作的残障人士一半以上属于中重度伤残，但也有相当部分是较容易在劳动力市场就业的肢体残障或轻度残障者。户籍方面，Z市户籍的占了大部分。在受访样本中，61.50%是农业户口，38.50%是非农户口。学历层次上，研究将之处理成是否上过高中（含以上），数据表明，70%样本没念高中，只有30%的样本是高中及以上学历；这反映了福企工作的残障员工文化层次比较低。52.76%的残障员工自我报告家庭经济状况困难，基本解决温饱的是33.17%，只有14%经济状况尚可。调查样本中，33.00%来自国有福利企业，67.00%来自私营福利企业。

表3-4　　主要解释变量的描述统计结果

变量	频数	频率（%）	变量	频数	频率（%）
性别:			户籍:		
男性	264	66	Z市	294	73.50
女性	136	34	非Z市	106	26.50
年龄:			市民身份:		
16—19岁	14	3.5	非农	154	38.50
20—29岁	92	23.0	农业户口	246	61.50
30—39岁	92	23.0	家庭经济情况①:		
40—49岁	140	35.0	家庭贫困	210	52.76
50—59岁	62	15.5	无家庭贫困	188	47.24
60岁及以上	0	0	工作经历:		
受教育程度:			曾分散就业	116	29.00
高中及以上	120	30	不曾分散就业	284	71.00
没念高中	280	70	福企经济性质:		
残疾类型②:			国企	132	33.00
易就业型	358	89.50	私企	268	67.00

---

① 原始数据是定序数据（经济有困难、够用、宽裕），本书将之处理成虚拟二分变量：家庭贫困（包括经济有困难），无家庭贫困（包括节约点够用、够用、宽裕）。这种分类也是四项不同分类中在mlogit回归模型中拟合度最佳的（BIC'检验）。

② 原始数据包括了官方界定的各种残疾类型，这里将之处理成二分变量：易就业型指的是肢体、听力、语言残障；难就业型主要指视力、智力、多重残障等。

续表

变量	频数	频率（%）	变量	频数	频率（%）
难就业型	42	10.50	无障碍设施的总体适宜性①：		
伤残程度：			适宜	312	78.00
中重度②（1—2级）	230	57.50	不适宜	88	22.00
非中重度（3—4级）	170	42.50			
连续变量名称	平均值	标准差	连续变量名称	平均值	标准差
企业月均薪酬	1671(元)	649.67(元)	正常化人际关系	4.09	0.815
组织公平性	3.8188	1.19	工作场所社会服务	3.5188	0.97033
岗位适宜性	3.3575	0.89088			

在常规组织因素指标（非针对残障特征）上，样本所在的企业月均薪酬是1671元，略高于当地最低工资标准。

在工作场所特征（针对残障）的特定指标上，样本对组织公平的满意度趋于较为满意，认为自身岗位的适宜性一般，约78.00%的残障员工认为无障碍设施有助克服自身障碍，对工作场所社会支持的满意程度一般。样本对正常化人际关系满意程度呈"较为满意"，这是该面向下所有测量中唯一一项均值在"较为满意"之上的指标。

2. 被解释变量——工作满意度评价的基本描述

测定残障员工工作总体满意度的调查问卷用的是五分量表，为应用mlogit模型进行后续分析，对初始数据处理成三分量表，也使得结果更简单、直观。如表3-5所示，67.5%的残障员工对福利企业的工作感到满意，20.5%的残障员工表示一般，12%残障员工则不满意福利企业的工作。三分量表满意度均值是2.5550，可见残障员工对福利企业工作的满意度倾向于中等偏上。

---

① 原始数据是五分定序数据，本书将其处理为二分变量：3（中度赞同）—5（很赞同）归入"适宜"，1（非常不赞同）和2（不赞同）归入"不适宜"。

② 原始数据是依据官方对伤残等级规定的四分变量（1—4级）。级数越高伤残程度越轻，4级最轻，这里将之处理成二分变量：中重度伤残与非中重度伤残（轻度）。中重度伤残指官方残疾等级标准的1—2级，一般认为，1级、2级伤残意味着较重伤残，更容易受到劳动力市场歧视。

表 3-5　　　　　　　　　被解释变量的描述统计结果

序号	五分量表 等次	频数	百分比	序号	三分量表 等次	频数	百分比
1	非常不满意	20	5.0	1	不满意	48	12.0
2	不满意	28	7.0				
3	一般	82	20.5	2	一般	82	20.5
4	满意	78	19.5	3	满意	270	67.5
5	非常满意	192	48.0				
合计		400	100.0			400	100.0
均值	3.99			2.5550			
标准差	1.192			0.69959			
最大值	5			3			
最小值	1			1			

（二）对工作满意度的 mlogit 回归模型分析与解读

如上文所叙，被解释变量"工作满意度"被处理成一个三分定类变量（1=不满意，2=一般，3=满意），并在 mlogit 回归模型中把"2=一般"设为对照分类；由此，被解释变量 Y 事实上被分成两个面向：工作不满意（从"一般"到"不满意"）和工作满意（从"一般"到"满意"）。表 3-6 的模型 1 考察个体因素对工作满意度的影响，模型 2 考察常规组织因素对工作满意度的影响，模型 3 考察与残障相关的工作场所特征对工作满意度的影响（在 $\alpha=0.05$ 的程度或以下）。

表 3-6　　　　　　　残障员工工作满意度的 mlogit 模型

变量	模型 1 不满意/一般 偶值比 (e^b)	模型 1 满意/一般 偶值比 (e^b)	模型 2 不满意/一般 偶值比 (e^b)	模型 2 满意/一般 偶值比 (e^b)	模型 3 不满意/一般 偶值比 (e^b)	模型 3 满意/一般 偶值比 (e^b)
难就业残疾类型	2.628711 (0.197)	1.9324 (0.108)	2.4253 (0.196)	1.5124 (0.905)		
中重度伤残	1.440811 (0.666)	0.8502 (0.245)	1.4664 (0.682)	0.9246 (0.273)		

续表

	模型1		模型2		模型3	
	不满意/一般	满意/一般	不满意/一般	满意/一般	不满意/一般	满意/一般
女性	1.076584 (0.518)	1.0006 (0.309)	1.0640 (0.535)	1.1355 (0.372)	0.3057 (0.276)	0.9624 (0.395)
16—29岁	0.0099*** (0.010)	0.3320* (0.308)	0.01692*** (0.0179)	0.1658** (0.058)	0.0001*** (0.000)	0.04466*** (0.038)
30—39岁	0.1522* (0.114)	1.0650 (0.554)	0.1626* (0.126)	0.7239 (0.400)	0.02891** (0.0386)	0.1848 (0.166)
40—49岁	0.4984 (0.316)	2.359 !8 (0.201)	0.4904 (0.317)	1.9671 (0.103)	0.5609 (0.593)	1.7768 (0.131)
受教育程度（高中以上）	6.0050** (0.501)	3.5473** (0.501)	4.1915* (0.236)	2.6984* (0.110)	1.5540 (0.190)	3.5477* (0.206)
本地人（户籍）	0.9725 (0.638)	2.2309* (0.857)	1.0270 (0.678)	3.2650** (0.130)	0.1779 (0.240)	4.5226* (0.267)
非农（城镇）	1.4052 (0.114)	0.3204*** (0.114)	0.9181 (0.542)	0.1643*** (0.068)	0.0026 (0.004)	0.1785** (0.101)
家庭困难	5.7246*** (0.112)	0.4922* (0.1549)	4.08906** (0.225)	0.4281* (0.142)	2.0281* (0.248)	0.0916*** (0.052)
曾分散就业			1.6088 (0.804)	1.5530 (0.535)		
企业月均薪酬（元）			0.9996 (0.001)	1.001*** (0.032)	1.0033 (0.001)	1.0005 (0.044)
私营福企			0.5451 (0.452)	1.0270 (0.574)		
组织公平性					0.8046 (0.387)	2.6021*** (0.766)
岗位适宜性					0.0023*** (0.003)	1.8503* (0.651)
无障碍设施					0.3209 (3.282)	24.584*** (1.760)
正常化人际关系					0.0852 (0.418)	3.7401*** (0.103)
其他社会支持					0.1981** (0.108)	1.0567 (0.273)
N	398		398		398	
LR chi^2	104.47***		131.60***		401.66***	
McFadden's R^2	0.155		0.195		0.597	
BIC'	15.257		12.071		−234.177	

注：①！表示显著性 $p<0.1$，* 表示显著性 $p<0.05$，** 表示显著性 $p<0.01$，*** 表示显著性 $p<0.001$；②括号内是标准误；③两个样本在"组织公平"上有缺失值，进入 Stata 回归模型的样本实际是 398 个。

1. 个体因素的影响

模型1的结果表明，反映在个体因素的指标里，只有年龄、受教育程度、户籍（农村与非农）和家庭经济背景对残障员工工作满意度有显著影响，过往西方文献中的与伤残有关的变量的显著性并没有得到验证。

（1）年龄的影响非常显著，它同时影响"不满意"和"满意"两个面向。①在"工作不满意"这一面向上，处于16—29岁阶段的残障员工的偶值只有其他年龄段残障员工的0.99%，30—39岁残障员工的偶值是其他年龄段员工的15.22%；这可以推断年龄越小，残障员工对工作不满意偶值比就越小，即对工作感到"不满意"的情形在年轻残障员工身上最不宜发生。②越是年轻的残障员工，对福利企业的工作越不容易感到"满意"。16—29岁阶段的残障员工的偶值比是0.3320，表明该年龄段残障员工对工作感到满意的偶值只有其他年龄段残障员工的偶值的33.2%。这或许说明福利企业的工作有不尽如人意之处。研究的质性材料表明相当部分福利企业在培训、晋升制度等方面缺乏现代的管理技术，难让残障员工看到职业发展的前景。

（2）教育程度对"工作不满意"和"工作满意"都有显著影响。学历越高，"不满意"和"满意"的发生率都同时升高，但"不满意"的偶值比是6.0050，表明高中以上学历（含高中）感到"不满意"的残障员工是高中以下学历（不含高中）的6倍。而前者对工作感到满意的偶值是后者的3.55倍左右。模型2显示组织的常规特征对自变量和因变量的关系没有影响。但是模型3在控制了工作场所特征后，教育程度对工作"不满意"的影响变得不显著，但依然显著影响工作"满意"程度，且影响程度没有太大改变。也即控制了工作场所特征后，学历越高对福利企业的就业越容易感到满意。

（3）是否本地人对工作满意程度有显著影响。本地人对工作感到"满意"的偶值是非本地人的2.23倍，也即本地残障人士比外来务工的残障人士更容易对工作感到满意。但是否本地人并不会显著影响他们对福企工作的不满意程度。

（4）是否非农户籍（城镇）对"工作满意"有显著的负面影响，非农户籍对工作满意的偶值是农村户籍的32.04%，这说明城镇户籍残障员工更不容易对福利企业的工作感到满意，但户籍情况并不会显著影响他们对福利企业工作的不满意程度。

（5）家庭经济背景对两个面向都有相同方向的显著影响。一方面，是否家庭经济困难对残障员工"工作不满意"的偶值比是 5.7246，表明对工作不满意的家庭经济困难的员工的偶值是不困难员工的 5.7 倍，家庭经济困难的残障员工对福利企业工作更为不满意。另一方面，是否家庭经济困难对残障员工"工作满意"的偶值是不困难员工是 49.22%，表明家庭经济困难的残障员工更不容易对工作感到满意。

模型 2 的结果显示加入常规组织变量基本没有改变模型 1 呈现的自变量和因变量的关系模式。

2. 常规组织因素的影响

模型 2 显示，当加入常规组织因素之后，（1）"是否曾经分散就业"没有显著影响，表明残障员工没有因为曾经经历的其他就业方式而对福利企业的工作满意度有不同看法。（2）企业的经济性质亦对残障员工工作满意度没有显著影响。（3）企业的薪酬对残障员工工作满意度有显著影响。企业的平均月薪每增加一元，残障员工对工作"满意"（相比"一般"）的偶值增加 0.1%，影响程度较明显。模型 3 则显示，在加入了工作场所特征后，企业平均薪酬的影响变得不显著。

3. 工作场所特征的影响

模型 3 在模型 1 和模型 2 的基础上，加入了与"残障"相关的工作场所特征。通过逐步回归检验发现模型 1 的两个个体伤残特征自变量（"难就业残障类型""中重度伤残"）与模型 3 的"岗位适宜性""无障碍设施"高度相关；模型 2 中的"曾分散就业""组织类型"两个自变量分别与模型 3 中的"组织公平性""岗位适宜性""无障碍设施"三个自变量高度相关，故在模型 3 中剔除了"难就业残障类型""中重度伤残""曾分散就业"和"组织类型"四个自变量。模型 3 的结果发生了一定改变：

个体层面上，模型 1 呈现出来的自变量和因变量的关系基本没有改变，唯一例外的是受教育程度，即在工作场所特征因素的影响下，是否接受过高中及以上教育对工作是否感到"不满意"没有差别性影响。而组织层面上企业月均薪酬对工作满意度的影响不再显著。

工作场所特征的每一个指标对工作满意度都有显著影响。

（1）组织公平性显著影响残障员工对工作"满意"的发生率，但对工作"不满意"的面向没有显著影响。组织公平性的偶值比是 2.6021，表明残障员工若感受到企业对聘用、岗位安排、收入分配等方面对他们越公平，他们对工作感到满意的偶值要比没有感受到这种公平性的员工高 1.6 倍；表明公平性和倾斜性的人力资源政策和职业福利会提升或削弱残障员工在福利企业工作的满意度，但公平与否不会显著导致"不满意"状况的发生，或说使他们萌生离开的意愿。组织公平性是重要的激励因素。假设 1 获得验证。

（2）岗位适宜性对工作满意度的两个面向都有显著影响，其中对"不满意"面向的显著影响相对较强。该变量对工作"不满意"（相对"一般"）的偶值比是 0.0023，表明岗位适宜性每增加一个单位，残障员工对工作"不满意"的偶值将减少 99.77%；该变量对工作"满意"（相对"一般"）的偶值比是 1.8503，表明岗位适宜性每增加一个单位，残障员工对工作"满意"的偶值将增加 85.03%。岗位适宜性既是保健因素又是激励因素。假设 2 得到验证。

（3）无障碍设施显著影响工作"满意"面向。该变量对工作"满意"（相对一般）的偶值比是 24.584，表明无障碍设施对残障员工个体伤残情况的适应性每增加一个单位，残障员工对工作感到满意的偶值将增加 23 倍左右。即无障碍设施越能帮助残障员工克服伤残带来的障碍，他们对工作的满意度越能大幅提升。但工作场所无障碍程度对工作"不满意"面向没有影响，即残障员工不会因为对无障碍设施产生不满意而离开福利企业。这可能是因为福利企业员工一般伤残情况较轻，即便无障碍设施不足也能通过个体调适进行克服。我国无障碍设施建设总体落后，残障人士通常习惯通过自身的努力和改变去适应缺乏无障碍的环境，如下肢障碍者即使没有无障碍通道、缺乏轮椅或拐杖，也能挪个小凳子进行活动，故他们不会因为福利企业无障碍设施不那么适宜而产生不满和愤怒，更不会（敢）因此放弃工作。但适宜的无障碍设施无疑能够增加他们的工作满意度。假设 3 得到验证。

（4）正常化人际关系对工作"满意"面向有显著影响。其偶值比是 3.7401，即残障员工感受到人际关系正常化和融洽程度每提升一个层级，他们对工作的满意度的偶值相较提升前将增加 2.74 倍。在福利企业中，人际关系的融洽程度和正常化程度越高，残障员工对工作越满意。这当中包括残障员工与非残障员工的比例要较为平衡，残障员工可以常态化地与两类人接触，不会感受到人际关系被贴上"残疾"的标签。但是，人际关系的状况不会导致他们对工作"不满意"或影响他们在福利企业工作的意愿。假设 4 获得验证。

（5）其他社会支持对工作"不满意"面向有显著影响。其偶值比是 0.1981，表明残障员工获得的其他社会支持提升一个单位，残障员工对工作"不满意"的偶值将降低 80.19%，亦即残障员工在工作场所获得的来自社会、政府的支持越多，他们越不容易离开福利企业。假设 5 获得验证。

模型的 McFadden's R^2 和 BIC' 表明模型 3 的解释力和可靠性是三个模型中最佳的，证明了工作场所特征对残障员工在福利企业工作的意愿和工作满意度有显著影响。由此我们可以得出结论，相较残障人士的个体伤残特征、就业模式和就业单位经济性质，工作场所特征才是真正影响他们工作满意度、某种程度上决定他们在福利企业去留的关键因素。

六 研究发现

经由描述统计和 mlogit 回归模型分析，研究发现残障人士更倾向于公开、融合的工作环境。在集中就业特定的政策环境和福利企业这一特定的组织环境下：（1）残障员工对福利企业工作的满意度处于中等偏上水平，这与就业单位的工作场所特征显著相关，而与个体伤残、就业模式不相关；（2）组织公平性、岗位适宜性、无障碍设施和正常化的人际关系则能够显著提升残障员工工作满意度，社会支持则能有效消除其工作不满情绪；（3）个体特征中的年龄、教育程度、户籍和居住地对残障人士的工作满意度有显著影响；（4）企业的平均薪酬水平对残障人士工作满意度没有显著影响。

（一）就业模式、企业常规特征与残障人士工作满意度

残障员工对福利企业工作的主观满意度呈中等偏上的态势，个体伤残情况和工作经历指标（是否曾经分散就业）的影响不显著说明包括中重度残障者在内的残障人士，并不必然偏好按比例分散就业，相反他们依然有相当的概率偏好福利企业的工作机会，这或许能够推论就业模式并不必然影响残障人士的就业偏好和需要。与 Houser 等人（1993）的研究场域

不同，中国的残障人士尚未经历独立生活运动和去机构化运动（Scheerenberger，1977），对保护色彩的工作模式并不天然排斥，相反，普通企业缺乏适宜的无障碍设施和合理便利，对残障人士而言不见得比福利企业优越。西方经验研究中的伤残因素（disabilities）的影响在本书中未能获得验证，这可能是样本都选自福利企业造成的，毕竟 Uppal（2005）的研究样本包括了不同组织形态中工作的残障人士；这或许也说明福利企业的工作环境能够相当程度消除个体伤残对残障人士就业的障碍。研究证明了是分散就业还是集中就业、残障同事多一点抑或少一点的就业模式并不足以影响残障员工的工作满意度和就业偏好。

年龄（29岁及以下）和受教育程度两个自变量的显著性表明，年轻的、受过一定教育的残障人士渴望获得工作，福利企业作为一种针对中重度残障人士的积极保护就业模式，一定程度满足了他们的需求。此外，家庭经济状况对残障员工工作"不满意"有负向影响，也或许说明福利企业的薪酬偏低，难以满足相当部分贫困残障人士改善家庭经济状况的需要。此外，在控制了工作场所特征后，福利企业的经济性质对残障员工的工作满意度影响不显著。

（二）融合工作场所环境与残障人士工作偏好

研究拓展和深化了对工作场所特征影响残障人士工作满意度的理解。残障人士对什么是"融合就业"的主观感受与一些学者想象中的"融合就业"形式相去甚远，而与他们在工作场所实实在在经历的空间设置、制度与人文环境紧密关联。研究证实，融合型的工作场所特征对提升残障员工工作满意度有显著而积极的影响。（1）组织公平性、岗位适宜性、无障碍设施和正常化的人际关系是影响他们工作满意度的重要激励因素。Herzberg 等人（1959）曾指出只有与工作本身相关的影响因素才能成为激励因素，保健因素则与环境相关，本书则提示一些表面的环境因素如无障碍设施、人际关系实质上会直接影响残障人士工作能力的发挥及其对工作本身的感受，发挥激励因素的作用。（2）来自政府、社会组织的工作场所社会服务和支持则是显著的保健因素。

（三）社会福利制度的特征与残障人士工作偏好

是否本地人、是否城镇居民对残障员工的工作满意度有显著影响的原因或许主要是政策性的。当前，国内许多针对残障人士的社会福利主要给予当地城镇居民，后者在社会保障与福利的获益率更高，Z市也不例外。相关案例研究表明，福利企业提供的绝大多数岗位是次级劳动力市场的工作岗位，工作劳累且薪酬较低（廖慧卿，2014），故能享受城镇残障居民福利待遇的人士并不容易为福利企业的工作感到满意；但若离开福利企业，因为学历和技能较低，也难以在城市中获得更好的工作机会，故他们比较不会（或不敢）产生"不满意"的情绪。而福利企业保证了最低工资，但又不足在当地置业的薪酬水平难以让外地的残障人士满意，甚至会直接影响福利企业工作机会对他们的"可及性"。

第二节 心智障碍者的公开就业意愿与能力

传统上心智障碍者大多被认为不适合在公开劳动力市场就业，他们长期以来处于被隔离状态。障碍程度轻的心智障碍者或许有机会在庇护性的工作场所中获得劳动的机会，如在康园工疗站、庇护工场、展能中心等机构中进行"劳动/职业康复"。他们与机构是服务与被服务的关系，通常被称为"学员"，不存在劳动合同，因此不是雇佣关系；也没有领取市场水平的薪酬待遇和享有普通劳工的社会保障，而是按照劳务提供的情况领取小额补贴，故这并非正式就业，实质上仅仅是"劳动"而已。而多数障碍程度中等或者重度的心智障碍者成年后只能赋闲在家，被包括他们的家人在内的人们认为没有劳动能力，不适合公开就业。而那些庇护性就业的残障人士实质上并非真正意义的"就业"，而是"劳动康复"。

但是，庇护性就业毕竟是在隔离型的劳动场所，心智障碍者无法和非残障人士一起工作，无法通过工作与非残障人士进行互动，建立一个更社会化的人际网络，长此以往对心智障碍者的社会融合是不利的，也加剧了社会公众对其劳动能力的偏见。事实上，他们中的相当部分人是轻度障碍，通过训练和社会融合环境的营造，他们是可以回到公开劳动力市场的。

本书采用问卷法调查了心智障碍者的公开就业意愿，用统一的问卷调查他们的背景情况、就业意愿和就业服务需求。问卷设计主要参考了国际劳工组织支持性就业项目的相关问卷结构。调查对象是广州市登记在册（有残疾证）的处于就业年龄段（16—60岁）的中轻度心智障碍者，包括智力障碍、精神障碍和自闭症,他们的残障程度是4级和3级。研究者通过当地残联的协助,通过随机抽样的方式抽取了480份样本,有些受访者需要在家长的协助下完成问卷,最后回收问卷470份,剔除10份无效问卷,最后有效问卷460份。整体上,样本来源与数量都符合抽样的代表性要求。

需要说明的是,这部分的调查对象主要是广州市城镇户籍的轻度心智障碍者,这主要是因为这部分人是目前支持性就业的主要服务对象。

一 调查对象背景

在460份有效样本中,智力障碍者316人,占比71%,所占比例是最高的;脑瘫伴有智力障碍者占6%,精神障碍者占1%,自闭症谱系障碍占19%,多重障碍者占3%(见图3-2)。进入样本的智力障碍者比重较大,精神障碍者较少,这主要是因为精神障碍是隐蔽群体,而且他们大多不愿意接受调查。但另一方面,样本的残障类型比例比较符合经验中观察到的智力障碍者和自闭症对支持性就业需要更高的情况,事实上在我国的支持性就业试点城市,也主要是针对智力障碍和自闭症的。故此,样本的残障类型分布情况是可以接受的。

监护人情况方面,96%的样本的监护人是父母,3%报告他们的祖父母是其监护人,1%报告他们的监护人是夫妻(见图3-3)。接受调查的心智障碍者的监护人以父母为主,这符合经验观察。以智力障碍为例,被调查的92%报告婚姻状况是单身,故他们的监护人大多是他们的父母。

受教育程度方面,正在读职业高中的占65%,完成义务教育的占23%,未完成义务教育的占7%,高中毕业的占1%,其他情况占4%(见图3-4)。总体上,受访者的受教育程度不高,但大多数经过职业中学教育。

二 样本就业状况

(一)就业率极其低,庇护性就业机会不足

研究调查了受访的心智障碍者的就业状况,包括他们的初步就业意愿,发现他们正式就业率只有6%,大多数处于无业状态。数据显示,报告没有工作的心智障碍者124人,占比31%;6%的受访者报告有正规工

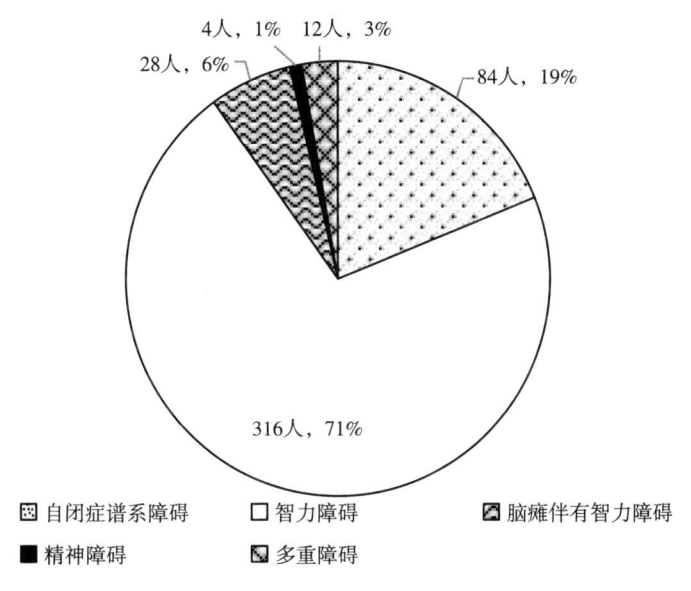

第三章　残障人士的公开就业需求与意愿　　53

4人，1%　12人，3%
28人，6%
84人，19%
316人，71%

☒ 自闭症谱系障碍　　□ 智力障碍　　▨ 脑瘫伴有智力障碍
■ 精神障碍　　▦ 多重障碍

图 3-2　样本残障类型分布

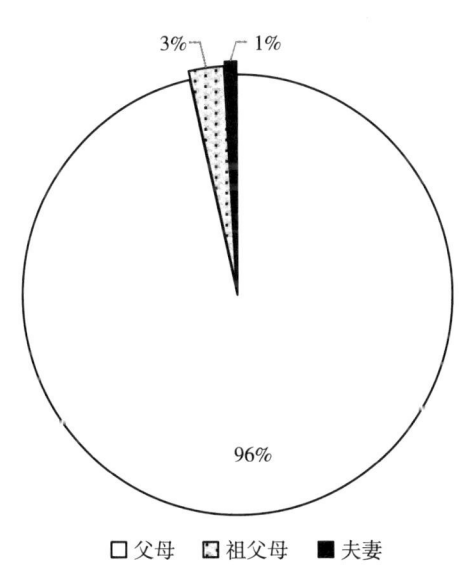

3%　1%
96%

□ 父母　▨ 祖父母　■ 夫妻

图 3-3　样本监护人类型分布

作，包括在企事业单位、政府部门工作等；2%报告有非正式工作；12%报告正处于庇护性就业阶段，主要是在康园工疗站、托养机构从事劳动康复。需要注意的是，5%报告存在挂靠、假就业的情况；而45%报告其他。

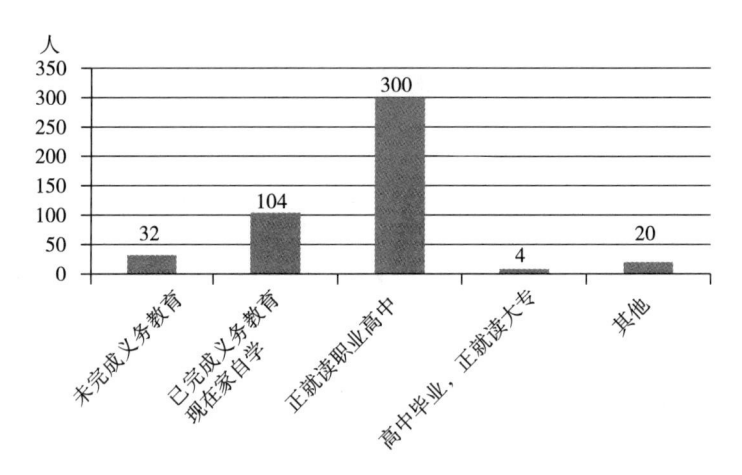

图 3-4　样本受教育程度分布

研究者抽取了部分报告"其他"的样本进行深访，发现他们部分还在学校学习外，有相当部分是存在挂靠的情况但不愿意报告的。

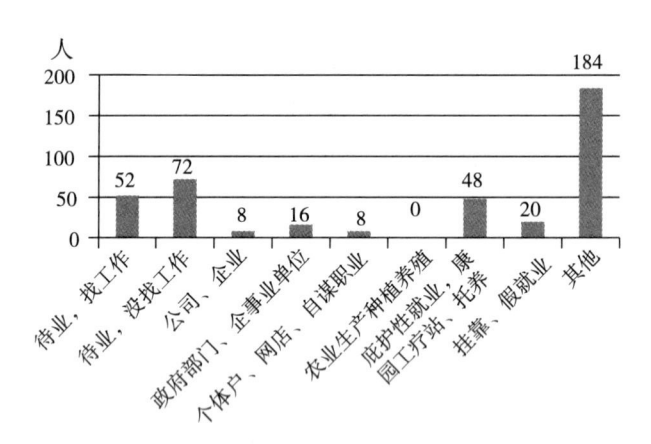

图 3-5　样本职业类型分布

总体上，心智障碍者的就业率是非常低的，也非常吻合经验观察的结论。广州市残疾人联合会在 2016 年做的一份调查报告表明，90%的成年智力障碍者不具备独立生活能力，无工作也未结婚，终生依靠亲友照顾①。

调查也反映出心智障碍者能够实现庇护性就业或者接受托养机构服务

---

① 广州市残疾人联合会数据。

的只是极少数。以康园工疗站为例，虽然广州市推行"一街一康园"政策，要求每条街道都必须设立一个工疗站，但工疗站只能容纳 30—40 名心智障碍者，远远少于一条街道心智障碍者人数，仍有相当大部分心智障碍者无法获得服务和就业推介的机会。

（二）自身能力与就业单位顾虑共同构成心智障碍者求职被拒的原因

27%受访者认为求职被拒原因在于自身能力不足，无法胜任工作。18%则报告求职被拒主要是就业单位有顾虑，不愿意雇用造成的。还有47%报告是其他原因造成的。报告是因为没有工作经验或者试用后被拒的分别占 5%和 6%（见图 3-6）。

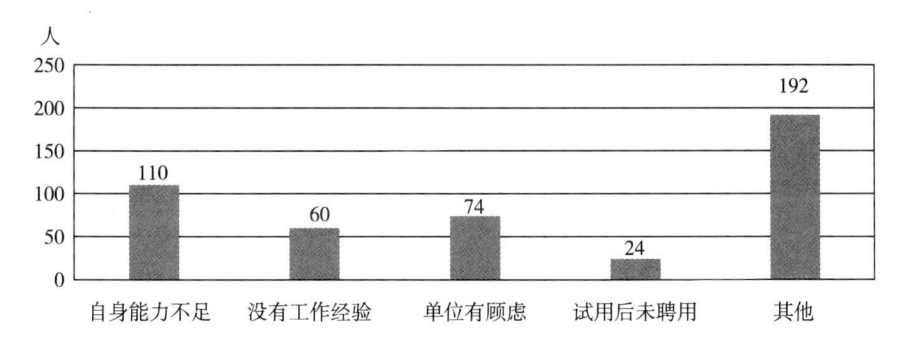

图 3-6　样本求职被拒原因分布

三　接受就业服务情况

（一）约 1/4 心智障碍者不曾接受任何职业训练

研究考察了受访者已接受职业教育时间，包括含职业高中学历教育、技能培训、岗前培训等。数据表明，约有 24%接受调查的心智障碍者没有接受过任何职业教育和训练，4%报告接受过 1—3 个月的职业教育，10%报告接受过 4—6 个月的职业教育，61%报告接受过 6 个月以上的职业教育（见图 3-7）。

广州市是普遍推行心智障碍者职业中学教育制度的城市，但仍有 1/4 的受访者报告没有接受过任何的职业教育服务。

（二）接受过其他就业服务的心智障碍者占比较低

问卷调查了在登记求职后是否接受过来自市级、区级残联的就业服务，只有 320 位受访者回答了这个问题，其中 13%报告接受过相关服务，

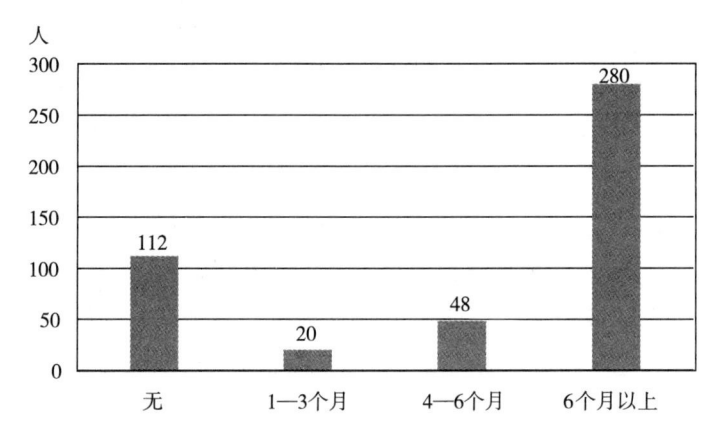

图 3-7　样本接受职业训练时间分布

38%报告不曾接受过服务，50%报告不清楚。

在40位报告接受过相关就业服务的心智障碍者中，40%报告接受过免费培训、培训补贴，10%报告接受过职业介绍、推荐就业服务，10%报告接受过帮助缴纳社会保险补贴待遇，5%报告接受过职业能力评估。其他的就业服务则占35%左右（见图3-8）。

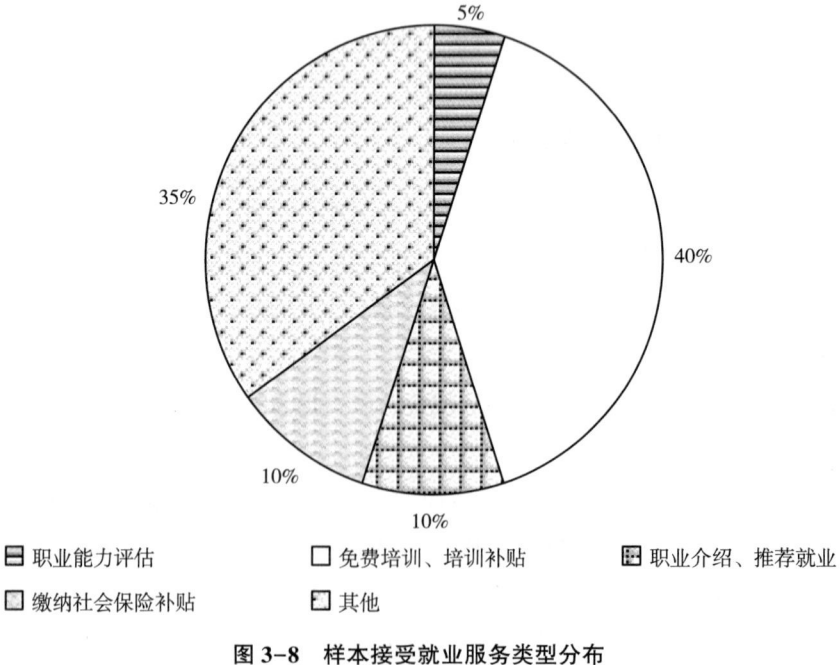

图 3-8　样本接受就业服务类型分布

四 就业意愿和需要

研究调查了心智障碍者及其家长对心智障碍者自身的就业意愿。

(一) 多数家长支持孩子公开就业

在460位样本中，87%的报告他们的家长支持其公开就业，持反对意见的则占3%，但有10%报告家长没有想好孩子是否应该公开就业。

调查发现，家长和心智障碍者对月薪的期待并不高，在报告此项的400位样本中，31%只期待月薪（含社保）在1000—2000元，基本上就是广州市职工最低工资的水平；55%期待月薪（含社保）在2000—3000元；9%期待月薪（含社保）在3001—4000元；6%月薪（含社保）在4001元以上（见图3-9）。

可见，家长期待心智障碍的孩子公开就业更多的并非出于薪酬考虑，在深度访谈中，他们更期待孩子通过就业能够融入社会。

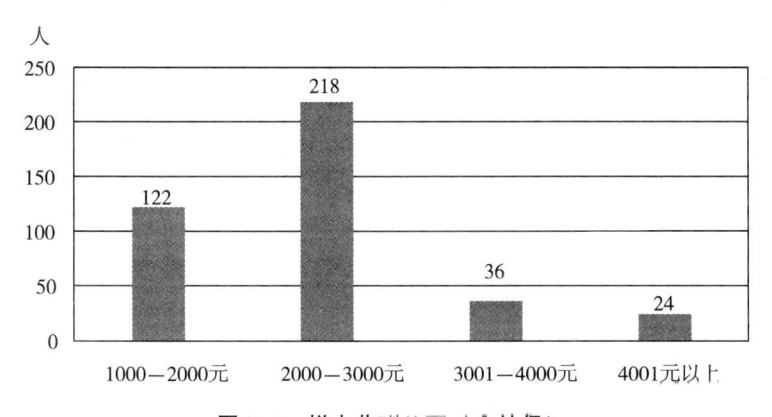

图3-9 样本薪酬分布（含社保）

(二) 多数家长期望孩子能够有"体面"工作

问卷测量了解心智障碍者及其家长对职业方向的意愿，数据显示家长的强烈愿望是孩子能够获得"体面"的工作，这体现在职业方向上主要表现为家长希望孩子能够进入政府部门、事业单位和大型企业工作，对于小企业或者个体经营则表现出了排斥之情。

52%的心智障碍者（或者家长）的就业意愿是政府部门和事业单位，这是调查中最高比例的选项；其次就是大型国有企业，占比23%；再次是民营企业，占比10%；个体户或开网店的选项是最少的，占比3%（见图3-10）。

就业意愿分布

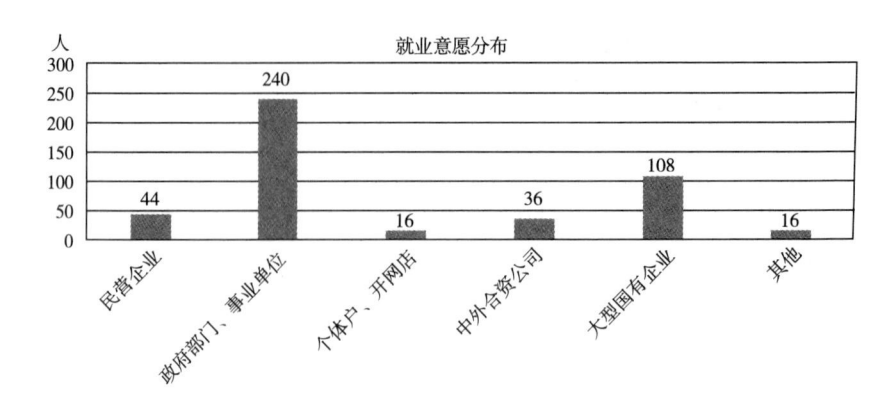

民营企业	政府部门、事业单位	个体户、开网店	中外合资公司	大型国有企业	其他
44	240	16	36	108	16

图 3-10 样本就业意愿分布

现实的情况是目前我国的政府部门、事业单位和大型国有企业能够为心智障碍者提供的工作岗位非常有限，现实与他们的期待相差甚远。

五 支持性就业的认知与意愿

（一）知晓度不高

广州市是支持性就业的试点城市，研究调查了服务对象（心智障碍者以及家长）对支持性就业的知晓度，发现知晓度不高，只有29%的样本表示听说过，有32%的样本表示不曾听说；39%的样本表示不知道支持性就业是什么（见图3-11）。

（二）约四成家长认为心智障碍者可以实现支持性就业

数据显示家长（监护人）对心智障碍者能否在接受训练具备一定的职业技能后，通过支持性就业方式寻找到就业机会呈现出不乐观的态度。仅有17%的家长希望实现就业（支持性就业），21%的家长则希望孩子接受培训，具备一定职业技能。而25%的家长认为孩子不可能就业；约有37%选择了"其他"。

（三）期待就业辅导员的支持时间较长

在听调查者解释了什么是支持性就业后，受访者表现出对支持性就业的兴趣，多数家长表示愿意选择更长的支持时间。

如图3-12所示，在394位回答了"就业辅导员支持智力、精神残疾人进入普通岗位公开就业，您（监护人）认为应该支持多长时间"问题的监护人中，最多的选项是3—6个月，占51%；其次是"6个月以上"，

132人，29%
180人，39%
148人，32%

□ 听说过　□ 不曾听说　▦ 不知道支持性就业是什么

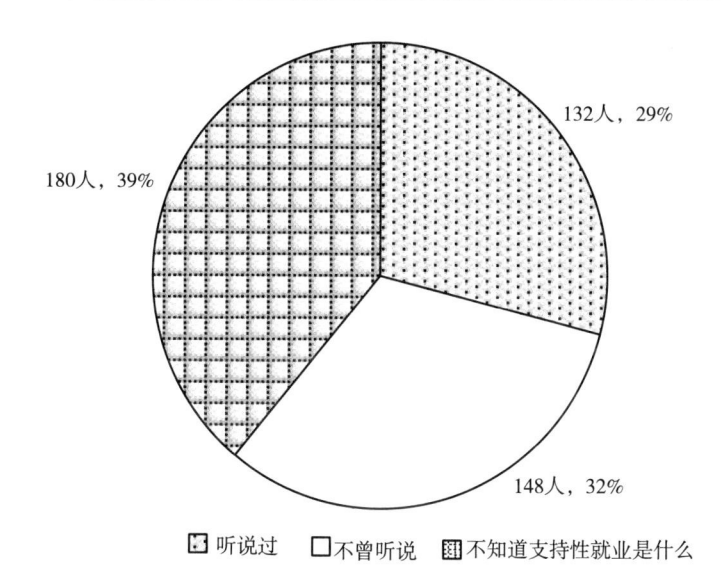

图 3-11　支持性就业知晓度

占 22%；选择 1—3 个月的有 23%，而选择 1 个月以下的只有 3%。可见，家长期待的就业辅导员支持时间是比较长的。而国内支持性就业试点城市的政策内支持时间通常是 6 个月以内，这种制度安排相对比较符合家长的期待。当然，仍有 1/4 左右的家长认为就业辅导员应当给予孩子更长的支持时间。

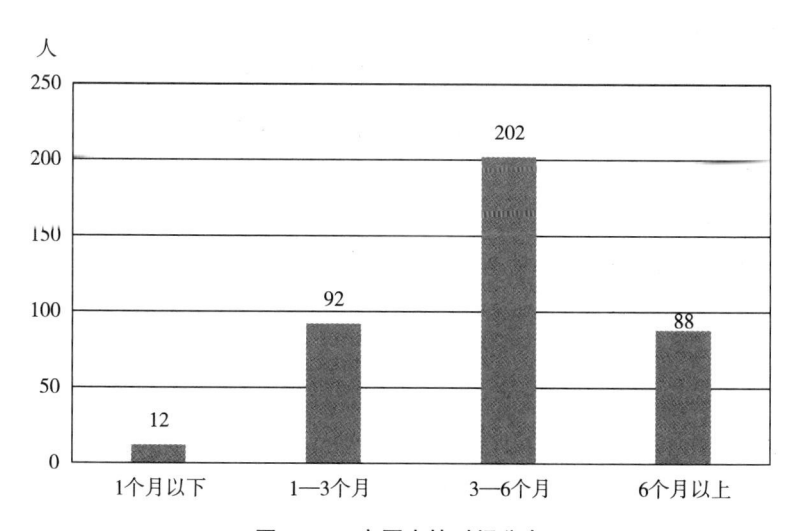

1个月以下	1—3个月	3—6个月	6个月以上
12	92	202	88

图 3-12　意愿支持时间分布

（四）监护人高度愿意配合就业辅导员的工作

在被问及是否愿意配合就业辅导员工作以促进残障人士就业，监护人（家长）表现出了高度的合作意愿，99%选择了愿意，仅有1%选择不愿意（见图3-13）。

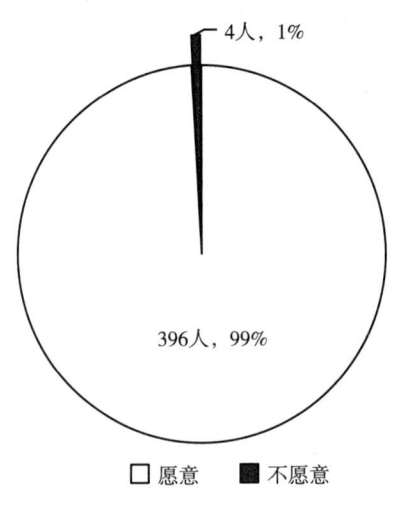

4人，1%

396人，99%

□ 愿意　■ 不愿意

图3-13　与就业辅导员合作意愿

六　对支持性就业服务的需要

研究者用开放性的问题询问了心智障碍者及其家长对促进心智障碍者就业服务的建议，他们的意见主要集中在以下方面：（1）建立就业平台，帮忙安排工作；（2）补贴、奖励招聘残障人士的企业，增大企业残障人士就业比例；（3）政府帮忙买社保医保；（4）做好就业后的跟进工作；（5）就业前培训；（6）提供更多就业辅导员。

有相当部分家长认为心智障碍的孩子没有工作能力，主张庇护性就业甚至挂靠。

　　受访者（A家长）：智障人士大多没有就业能力，挂靠不能取消。（访谈记录：SE201612）

　　受访者（B家长）：应该建立适合智力残疾人的庇护性就业机构，在资金方面给予支持，免费提供场地，提供适合智障人士就业的项目。接纳更多智力残疾人。增加工疗人员补贴，办成如香港的庇护

工场，中午安排午饭和休息，减少家庭的负担。（访谈记录：SE201610）

以上两位家长的意见在监护人中具有典型性，家长更多是希望政府直接能够给予社会福利，包括低保或者最低工资，以及帮助购买其他诸如医疗保险、养老保险等社会保险；但对包括支持性就业在内的公开就业方式持谨慎的保留态度，相关的需要也不强烈。

第四章

支持性就业服务在国内的状况和模式

第一节 支持性就业在国内发展的现状

一 国内心智障碍者的支持性就业状况

(一) 心智障碍者就业难,传统的就业模式对推动其公开就业效果欠佳

"就业"是指人们在劳动力市场从事有薪酬的工作,它是一个比"劳动"更狭义的概念。在现代社会,就业对人们的经济保障、生活机遇和社会网络都有着重要意义。残障者未能就业或未能稳定就业,通常有较高的概率陷入贫穷、政治参与较少、生活满意度较低 (Schur, 2002)、社会接触与社会支持明显降低 (Ward & Baker, 2005)。数据显示,2012年度残障人士家庭人均可支配收入仅为全国居民家庭人均可支配收入的56.2%,其家庭恩格尔系数为48.5%,比全国居民家庭恩格尔系数高10.8% (赖德胜,2013)。残障人士的这种生存状况跟他们低就业率有莫大关系。

我国残障人士的就业率和就业质量都不甚理想,心智障碍者更是如此,他们通常被认为是没有工作能力的。根据我国第二次残疾人口普查显示,残障人士就业率不足40%,心智障碍者的就业率更低。心智障碍者是就业最困难的群体,他们的公开就业率极低,能力稍好的也通常只能在庇护性就业场所"劳动",进行工作康复,不是真正意义的就业。我国有超过1200万的智障人士,平均就业率不足10%,孤独症人士就业率不足1% (程凯,2008)。以上状况即便是社会福利比较好的城市也概莫能外。

以广州为例，心智障碍者的就业率并不高。截至2016年，广州市持证残障人士约14万人，其中智力障碍者18375人，处于就业年龄段的有13502人，包括男8451人，女5051人。已在年审单位（公开就业）登记就业的智力障碍者有3643人，约占总数的26.98%。广州在册精神障碍4.8万人，7万多名自闭症人士，80%自闭症的成人处于无业状态。①

心智障碍者公开就业难的原因很多，既在于他们自身的知识技能和社会技能不足，没有做好就业的准备；也更在于社会环境：制度设置、文化制度和公共设施的障碍。以就业模式而言，针对残障人士的传统的就业推动模式并不适合心智障碍者。传统的就业培训都是先培训后就业，但就业前培训难以做到个性化，而心智障碍者的个人特征、知识技能和社会适应性都存在极大差异，传统的培训对促进他们就业效果欠佳，因为未能根据心智障碍求职者的自身条件匹配相应职位，结果往往是培训后依旧不能达成就业或就业情况不稳定，难以留职。

（二）国内心智障碍者的就业支持政策不足

因应残障人士就业存在诸多障碍，为了实现他们的平等就业权利，我国政府发展了一个残障人士就业的社会政策体系，心智障碍者被涵盖在该体系之中。目前，这个体系主要是由分散按比例就业、集中就业和自主就业三大模式构成。其中分散按比例就业完全是在劳动力市场公开就业，是通过立法强制要求企业、事业单位和政府部门要按一定比例雇用残障人士，否则就必须缴纳一定数量的残疾人就业保障金。集中就业形式则有公开就业和保护性就业两种方式，主要是通过政府支持的福利企业、庇护工场等场所安置残障人士就业。自主经营是鼓励残障人士创业、自我雇佣劳动力等，相对而言这一模式获得的社会保障和支持较少（见表4-1）。

表4-1　　　　　残障人士就业全国性社会政策一览

社会政策	制定机关	颁布时间
《残疾人就业条例》	国务院	2007年
《中华人民共和国残疾人保障法》	全国人大	2008年

① 广州市残联数据，研究者访谈获得。

续表

社会政策	制定机关	颁布时间
《中共中央、国务院关于促进残疾人事业发展的意见》	国务院	2008 年
《中国残疾人事业"十三五"发展纲要》	中国残联	2015 年
《残疾人就业保障金征收使用管理办法》	中国残联	2015 年
《关于发展残疾人辅助性就业的意见》	中国残联	2015 年
《残疾人职业技能提升计划（2016—2020 年）》	中国残联	2016 年

但是对于心智障碍者而言，以上方式都存在问题，其中分散按比例就业对残障人士支持极少，心智障碍者很难进入公开劳动力市场就业；集中就业模式中，比较倾向于公开劳动力市场就业的福利企业也极少雇用心智障碍者，只有发达地区的街道创办的康园工疗站、庇护工场等愿意接纳心智障碍者，但是数量也极其有限。

因为智力与发展性障碍人群就业难，于是也有人利用按比例就业提供的机会为他们做"挂靠"。所谓"挂靠"就是假就业，由企业与心智障碍者签订劳动合同，但企业并不真正接纳他们来上班，相反，他们通常要求心智障碍者不需要到企业工作，但企业可以给他们购买包括医疗保险、养老保险在内的职工社会保险；有些企业甚至会给这些心智障碍者一点"工资"。提供"挂靠"的企业，表面上达到了安置残障人士就业的数量要求，不需要再缴纳残疾人就业保障金。家长对这种情况也能接受，认为可以给孩子多点保障；但是在这种看似各方"受益"的"假就业"中，关键的"当事人"的生活状态并没有发生改变，其社会参与度也无提升，他们甚至感到不满足。

总体上，针对心智障碍者的就业支持政策主要是一种"庇护性就业"模式，即到工疗站、庇护工场等"上班"，这些场所并非公开就业单位，与残障人士也不构成"雇佣"关系，他们之间没有劳动合同。这些机构实质上是托养机构性质，主要为心智障碍者提供以"劳动康复"为主的日间照料服务，心智障碍者在其中的身份不是员工而是"学员"，他们可以领取少量的劳动津贴，而非工资，也没有任何的职工社会保险。总体上，心智障碍者在其中是劳动而非就业。这种模式造成社会隔离，导致心智障碍者被排除在常态的社会生活之外，无法达到就业融合目的。

目前在社会政策领域，尚未有全国性的对心智障碍者就业有效的社会支持模式。

(三) 支持性就业的试点给心智障碍者就业提供新的可能

传统的残障人士职业培训对心智障碍者效果并不明显，而支持性就业则颠覆了传统模式，采用先安置（就业）再培训的方式，给予心智障碍者在工作岗位上密集的支持，帮助他们实现真正意义的公开就业。

> 受访者（T市残联教就部工作人员）：关于残疾人的职业培训和就业问题，以往的工作思路是：残疾人就业前，必须具备一定的职业技能——残疾人应先参加专门职业技能培训，学会一定的职业技能，并取得职业资格证，再推荐他们到用人单位。事实上，这种思路不利于心智障碍人士就业——培训中心往年培养的学员即使学会了一定的职业技能，考取了职业资格证，在劳动力市场依然很难就业。（访谈记录SECL201502）

支持性就业强调通过就业辅导员的工作为心智障碍者提供个别化的支持服务，包括工作能力评估、工作岗位寻找、工作场所密集支持等。更能贴近心智障碍者的特点和需要，帮助他们实现公开就业。

> 受访者（S市残联教就部工作人员）：我们体会支持性就业与我们以往的培训和就业模式最大的不同在于：它强调人与岗位的匹配度，不是先培训残疾人职业技能，而是全面评估残疾人现有能力为他们寻找适合的岗位，并在现实情境下一步步培养残疾人适应岗位需求。支持性就业特别强调对就业残疾人（主要是中重度智障和自闭症、精神残疾康复者）以适当的、必需的、有针对性的支持与训练，帮助他们实现就业。（访谈记录SECL201503）

(四) 支持性就业在国内正处于试点阶段、未形成规模

支持性就业目前主要是在国内二十多座城市试点，包括北京、长沙、衡阳、广州和深圳等地，未形成规模。每个试点城市每年能够支持的心智障碍者数量有限。如广州市2014年11月发布了《广州市智力残疾人支持

性就业工作试行方案》采用政府购买服务的形式，通过社会服务机构和就业辅导员的工作，每年约支持 20 名心智障碍人士正式就业，要求需与用人单位签订一年以上的劳动合同。2015 年、2016 年两年间，每年服务的心智障碍者平均在 40 名左右，每年能够实现公开就业的心智障碍者也就在 20 人左右。

根据对北京 R 机构、广州 L 康复中心、长沙 AME 等 8 家就业服务机构进行的个案分析，显示心智障碍者就业职种主要是餐厅服务员、厨房清洁员、保洁员、送餐员、配送货物等，工作场所集中在麦当劳、肯德基、快递店、饼店、食品有限公司等，与其他人同工同酬，享有五险一金，就业环境是开放式的；但存在就业层次较低，就业质量较差，就业保障不足问题[①]。

二 国内对支持性就业之理解

（一）政策上对支持性就业的理解持狭义概念

西方学界对支持性就业的含义尽管有所争议（Cowi，2012），不同的学者从不同角度理解这一概念，总体上可分为广义和狭义两方面。广义的理解：一个主要的共识是认为它是指在残障人士就业过程中（前、中、后期），由政府、社会组织和雇主等多方提供整合性的就业服务和工作场所支持，使残障人士可以在公开劳动力市场获得和维持工作，并获得正常水平（等于或高于法定最低工资标准）的薪酬（Federal，1984；Wehman et al.，1997；Cowi，2012）。狭义的理解：其服务对象主要针对心智障碍者。为了使其获得适性就业，针对具有一定工作能力，但尚不足进入竞争性职场之心智障碍者，提供一段时间的专业支持，使其能在竞争性职场中独立工作。

国内试点城市的地方政策对支持性就业主要持较为狭义的观点，即支持性就业主要是针对心智障碍者，有些城市在试点过程中甚至把政策对象限定为智力障碍者和自闭者，这是非常狭义的支持性就业实践了。虽然有研究者和实践者也都承认其他类别的残障人士也有支持性就业的需要，但目前的政策实践确实只限于狭义理解，这或许一方面与心智障碍者和自闭

---

① http://www.capidr.org.cn/news156.html.

者是目前就业的最困难群体有关，另一方面也与支持性就业在国内最早的倡导者主要是自闭者和心智障碍者的家长有关。

但事实上民间团体在推动支持性就业之初并非持如此狭义之理解，而是把支持性就业的服务对象解释为有需要的残障人士，并不限于心智障碍者。如以下中国智力残疾人及亲友协会在其内部报告中是如此阐释支持性就业的：

"支持性就业"是残障人士的一种就业模式，是由就业辅导员在竞争性工作场所为残障人士持续提供训练，以增进他们的工作能力及和同事的互动，当残障人士的表现符合工作场所的要求后，就业辅导员逐渐退出工作现场，改为追踪的方式提供服务①。

（二）支持性就业政策的对象局限于心智障碍者

国外对支持性就业的了解都较为广义，即不局限于心智障碍者，而是包括了其他的障碍群体。

但在国内，无论是民间社会服务组织的试验还是一些城市政府的试点，都把支持性就业的对象是局限于心智障碍者，特别是心智障碍者和自闭者——具有就业意愿并有一定的就业能力，但不足以独立在竞争性的就业市场的残疾人，一般以重度或特定如智力残障的残疾人。

> 受访者（某市残联管理人员）：在各类残疾人群体中，智力障碍人士被雇主接受就业的程度最低。雇用单位缺乏对智力障碍群体的认识，在缺乏上岗服务和支持的情况下，就业单位雇用智力障碍者的积极性不高，误解和偏见也难以消除。成功就业的案例告诉我们，在九年义务教育之后，为智力残疾人开展就业与生活自理能力的培训，同时在社区中联系对口的就业单位，在学校毕业与上岗就业这一重要的人生过渡阶段提供必要的服务与支持，将大大提供智力障碍人士的就业能力和就业率，并帮助他们适应工作岗位，降低新上岗阶段的失业率。（访谈记录 SEAD201501）

主要的原因在于：（1）心智障碍者和自闭者家长组织的社会政策倡

---

① 资料来源：智力残疾人及亲友协会内部报告《中国智协支持性就业试点项目工作总结》。

导是支持性就业在各地开始试点的主要动力，政府作为回应，把支持性就业看作解决心智障碍者和自闭者就业问题的新举措；（2）残联认为在残障人士中，心智障碍者最难找到工作，是就业困难户。

（三）对支持性就业的特征有共同认识

国内实务界支持性就业的特征的理解与欧盟、中国港台则是相通的，主要有如下观点：

（1）强调在融合的工作环境与一般非障碍者一起工作。

（2）在公开的劳动力市场就业。

（3）全职或每周至少若干小时以上有薪工作，另依其产能、工时、比照从事同等职务之非残障员工给予公平合理的待遇。

（4）以"先安置，再训练"的方式协助就业（基本模式是"安置—培训—支持"，而不是以前的"先培训，后安置"方法）。

（5）倾向于对残障人士的一种长期性支持和服务。在他们有需求时（工作能力不足/社会适应性不足），可获得就业辅导员持续的、密集的工作职场支持（intensive on-going support），如工作技巧训练、环境适应、职务再设计、社交、健康与财物等，使其能独立工作。

（6）有专业的就业辅导员作为核心支持者。而且非常强调他们的关键作用。就业辅导员需要接受专门的技能培训，由政府或相关机构对其工作情况进行审核和支付规定的薪金。

（7）除了工作职场支持外，残障者就业相关的服务，也必须是整体支持性就业应考虑的部分，如交通、社会保障、生活支持服务等。

（四）基于社会模式的支持性就业的核心理念

支持性就业在欧盟和美国的发展，其理论背景之一就是对"残障"（disability）理解的社会模式迅速的传播和被人们广为接受。从社会模式的价值观念出发，衍生了支持性就业的若干核心理念。

（1）每个人的生存价值都是值得被尊重的。

（2）障碍往往是因环境造成的。

（3）残障者拥有能力需被重视、支持和开发。

（4）在拟定个别化服务计划时，残障者的意见应受到尊重，并且成为重要的参与者。

（5）心理及个人反应的独特性是影响康复过程及成果的重要因素。

（6）各专业应密切合作，此是提供康复成功的要件。

（7）在康复计划和执行中，每个参与者（残障者、家属、专业团队等）应尽可能采取主动与参与的态度。

三 支持性就业在国内的一般工作流程

虽然各地的做法有所不同，但支持性就业在国内实施的流程是大同小异的，结合国内不同服务机构的实践，支持性就业的一般工作流程小结如下[①]。

（一）进行开案会谈与咨询

应借由会谈方式，了解求职者的生理、心理、学历、家庭、工作经历及就业需求等状况。回答服务对象和家长的疑问，了解其对就业的态度、动机等，打消其顾虑。

（二）对服务对象进行评估

针对求职者的工作特性做初步评估，例如，求职者希望从事的工作职类、工作地点、工作时间、待遇及求职者所拥有之特殊专长、职业资格等。

（三）职业辅导与评量

当就业服务人员初步评估求职者的身心障碍状况、学习特性与喜好、职业兴趣、职业性向、工作技能、工作人格后，认为有进一步评量的必要时，将转介求职者接受职业辅导评量。

（四）发展就业服务计划

就业辅导员分析、汇整求职者的工作能力、沟通能力、工作态度、工作社会技巧、情绪及行为表现、支持需求等，并提供具体的就业安置目标及就业方向之建议。

（五）相关资源联结，开发工作机会、进行职业匹配

就业辅导员根据上述评估的结论和服务计划，依据就业服务计划所建议之就业安置目标及就业方向，联结就业相关资源。开发工作机会，应通过报纸、网络等方式开拓适合求职者的工作机会、联络雇主，通过雇主访谈做工作环境分析及工作职务分析。对工作场所的实体环境和人文环境进行评估，确保工作符合服务对象的能力和喜好。有必要时协调就业单位调整工作性质和环境，使心智障碍者能有效地工作。

---

① 本部分关于支持性就业的一般流程参考了中国慧灵智障人士服务机构的内部工作手册《心智障碍人士就业操作手册》。

（六）就业推介、商谈与咨询

就业辅导员筛选适合求职者的工作机会，与雇主联络，简述求职者的身体、心理状况，并向雇主争取面试机会。就业辅导员和雇主进行商谈与咨询，确保心智障碍者获得平等的待遇以及所需的支持，以达到持续性工作的目的。

（七）陪同面试

如求职者有需求，就业辅导员应视情形陪同求职者前往职场面试，协助求职者与雇主沟通，说明求职者就业上的优势，分析工作环境及工作项目对求职者的适合性。

（八）职场辅导、密集支持，建立支持系统

就业辅导员根据岗位的职责和要求对案主进行训练，应对求职者所担任之工作的流程与职务进一步做分析，同时评估求职者在工作表现上的差异，以发展适当的训练策略在这个过程中帮助案主建立他们的自然支持系统，即通过在同事之间建立自然支持来确保心智障碍者能有稳定持久的工作。

（九）职务再设计

针对求职者的实际需求，进行职务再设计（如辅具设计或工作流程转换），处理人际关系训练，使其能够独立完成工作。具体包括通过就业服务人员与雇主的沟通、协调、设法改善求职者换工作环境或设备、工作场所器具、工作条件、调整工作内容等，以协助求职者能更顺利进入职场且稳定就业。

（十）逐步减少辅助和跟进，进行后续追踪辅导

当求职者已逐渐适应工作场所大部分要求，产能或工作效率也在稳定要进步时，在雇主同意下，就业服务人员将逐步退出工作现场，而以不定期电话或访视继续追踪求职者依个案状况，提供某些服务，直至求职者稳定就业已达3个月以上，并结束服务关系。但是要继续定期地跟进。

四 新兴职业：就业辅导员

就业辅导员是随着支持性就业在国内一些城市的试点发展出来的职业，但它处于发展的初始阶段，尚未被职业化，也尚未被广为人知。

就业辅导员在支持性就业中扮演了关键角色，直接决定着服务对象能否成功就业。就业辅导员与案主的关系是服务关系，但除了直接为案主提

供职业评量、就业能力训练、就业支持等服务外，为了服务的顺利开展和成效，就业辅导员同时需要协调家长、用人单位和社区相关人员等的关系。就业辅导员在支持性就业中发挥了专业支持的作用，他们运用专业知识和经验提升心智障碍者和其他服务对象的就业意愿、就业能力和信心，弥合雇主的期待和雇员实际情况的差距。

就业辅导员通过各种支持服务实现了残障人士在劳动力市场的保障性流动（Protected Mobility），包括从庇护式劳动（康复）场所到公开劳动力市场，从非正式就业到稳定的正式就业（Cowi，2012：42）。此外，他们还扮演了积极的咨询者和建议者的角色——为雇主提供如何改善工作场所环境使之更为包容，如何与残障员工相处，如何为这类雇员提供积极的工作场所支持等建议，有效消除雇主因为雇用残障人士的不安及其困难。

就业辅导员对残障人士（相当部分是心智障碍者）的支持性就业流程如图4-1所示，他们全程参与残障人士支持性就业过程：积极帮助残障人士寻找工作机会，对他们进行职业能力分析和培训需求分析，并在竞争性工作场所为残障人士持续提供密集的就业支持和服务，包括持续的职业训练，增进他们的工作能力，帮助心智障碍者建立工作场所中的自然支持，加强其与同事的互动，其他各种工作场所支持（协调残障员工与工作环境，协调残障员工与同事、雇主）等。当残障人士的表现符合工作场所的要求且稳定就业后，就业辅导员逐渐减少服务和支持，逐渐退出工作现场，改为追踪的方式提供服务。

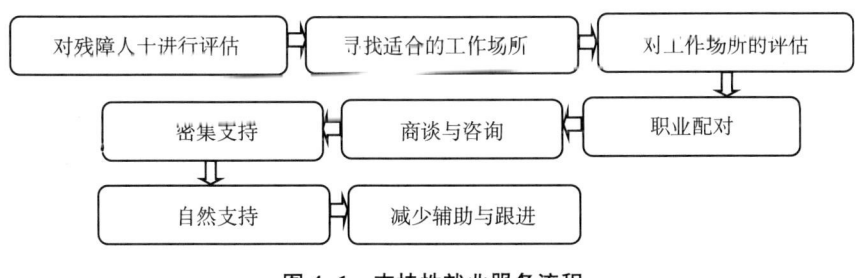

图4-1 支持性就业服务流程

国际劳工组织对就业辅导员在支持性就业中的角色和作用给予了很高的评价，认为他们决定了支持性就业的成败；他们（就业辅导员）可以更好地协助案主表达需要和困难，帮助他们进行与实现关于就业的"自我决定"（决策）。此外，就业辅导员可以协助用人单位按照中国的相关法规和办法，为残障人士就业建立一个以社会支持优先（理念、有关政策和方法），同事的自然支持为主体，专业支持（就业辅导员）做后援的支持系统。同时这种支持是持续性的，不断确保支持性就业的发展，给企业和家庭带来效益的最大化。（访谈记录 SEILO201603）

但是，就业辅导员在国内尚属新鲜事物，鲜为人知。社会保障部门更没有把它纳入我国的职业门类，尚未有职业资格认证的途径，更没有职业教育和培养的路径。这也导致了就业辅导员从业人员少、薪酬低、就业保障不足、流动性高等问题。总之，就业辅导员在我国是一个尚待发展的职业种类。但在我国港台地区，就业辅导员是正式职业，有正规的职系，有明确的职业资格要求，有一系列的政策支持，其薪酬甚至高于社会工作者。

第二节　支持性就业在我国发展的历程与特点

一　支持性就业发展历程

支持性就业在我国的发展历程，在某种程度上，带有较强烈的自下而上的色彩。它首先是在民间社会组织试验和推动，在社会组织和心智障碍者家长的倡导下进入政府视野，然后在北京、长沙等少数城市试点并拓展到其他城市。2016 年支持性就业已经被写入中国残疾人联合会的中国残疾人事业发展"十三五"规划，这标志着支持性就业进入中央政府的政策议题。在实施上，截至 2017 年，支持性就业仍处于在某些城市的试点阶段，加入试点的有二十多座城市，尚未在全国全面铺开。

国内支持性就业服务开展时间较晚，尚处起步阶段，发展阻力较大。由于社会观念的偏见、社会环境的障碍和政府支持力度不足等多方面原因，支持性就业尚处于试点阶段，未能在全国得到广泛推广。本书将国内支持性就业划分为开始探索、政策试点研究和开始制度化三个阶段。

（一）开始探索阶段（1999—2014 年）

我国最早的支持性就业探索被认为发生在 2000 年前后的北京。1999 年，台湾著名的特教专家、台湾社区居住与独立生活联盟李崇信先生把他在台湾推动支持性就业的经验带到大陆，让人们首次认识什么是支持性就业。我国首次将支持性就业模式用于心智障碍者就业，并在四川郫县特殊教育中心进行了尝试。通过"先开发工作机会，再培训、现场支持和跟踪辅导"支持性就业的模式，尝试安置两位学生。最终，一位毕业的学生在社区打扫清洁卫生，另一位在当地的一个包装厂工作（中国智协，2013）。

从2000年开始，北京开始有零星几个民间机构开始尝试支持性就业服务，其中较出名的是利智（北京利智公益服务集团）。北京市丰台区利智康复中心是国内首家实行支持性就业的机构。2002年，该中心从台湾地区引进了具有本土经验的支持性就业流程，开展了支持性就业的个案研究，十多年的实践经验获得70多例支持性就业的成功案例，个案在宾馆、饭店和社区保安等行业工作（中国智协，2013）。

支持性就业在家长组织当中获得支持，如中国智协认为它"实践表明支持性就业符合中国国情，可大大提高智障者就业的能力，减轻家庭、用人单位和社会的负担，示范性显著"（访谈记录SE2016ZX02）。

这段时期，残障人士的家长组织开始在国内发展起来，在一些城市，心智障碍者的家长通过学习了解了支持性就业，开始考虑孩子成年后的去向问题，为了使支持性就业进入政策议程，他们开始了政策倡导，运用多种合法倡导的方式呼吁当地政府推动相关政策和服务的改变。其中较著名事件是广州市的心智障碍家长组织通过组织调研和给市长写信方法促进广州市进入支持性就业的试点城市行动。

国际劳工组织在支持性就业的推动方面扮演了重要角色，他们把欧盟先进的经验介绍给中国，并在此初始发展阶段给出了各种积极的发展策略。2012年，国际劳工组织会（ILO）的障碍者融合就业项目组在全国超过12个省市地区开展调研支持性就业技术开发、专业社工队伍建设，并完成雇主指导手册编写、融合就业雇主服务工具与模块构建等工作，构建中国融合就业服务组织支持平台。这些行动极大推动了支持性就业在我国的发展。

民间社会服务机构采用多种方式，用理性的方法游说政府，其中邀请政府部分相关人员参加支持性就业的学术和研讨会对政府的政策学习起到富有建设性的作用。比如自2013年起连续几年，联合国国际劳工组织联合中国的家长机构，包括心智障碍服务创新联会和中国智力残疾人及亲友协会主办支持性就业的培训班，邀请包括台湾启智技艺训练中心在内的支持性就业专业人员主讲，各地残联如北京、郑州、南宁、长沙等市的公办、民办残疾人就业服务机构工作人员参加了培训,许多地方政府的残联组织就是在参加了培训班后获得支持性就业的知识,才回当地制定相关政策。

残联的工作人员后来充分肯定了这些培训和研讨开拓了他们在残障人士就业服务议题方面的眼界和认识,对他们从事政策制定起到积极的作用。

> 受访者(Z市残联工作人员):课程里所涉及的很多观念、技术令培训人员感到震撼,对目前的工作和今后的努力方向有了新的想法。我们认为:支持性就业模式对中重度智障人群、自闭症人群和精神残疾康复者的就业来说,将是新的助力;残疾人工作者学习与运用支持性就业理论,有益于全面规划残疾人培训和就业服务工作。(访谈记录 SECL201504)

(二)政策试点阶段(2014—2016年)

2014年2月,中国智协成立支持性就业试点项目组,并推选北京、大连、山东、湖南、长春、深圳、广西为支持性就业试点单位。2014年4月15日,中残联和中国智协组织一道组织了支持性就业试点工作启动会,国际劳工组织及各试点单位负责人出席了那次会议,这标志着支持性就业进入了新的阶段——地方政策的试点阶段。

2013年,北京融爱融乐启动支持性就业项目,发起人是15名心智障碍者的家长。他们引用美国支持性就业的理念,将18名心智障碍者送到北京地区的蛋糕店、汽车4S店、IT企业、环保企业进行岗前评估,就业项目进行到一年半,送到企业5人,有2人成功签订劳动合同。

2014—2016年,中国开始在7个试点地区(北京、湖南、广西、山东、广东和大连、长春)开展支持性就业模式的探索,通过政府购买的方式尝试提供支持性就业服务。湖南省则是全国首个制定省级支持性就业计划的地区。经过几年的发展,我国已经积累了近200个心智障碍者通过支持性就业服务成功就业的案例。

(三)政策之窗开启、初步制度化阶段(2016年至今)

2016年,支持性就业被写入国务院印发的《"十三五"加快残疾人小康进程规划纲要》,明确提出国家要积极探索支持性就业。后来,中国残疾人联合会发布《残疾人就业促进"十三五"实施方案》,计划调动各类社会资源,以智力、精神残疾人为主要对象,以扶持其在劳动力市场实现就业为目的,继续在部分省市开展残疾人支持性就业试点。并指出要扶持建设残疾人就业辅导员培训专业机构(基地),培训2500名就业辅导员,帮助更多残疾人实现支持性就业。这标志着支持性就业进入了政府政策议程,开始了制度化的历程。

二 支持性就业在我国发展的特点

(一) 家长组织发挥了积极倡导和推动的作用

支持性就业发展突出特点是家长积极倡导和推动,这是在过去其他的残障社会保障议题中没有的现象。自下而上的政策倡导对支持性就业进入政策议程发挥了关键作用。

调查发现,2000年前后,心智障碍者家长呈现出政策倡导的动力——推动他们的孩子可以在公开劳动力市场就业的政策发展。一方面是严重的社会排斥,那时候企业对心智障碍者的就业几乎持排斥的观点,社会公众甚至心智障碍者家长认为他们是不适合公开就业的。但另一方面却是社会保障不完善,对心智障碍者的社会津贴很少。在这样的背景下,心智障碍者如果不能就业就需要靠家人抚养,在预见到未来老化的问题后,家长深感心智障碍者就业的必要性,于是组织一起进行社会倡导。

> 受访者(ZZX家长组织社工):早期的家长比较好,1999年前后,那个时候咱们社会发展比较弱,经济方面的能力比较弱,所以家长基本上都是想让孩子自立嘛,因为家里没有那么多钱,然后也没有那么宽裕,所以他们就要求你自立,这样你以后会好一点。所以这些有自立能力的孩子呢,他们在家长的督促下,一旦有一个机会支持他们就业,他们就能就业。(访谈记录SEZZX201601)

调查发现,支持性就业的"政策企业家"[①] 普遍认为自闭症孩子家长对支持性就业的政策发展作出了很大贡献,事实上走在政策倡导前沿的确实是自闭症家长及其相关家长组织。一些观点认为,这些家长知识水平和

[①] 所谓政策企业家就是"那些通过组织、运用集体力量来改变现有公共资源分配方式的人"(Lewis,1980:9;朱亚鹏等,2014:59)。

社会地位相对较高，拥有较为丰富的社会资源。他们的社会权利意识也普遍较高。当自闭症孩子在面临上学、就业和社会参与的广泛歧视和排斥时，家长愿意走出来发声，争取孩子的平等社会权利。而支持性就业也是这些家长通过各种学习接触了解后积极在国内推广的就业支持模式。

> 受访者（LS家长组织副总干事）：这个到了2013年，为什么支持性就业又开始有一个抬头，我觉得是跟自闭症的家长有关，其实心智障碍者家长群体对政策或者对政府的影响并不是太大，他们可能受到一种社会传统观念的影响并不太去争取权利，往往就是等到政府给拟定的，政府说你有什么需求，他们提一些补助可能就完了。但是自闭症的家长不同，他们很积极去争取，他们孩子由于上学、教育等诸多方面的影响，他们就努力地想去为自己的孩子获取社会上的权益，所以我们说在2013年前后，其实自闭症的家长就已经在争取教育权等，我觉得在那个时候相对来说就比较多了，就媒体宣传等都会出现。同时就业权也被一些大龄的家长提出来。（访谈记录SELZ201602）

在支持性就业的理念被引入国内的1999年前后，甚至直至2013年之前较长一段时间里，国内并没有关于支持性就业的任何政策，无论是国家政策抑或地方政策。而在这段时间中，支持性就业都是民间的试验，在北京、广州等"社会福利高地"，由民间社会服务机构自愿发起，自愿提供的社会服务，无论是资金来源还是直接服务递送，依靠的都是民间力量。而其中的关键力量就是家长组织，出名的如北京融爱融乐心智障碍者家庭支持中心、中国智力残疾人及亲友协会、广州市扬爱特殊孩子家长俱乐部等。这些机构在早期就开展了支持性就业的研究和试验，为支持性就业在国内的推行模式和政策支持等提供了大量建设性的可行建议。

（二）国际NGO与民间社会服务机构合作自下而上推动

支持性就业的政策发展另一个重要的动力是国际NGO与民间社会服务机构紧密合作，特别是国际劳工组织，把支持性就业的先进经验介绍到国内，与家长组织一同进行政策倡导，进而影响中国残疾人联合会，影响其他的政府部分，一同推动支持性就业进入政策议程。

受访者（国际劳工组织支持性就业事务官员）：通过三年多的时间，国际劳工组织、中智协、心智联会、融爱融乐家长组织，这四家是比较核心的推动这个政策的机构，然后在这个里面也有国际研讨会，然后来请日本、马来西亚、德国的，开了三次，几次研讨会，每次都请中残联的领导来参加，让他们教就部的人知道，说这个形式在国外有成形的经验。（访谈记录 SEILO02）

国际劳工组织先是与国内一些著名的家长组织合作，探索支持性就业的本土化模式，介绍关键技术及实施环节标准，指导全国支持性就业工作的开展。后来又与中国残疾人联合会和中智协合作在中国进行支持性就业的政策倡导，并游说地方残联进行试点。

受访者（国际劳工组织支持性就业事务官员）：我们希望给残疾人不同的选择，那从目前看到的话，智障人士就业所能够选择的是非常少，缺乏竞争性的工作机会。其实他们的能力，并不是仅限于那个范围。所以我们就梳理了一下国外现有的一些经验，然后把它介绍给中国政府。一开始政策层面是比较谨慎的，也是比较反对的。他们可能觉得庇护性就业更安全。其实是源于长期的社会歧视吧，就是认为他们没有能力去竞争就业。包括家长也这样认为，觉得智障人士不可能出去。所以就先入为主认为心智障碍人士都喜欢待在庇护性的环境里，这是决策者会有的错觉。它其实是一种社会的长期歧视和环境关系导致的，所以我们就希望把这些成功的案例提供给大家，让大家看到支持性就业在中国是可行的，于是我们做了很多试点工作。后是从 2014 年 4 月到 2016 年的 6 月，两年的时间，要做支持性就业试点，就是大范围地推广试点。一共是选了 7 个省市，有 5 个出台了相关的政策。然后每个地方都有 20 个成功的个案。我们是做了这个试点以后才意识到其实残联内部有大量的需求，想要解决这部分智力障碍、精神障碍困难群体的就业问题。（访谈记录 SEILO02）

国际劳工与一些省市的地方残联（如湖南省）合作，通过政府购买服务的形式，进行支持性就业服务的试点。试点项目计划于 2014—2016

年开展，参与的地方有北京、湖南、广西、山东、辽宁大连、吉林长春、广东等。中国残疾人联合会要求各级地方残联收集并提交支持性就业的实例，以进行学习研究和推广。这表明政府在支持性就业的方面有了初步的尝试。

(三) 残保金政策的修订为支持性就业发展提供了契机

2015年，政府对残疾人就业保障金政策进行修订，由财政部会同国家税务总局和中国残疾人联合会发布了《残疾人就业保障金征收使用管理办法》，此次修订为支持性就业的发展提供了契机。政府一方面加大了对企业、事业单位残保金的征收力度，使得这些就业单位更有动力雇用残障人士；另一方面，则是明确了残保金的使用范围，并拓展了其使用范围，鼓励各地积极推行政府购买残疾人就业服务，按照政府采购法律制度规定选择符合要求的公办、民办等各类就业服务机构，承接残疾人职业培训、职业教育、职业康复、就业服务和就业援助等工作。[①] 在有资金保障的前提下，当地方残联接触到支持性就业的时候，通常想到的就是可以利用政府购买的方式提供服务，弥补政府供给的不足。

此外，从2016年起政府加大了对用人单位残保金征收的力度，其基数由地区职工年平均工资变成该企业职工平均工资，相当部分企业需要缴纳的残保金大大提升，他们开始有动力雇用残障人士就业。在这样的背景下，企业内部萌生了如何支持残障人士就业的需要，对就业辅导员有了相应需求。这些都需要支持性就业的极大发展。

> 受访者 (国际劳工组织支持性就业事务官员)：残保金征收办法修改以后对企业一个最直接的影响就是大企业的残保金交得多了，比较规范的企业，我听到企业说改革后需要缴纳的残保金是原来三倍的都有，有三倍的也有两倍的，所以这个对他们来说，下一步肯定他们要有自己的就业辅导员，而且他看到我们做这么多工作 (支持性就业)，企业已经非常感兴趣。我们就发现咱们这些就业辅导员，真正能够给跨国公司做这种支持性就业服务得很少。就是至少得懂得企业的语言、着装和其他规范等，你对企业的理解，所有这些都要跟企业

---

① 财政部、国家税务总局、中国残疾人联合会：《残疾人就业保障金征收使用管理办法》(2015)，第二十三条。

第四章 支持性就业服务在国内的状况和模式　　79

的速度或者符合它的标准。（访谈记录SEIL002）

（四）试点阶段、未形成规模

如前所述，支持性就业目前主要是在国内二十多座城市试点，包括北京、长沙、衡阳、广州和深圳等地区，未形成规模。每个试点城市每年能够支持的心智障碍者数量有限。此外，就业辅导员也尚未成为国内的正式职业，相关的制度尚待发展。

第三节　国内支持性就业模式

目前，国内支持性就业模式主要有三种：个别安置模式、群组模式、小型企业模式。这三种就业模式以服务比例和支持水平为划分依据，是支持性就业的实践者结合实际情况创造出来的。以下分析三种支持性就业模式的异同和优劣势。

共同之处是用人单位与心智障碍人士都签订了劳动合同和享有五险一金，薪资与普通职工平等；帮助心智障碍人士获得工作，得到薪酬，减轻家庭负担；为心智障碍人士提供公开的就业岗位，促进心智障碍人士与健全人的相互融合。

一　个别安置模式

这是目前最常见的一种模式，基于一对一的服务原则。常见的服务递送模式是由政府购买就业服务，就业辅导员为心智障碍者提供一对一的就业服务支持。心智障碍者从事的是正常化的就业，即实行全天工作制或上下午倒班制，由企业家提供劳动场所，就业辅导员定向培训，在工作岗位上对心智障碍者密集支持一段时间，心智障碍者适应了岗位后正式上岗，与企业签订正式的劳动合同，领取市场化的薪酬。

该模式的优势是先安置就业，后岗上培训，提供个别化支持计划，就业持续性较长。但其局限性较明显，服务周期较长、服务成本较高。该模式要求有足够的资金来维持长期的就业安置服务，尤其到了跟踪辅导阶段，持续性服务要花费大量成本。

如"喜憨儿洗车中心"模式是全国首家智障人士支持性就业实训基

地，由就业辅导员制订一对一就业服务计划，聘请洗车专业人员帮助智障人士学习洗车技能，按照个人的性格、能力和喜好，为智障人士分配不同工种。慧灵智障人士服务机构的支持性就业模式也是一对一模式。

我国目前实行支持性就业试点的二十多座城市，政策上支持的就业模式也是一对一模式。

二 群组模式

实行一对多的服务原则。多名心智障碍者组成一个小组，由一名工作辅导员为多名心智障碍者（通常是 5—10 人）提供就业支持的一种服务模式。该模式的资金筹集方式可以是来自政府，也可以来自社会服务机构或者家长众筹，聘请专业人员帮助心智障碍者学习工作技能，按照个人的性格、能力和喜好，为心智障碍者分配不同工种，实行常态化的 8 小时上班制。

该模式的优势在于把集中就业和分散就业结合起来，工作场所是开放式的，就业的心智障碍者相对集中，降低服务成本，缓解就业辅导员的供求不足，节约人力资源、资金，更容易解决交通问题。但不足是场地问题制约，工作机会稀少，对心智障碍者要求较高。

这种模式在北京、长沙等城市的社会服务机构中有所实践。如长春市"阿甘餐厅"模式，每 6 名智障员工组成一个小组，由专业的辅导员进行协助，餐厅给智障员工办理社会保险。

国内民间机构对这个模式的推行主要是基于很多心智障碍者难以在有限支持下单独就业的情况而自发试行的团体就业试验。

> 受访者（中智协就业辅导员）：在国际经验里面有这个工作队的形式，我把它翻译成社区企业的模式。支持性就业最典型的就是一对一的模式，但是一对一的模式现在操作起来太困难。其实说白了就是一个表面模式的话，那我还不如去做那个团体的就业。这种社区企业现在特别难做，但是在山东有一个国际劳工的试点项目就是这样做的。就是街道有一套房子给了他们，他们就买了一套餐具消毒设备，清洗消毒的流水线放在那个房子里，然后有那么三四个心智障碍者，他们就让这个机构的这些老师到周边的餐馆拉生意，就这样，这个是

不是一个社区企业呢？这就是一个社区企业，这个社区企业里面有老师的一些帮忙，那基本上这三四个心智障碍者其实就能够把这个工作全干下来，对吧？这个时候你看三四个，如果一个老师帮忙的话，三四个人的补贴是不是够了。（访谈记录 SEZX201601）

推行这一模式的民间社会服务机构认为这种就业模式有盈利的潜力，他们通常以项目的形式把心智障碍者组织起来，跟企业进行合作，共同提供某些服务或产品，比如清洁服务、洗车服务等。

受访者（中智协就业辅导员）：我觉得工作队可能会带来一些经济效益，它也会要去跟一些相关的企业合作，因为有些特别专业技术，拿洗车队来讲，挣钱的项目如打蜡、抛光等这些专业性的工作内容，他们可能就得外聘普通的员工，就是别的公司的一些合作伙伴的普通员工，整体来讲清洁工作队还是一个盈利点，就是它可以两种循环，也就是他挣到钱之后又有政府的补贴，那当然它是一个良性循环，它的存在就 OK 嘛。（访谈记录 ESZX201601）

还有推行心智障碍者支持性就业的服务机构在社区中开商店、做水吧等，践行社区企业模式。通常是整个店配备 1—2 个就业辅导员，带 5—6 个心智障碍者去工作。相关服务机构认为这种形式有若干好处：（1）1 个就业辅导员可以同时支持多个心智障碍者工作；（2）免去被企业拒绝之难处；（3）社区融合，即心智障碍者的工作环境是在社区中，服务对象是"普通人"，他们可以在融合环境里和社会的"普通人"接触，有助于社会融合。（访谈记录 ESLZ201603）

受访者（LZ 公益机构就业辅导员）：那针对现在中国的政策来讲，那你在不得以的情况下，又希望机构能承担起就业的任务，就是政府就这么补贴给你的话，那你为了能够继续做下去，而且良性循环的话，我其实更多地倾向于群组模式，因为社区企业的投资虽然比较大但可以获得街道支持的，像房子也是街道白白提供的。好像现在残联有这个规定，如果是残疾人自主创业的话，他的场地费用好像是残联可以包的，所以在某种程度上如何借助一些政策上的支持，那我觉得有就业辅导员的集体就业，就等于说白了在某种程度上就是我们外聘了一个就业辅导员帮他们去做一些创业。当然在某种程度上，我觉得他还有一些庇护性就业的痕迹。（访谈记录ESLZ201603）

此外，有实践者认为目前在国内推行支持性就业的一大障碍是心智障碍者"没有准备好"，他们的社会适应能力和工作技能都远远达不到自主就业的要求；而群组模式则能够起到"中介"和"转衔"的作用，作为他们自主公开就业前的中转站。

受访者（中智协就业辅导员）：假如说你在清洁队，你干得很好，然后给你评估你的能力已经足够进入融合环境做支持性就业了，那就把你转到支持性就业去，其实我觉得我也是想这样，就是说我们建立这样的集体就业，其实目的就是刚才说建一个支持性就业的培训基地，借助这个培训基地在两三年里面他可能在这个里面就熟悉了，比方说他做清洁的这个清洁队里面，他已经熟悉清洁队清洁的各方面程序，那我可以给他开发一个外面的清洁的工作，对，他就可以从我这儿离开，因为他已经熟悉了，他都能做，我们周围环境也这样，那就业辅导员也因为对他熟悉，所以对他的支持不用太多的精力就可以完成，比方说你在水吧里，那他已经习惯于水吧的工作，那我在他家附近可能有一家水吧，我去跟他，跟老板谈一谈是吧？他已经会干了，然后过来一干，老板一看会呀都能了解都能做，OK，他可以在就近就业，对于他的交通、安全各方面都会很安全。（访谈记录ESZX201601）

但是，也有支持性就业的服务机构对群组模式持不同的观点，认为它是庇护性就业模式，而非支持性就业模式，对心智障碍者的社会融合作用有限。

受访者（RARL就业辅导员）：他们说的这些烘焙房，洗刷、洗车这些模式是支持性就业，我们机构是不认同的，我们做的都是一对一的就业支持。这种群组的模式在台湾都叫庇护性就业，就是都把这个不叫支持性就业，他们自己一般不办企业，因为毕竟可能这种企业盈利的可能性还是不大的。无可否认他们是想解决一些问题，但那毕竟不是支持性就业。（访谈记录ESRARL201601）

三 小型企业模式

这种模式在国内有一些实践，它是一种社区就业模式，在社区中成立小型企业，雇用心智障碍者且对残障人士数量无固定比例的限制。它通常由家长联合投资，是由社区、社会组织、品牌企业三方共建的创业就业模式，对残障人士实行常态化的8小时上班制。

该模式的优势是通过整合资源，提供就业服务递送。基层政府免费提供场地及水电等基础设施；社会组织联合投资；爱心企业提供品牌和技术指导；专业团队负责管理。三方共建减少了创业成本，降低了风险，节约人力资源。社区公益项目帮助心智障碍者融入社区，使社区居民更好地接纳心智障碍者。该模式的劣势是合适的社区企业较少，维持经营难度较大，对社区企业的管理要求较高。

如湖南"憨乐儿·春之晖·茶物语"模式。企业家熊苹带领专业团队成立了社会企业长沙春枝茂食品有限公司，以社会企业的方式市场化运作，形成了社区公益项目的管理模式、志愿者支持模式，构建心智障碍者就业和创业的支持体系。

第四节 支持性就业的作用

虽然就业人数不多，但支持性就业初步显示出了对心智障碍者公开就业的积极支持作用，初步改变了人们认为他们不适合就业的刻板现象。对心智障碍者自身而言，意义更重大。支持性就业试点的实践表明，它符合中国国情，可大为提高心智障者就业的能力，减轻家庭、用人单位和社会的负担，提升残障人士的社会融合，作用显著。

一 有利于解决心智障碍者的就业问题

长期以来,心智障碍者是残障人士中就业最为困难的群体。由于心智障碍者自身能力的限制、教育排斥、社会歧视、企业的经济理性、社会政策支持不足等原因,心智障碍者的就业率极低,少有用人单位愿意雇用他们。这种状况造成了多数心智障碍者即便是在进入劳动年龄后,也没有办法进入公开劳动力市场,少数进入庇护性劳动或其他日间照料场所,但大部分心智障碍者只能赋闲在家,依靠家人或社会福利生活。

自2014年起,在国际劳工组织的推动下,中国智协成立支持性就业试点项目组,并推选7个地区(北京、大连、山东、湖南、长春、深圳、广西)为支持性就业试点单位。从2015年开始,支持性就业在试点地区得到残联的政策支持,多地纷纷出台政策对支持性就业的试点进行支持和规范。短短几年下来,支持性就业模式彰显了其在心智障碍者,特别是智力障碍者就业中的推动作用,60%—70%参与试点的智力障碍者实现了成功且持续的就业。实践证明,支持性就业是解决心智障碍者就业的最佳模式,也是破解心智障碍者就业难题的有效方法和途径。

二 增加残障人士收入,减轻社会福利的压力

支持性就业是一种在公开劳动力市场就业的模式,残障人士在就业辅导员的密集支持下进入自由劳动力市场,与用人单位签订劳动合同,提供正常劳动力市场水平的劳动,赚取正常劳动力市场水平发工资。这意味着其工资标准至少能够达到社会最低工资水平。这使得残障人士能够获得维系生活需要的薪酬,不需要依靠社会救助度日。

三 增加了残障人士的效能感,延缓其社会功能的退化

公开就业除了有助于增加残障人士经济收入、降低他们落入贫穷的机会之外,还极大地增强了他们的效能感:就业让残障人士体会到工作的意义,通过工作的忙碌保持日常生活的规律,觉得自己有生产力、有责任感,同时提升自我认同与尊严——心智能力的磨炼及内在心灵的提升。

受访对象(M机构就业辅导员):就业这种形式作为一种手段,

推动他们持续地进入主流的环境里，最终还是实现他们的自主生活能力，所以为什么我说我们的目的是融合，其实融合和他的自主生活是息息相关的，这个自主生活又体现了什么，并不是说你找到了一份工作就代表你自主生活了，自主生活还包括你有了一份工作以后，你是不是建立了自己的生活圈，你的社交圈，还有就是你的收入是不是自己可以支配。（访谈记录2016SE-M-1）

支持性就业增加了心智障碍者就业的机会，帮助他们延缓社会功能的退化。

受访者（R家长组织就业辅导员）：我们支持的对象里面，刚刚从特校出来的，就比那种回家待了几年的要好支持，虽然特校是我们反对的，但他毕竟是在一个专业的机构里面，他的规则意识，行为管理能力各方面他还在他身上还发挥作用，他的认知功能各方面，他如果从特校出来没有马上就业，回家待了几年，他的各种功能都退化得极其严重，你这个时候再帮他恢复这些东西就要费很大的劲，就是你付出的代价会更大。（访谈记录SERI201604）

四　促进社会融合

就业可促进他们的社会融合（social inclusion），减少社会孤立、提升心理上与生活上的满意度、增进社会参与技巧与社区生活的投入等。就业还能延缓心智障碍者的退化进程，并降低"失依"的风险和影响。成功就业的标准不是单单签订了劳动合同，而是要看个案是否真正融入并适应了他的生活环境。

R机构是国内首个开展支持性就业服务的机构，它们的使命是要为支持性就业在国内推广提供可行的模式。相比其他需要收费的服务机构，R机构的服务是不收费的。R机构主要通过公益筹资支持服务。他们认为支持性就业对心智障碍者的意义是社会融合，这一意义甚至比经济独立更为重要。

访谈对象（R机构总干事L姑娘）：我认为大部分群体，不管是不是障碍群体在就业的时候，大家的目标其实都是经济独立，但是我觉得对心智障碍者，这不是它的第一目标，经济独立是很重要的一个目标，他的第一目的是融合，也就是说我们这些心智障碍者在他成年之后或者说在他脱离特殊学校这个体系之后，如果没有一个很好的就业支持的话，他的生活选择面非常地窄，他可能就只能待在家里无所事事，那他的状态就是，他的功能退化会非常地加快，然后他的社会交往能力都会退化。（访谈记录2016SW-R-1）

R机构社会融合的观点得到了其服务的心智障碍者家长的认同，接受访谈的家长具备社会融合的意识，他们表示愿意让孩子就业，不是图挣钱，是因为通过就业能和社会接触。支持性就业让他们看到了曙光。

五 改变了社会公众对心智障碍者的刻板印象

支持性就业有重要的社会昭示和倡导作用，在推行支持性就业的过程中，就业辅导员带着心智障碍者与企业接触，要倡导企业的接纳，让企业有机会了解心智障碍者所具备的人力资源价值，也是对这些群体进行重新定义个人价值的过程。

综上所述，支持性就业为难以就业的心智障碍人士提供持续性支持，帮助他们克服就业障碍。就业辅导员提供的密集支持基于心智障碍人士的自身特征，是个性化的服务，而且持续性支持并不受工作时间限制。支持的专业性保障了心智障碍人士在职场的稳定性。此外，支持性就业为难以就业的心智障碍人士提供了融合性环境。支持性就业为难以就业的心智障碍人士建构了一个自然支持系统。通过协助他们与督导或者工作环境的互动，增加了残障人士在工作场所的融合程度。在其中他们的同事绝大部分是非心智障碍者，心智障碍者有更多机会与非心智障碍者经常接触，帮助他们建立关系，增进他们在社群里被接纳的可能，增加他们社会参与，进而提升他们的生活机遇和品质。

第五章

试点城市的支持性就业政策体系

支持性就业在我国仍处于试点阶段，尚未有全国性的政策体系。本章将以试点的三个典型城市：北京、长沙和广州为例，分析试点城市的政策设计和体系，帮助人们理解支持性就业的政策现状、特征与存在的挑战。

研究团队分别于2016年6—7月、11—12月，2017年3—4月对北京、长沙和广州实施残障人士支持性就业的状况进行调研。研究者采取政策内容分析法、深度访谈法和非参与式观察等研究方法，全面探索上述地区实施支持性就业的政策内容、实施情况与特征、效果和现存的困难与挑战。访谈对象的选取遵从多方验证和信息饱和原则，包括地方残联的相关工作人员、当地提供支持性就业的典型社会服务机构、接受服务的残障人士和家长。

第一节 北京市支持性就业政策

一 支持性就业实施概况

（一）支持性就业逐步制度化

北京市在2015年开始了支持性就业的试点（见表5-1），标志性的政策文件是2015年实施的《北京市开展支持性就业工作试点方案》，政府开始尝试以政府购买服务的形式开展残障人士的支持性就业服务。2017年北京市残联同北京市财政局、市社会办等部门共同颁布了《北京市残疾人支持性就业服务办法（试行）》，进一步完善了支持性就业服务的政策。

表 5-1　　　　　　　　北京市的残疾人就业政策

社会政策	制定机关	颁布时间
残疾人就业的一般政策		
《残疾人就业条例》	国务院	2007 年
《中共中央、国务院关于促进残疾人事业发展的意见》	国务院	2008 年
《中华人民共和国残疾人保障法》	全国人大	2008 年
《中国残疾人事业"十三五"发展纲要》	中国残联	2015 年
《残疾人就业保障金征收使用管理办法》	中国残联	2015 年
《关于发展残疾人辅助性就业的意见》	中国残联	2015 年
《残疾人职业技能提升计划（2016—2020 年）》	中国残联	2016 年
《北京市扶持集中安置残疾人就业单位实施意见》	市残联	2012 年
《北京市用人单位安排残疾人就业岗位补贴和超比例奖励办法》	市残联、市人力资源和社会保障局、市民政局、市财政局	2012 年
《北京市残疾人就业保障金征收使用管理办法》	北京市财政局、北京市地方税务局、北京市残联	2016 年
《北京市用人单位安排残疾人就业情况申报审核实施办法（暂行）》	市残联	2016 年
支持性就业政策		
《北京市开展支持性就业工作试点方案》	市残联	2015 年
《北京市残疾人支持性就业服务办法（试行）》	市残联、市财政局、市社会办	2017 年

（二）试点前期的服务人数有限

2015—2016 年，北京市处于支持性就业的试点阶段，受益人数有限，平均每年 20 人左右，这是北京市残联试点的每年计划服务人数。当然，因为北京的民间服务机构发达，一些心智障碍者的家长自发组织提供支持性就业服务而不受残联政策的限制，实际的受益人数会比北京残联的计划人数要多。但整体上受益于支持性就业的残障人士数量有限，截至 2016 年北京市共有 50 名心智障碍新生劳动力获得支持性就业服务，而当年北京市城乡残障者就业人数为 93074 人，辅助性就业 1179 人，相比之下，支持性就业对北京市残障人士就业的贡献在数字上是比较薄弱的。心智障碍者是支持性就业的主要服务使用者，根据第二次全国残疾人抽样调查的数据①，北京市残障人士占总人口的比例为6.49%，据此推算有各类残障人士的总数为99.9万人，其中智力障碍者5.0万人，占5.01%；精神障碍者7.1万人，占7.11%；北京市每年支持性就业的受益人数与上述心智障碍者的数量相比可谓杯水车薪。

二 政府评量—购买服务的模式

北京支持性就业服务的提供采取的是政府评量—购买服务的模式，即先由政府对服务对象进行职业评量，确定其是否适合进行支持性就业，由此确定当年支持就业的残障人士名单；然后通过政府购买的方式由社会服务机构进行支持性就业服务的提供。

> 受访者（北京市残联工作人员）：政府来购买。就比如说我接了这个案以后，我想交给A服务机构是由政府来决定。然后因为它首先要做评估，它要做职业评量，然后做完这些评量以后，觉得这个人适合做庇护性就业，还是做支持性就业，还是要回去训练，就做职业转衔。所以在这方面我觉得北京有这个尝试，我们北京残联就业服务中心2015年后就建立了一个职业重建科去做这件事，专门的科室。（访谈记录SEBJ201601）

北京残联就业服务中心下设专门的职业重建科为残障人士进行职业评量，实施支持性就业服务的购买等。

这种政策设计的理念主要是基于提供精准化与个性化服务的需要，政策相关者认为由官方（残联）先对残障人士进行职业能力评估有助于识别他们需要的就业服务。

> 受访者（国际劳工支持性就业官员）：中残联的一个总结会上的

---

① 北京市统计局、北京市残疾人联合会：《2006年第二次全国残疾人抽样调查北京市主要数据公报》，北京市残疾人联合会网站，http：//www.bdpf.org.cn/zwxx/zwgk/tjgb/c61124/content.html；第二次抽样调查的数据是国内官方最新的统计数据。

意见就是说不能让每个人掉队。那心智障碍（者）现在绝对是在后面，你不解决这些心智障碍的志愿服务，不解决他们的公共就业服务，你是不可能解决的这个贫困问题。所以从中残联的角度，这是一个定位是残联就业服务能力精准服务、个性化服务的要求。我觉得支持性就业实际上就是精准服务和就业，个性化服务的体现，所以他（北京残联）把它的执行上升到他们残联服务的一个标准，一个高度。所以他（北京残联）也希望说教育部和就业指导中心能够将来去承担起支持性就业整个的工作，所以这也是这个试点的一个成果之一，就是让中残联领导认识到它（支持性就业）的地位和重要性。（访谈记录SEILO201605）

三 支持性就业政策的主要内容

《北京市开展支持性就业工作试点方案》对北京支持性就业试点的方式和阶段、服务递送模式、资金来源、服务对象、服务数量、服务内容等做出了规定，而《北京市残疾人支持性就业服务办法（试行）》则是对上述内容的进一步完善和细化。

（一）服务对象从智力障碍者向其他残障群体扩展

2015年的试点方案把支持性就业的对象局限于"智力残疾人"，而2017年的服务办法则将支持性就业的对象扩展到其他类型的残障人士，即"本市户籍，劳动年龄内（男16—59周岁，女16—54周岁），持有第二代《中华人民共和国残疾人证》或'残疾人服务一卡通'，有在竞争性劳动力市场就业愿望，具备一定就业能力，还存在就业困难的残疾人"。除了智力障碍者外，还包括：（1）有手语翻译需求的听力残疾人；（2）经各级残疾人就业服务机构3次推荐就业未能就业的残疾人。

可见，北京市已经意识到支持性就业不应该局限于心智障碍者，还应该包括其他类型的就业困难残障人士。

（二）服务内容基本覆盖就业的全生涯，服务内容多元

北京支持性就业的服务内容相对完整，包括了就业转衔、就业辅导员队伍建设、购买支持性就业服务、职业能力建设、就业岗位开发和职务再设计、密集支持、检查督导和跟踪服务等。

其中密集支持主要是指由区县残障人士就业服务机构或社会组织派出就业辅导员，陪同残障人士到岗工作，开展工作任务分解、定向培训等密集支持服务，并为残障人士的管理者和同事提供咨询，帮助残障人士建立自然支持体系[1]。

而在残障人士初步胜任工作后，就业辅导员逐渐减少在岗培训次数直至完全退出，但仍然为残障人士和用人单位需求提供跟踪服务。

此外，因为是起步阶段，有服务能力的社会组织较少，政策相关者也意识到了这个问题，把对服务机构的培育纳入试点的内容。如《北京市开展支持性就业工作试点方案》就提出服务的目标是要培育一批社会服务机构初步具备支持性就业服务能力。

（三）在工作岗位提供6个月的密集支持

北京的政策是就业辅导员为残障人士在工作岗位上提供6个月的密集支持，直到他们完全能够独立稳定工作后，用人单位与残障人士签订劳动合同且稳定就业3个月以上，个案服务才算正式结束。

（四）资金来源于财政，按服务人头拨付

试点经费由北京市社就中心承担。经费额度给付原则，以所服务的残疾人总数为基础，结合最终实现融合就业的实际人数综合核定。[2]

每一个承接支持性就业服务的机构所能获得的经费支持方式和标准是相同的。即每成功服务一位智力障碍者，机构可获得经费1.1万元，这笔款项包括以下几项：（1）残障人士的实训补贴。每人每月600元，最长补贴期限6个月，合计3600元。（2）个案服务费。就业辅导员劳务费用最高核定为每人每月2500元（每天120元），最长补贴3个月。如果残疾人最终未成功就业，最长补贴1个月。（3）社会组织行政管理费。在以上支出项目中，残障人士的实训补贴是需要直接给付于接受服务的残障人士的，剩下的才是机构提供服务的成本。

以上费用需要服务"成功"机构才能悉数获得，即必须为本地户籍残障者提供支持性就业服务6个月，他们能够正式就业——签订3个月以上的劳动合同，这样个案服务才算"成功"。如果不成功，通常的情况是服务对象未能稳定3个月以上就业，机构只能获得平均每个服务对象

---

[1] 北京市残联等：《北京市开展支持性就业工作试点方案》。
[2] 北京市残联等：《北京市开展支持性就业工作试点方案》。

9000元的服务成本补偿。可见，如果服务"不成功"，机构就不能获得全额的服务成本补偿。

四 北京支持性就业政策特点

（一）服务模式多元化

在试点阶段，北京支持性就业的对象主要是智力障碍者，对他们的支持模式是多样化的。《北京市开展支持性就业工作试点方案》就提出了若干种模式，具体包括①以下三个。

1. 培智学校+社会组织+区县就业服务机构

以培智学校轻度智力障碍者毕业生为支持性就业服务对象，由区县就业服务机构负责委托并督导社会组织提供支持性就业服务，并在岗位开发方面给予一定协助。双方从心智障碍者毕业前的就业准备阶段开始合作，培智学校协助做好心智障碍者就业技能培养及家长的就业观念引导。

2. 职康站+社会组织+区县就业服务机构

以区县残疾人职业康复劳动项目中的轻度智力障碍者为支持性就业服务对象，由区县就业服务机构负责委托并督导社会组织提供支持性就业服务，并在岗位开发方面给予一定协助。职康站配合做好心智障碍者的就业转衔。若职康站本身是社会组织，也可纳入委托范围。

3. 培智学校+区县就业服务机构

以培智学校轻度智力障碍毕业生为支持性就业服务对象，区县就业服务机构依靠自身力量组建就业辅导员队伍，开展支持性就业服务。双方从心智障碍者毕业前的就业准备阶段开始合作，培智学校配合做好心智障碍者就业技能培养及家长的就业观念引导。

（二）培训先行

为了支持性就业的顺利实施，北京市残联组织了大量培训，包括向残障人士、家长、就业辅导员和社会服务机构介绍支持性就业的内涵和国内外相关政策措施，并对就业辅导员开展国际通行课程培训。家长的培训得到重视，目的是提高家长对支持性就业工作的认知，构建机构、家长、残障人士之间的良性互动机制，引导家长支持残障人士就业。

---

① 北京市残联等：《北京市开展支持性就业工作试点方案》。

(三) 注重制度建设

强调要明确职责，建立长效发展机制。北京市残联主张区县就业服务机构要通过试点的实施逐步建立支持性就业个案管理体系和辖区就业辅导员备案制度。将培智学校、职康站和求职登记的轻度智力残疾人的基本信息统筹个案化，以利于开展支持性就业长效服务。[①]

(四) 重视舆论环境

北京市主张利用电台、电视台、报纸等媒体加强对支持性就业工作理念及试点工作成果的宣传，帮助社会公众了解支持性就业，营造良好的舆论环境有利于支持性就业的顺利进行。家长对支持性就业较为了解，顾虑较少，因为相当部分家长，特别是智力障碍者的家长愿意支持孩子参加支持性就业服务的申请，而不像我国其他地区的心智障碍者家长对支持性就业抱有疑虑与不信任的态度，不愿意孩子走出家门就业。

例如2014年至2015年两年来，先后有近60位心智障碍者和他们的家人报名参加了北京R心智障碍家庭支持中心的支持性就业项目，这种热情在其他地区是难以见到的。

(五) 重视对就业辅导员的管理，给予职业晋升通道

与许多支持性就业试点城市不同的是，北京自试点开始就重视对就业辅导员的管理，明确规定由北京市残疾人社会保障和就业服务中心负责对就业辅导员的管理，而不仅仅由承接服务的第三方机构自行管理。此外，在试点的政策文件中，规定了就业辅导员的职业晋升通道，提出了从初级辅导员到中级就业辅导员，再到高级就业辅导员的职业等级，并对相关资格条件做出了明确规定[②]。这些举措有利于吸引专业人士加入就业辅导员的队伍，并让从事人员看到职业发展的希望，有利于就业辅导与队伍的稳定。

五 北京实施支持性就业的困难与挑战

虽然北京在国内较早开展了支持性就业的试点，且有较成熟的残障人士服务机构和自倡导组织（包括家长组织）能够承接服务并提出一系列积极的政策倡导，整体的制度建设和社会舆论环境都有利于促进支持性就

---

① 北京市残联等：《北京市开展支持性就业工作试点方案》。
② 北京市残联等：《北京市开展支持性就业工作试点方案》。

业的发展，但也存在一系列问题和挑战。

（一）服务对象限于某些障别，有失社会公平

北京市的政策明确规定的服务障别是智力障碍者和听力障碍者，虽然有提到其他障碍，却限于"各级残疾人就业服务机构3次推荐就业未能就业的残疾人"，这事实上限制了其他障别人士接受支持性就业服务的条件，有违支持性就业的初衷。

（二）有资质提供支持性就业服务的机构不多

支持性就业模式的特点之一是其服务递送通常由第三方提供，而非政府部门直接提供，而且提供服务的机构一般是非营利组织。北京的非营利组织发展迅速且数量庞大，其中不乏提供残障社会服务的各类机构，包括心智障碍者的家长组织。但就支持性就业而言，了解这一服务的社会服务机构并不多，能够提供服务的机构更是凤毛麟角。目前，活跃在支持性就业领域的社会组织主要有国际劳工北京办事处、中国智力残疾人及亲友协会、北京市海淀区融爱融乐心智障碍者家庭支持中心等；其中国际劳工主要以倡导为主，并不提供直接服务。而另两家机构接触支持性就业的时间较早，通过对外交流学习具备相当服务能力，它们在北京市试点支持性就业初期承接了政府服务购买的大部分名额的服务，如融爱融乐在2016年就承接了17个名额智力障碍者的支持性就业服务，而这一年，北京市残联支持的服务人数仅有20名。这主要的原因除了残联在试点阶段以财政支持的服务对象不多外，还和当地缺乏有资质的服务机构有关。

（三）就业支持的成功率不高

目前，北京市支持性就业成功支持的比例有待提高，特别是针对智力障碍者的支持性就业服务，服务对象能够成功、持续、稳定就业的比例更低。所谓成功就业，北京的支持性就业政策界定为稳定就业三个月以上。相当部分智力障碍者即便通过评估进入服务接受阶段，最后却因为各种原因无法成功就业。以融爱融乐的服务为例，2015年，他们共密集支持了17位智力障碍者上岗实习，其中能够就业3个月以上并签订了正式合同的学员共11人，稳定就业（正式就业半年以上）的则有9人。可见，最后能稳定就业的也只是占比一半多一点，而融爱融乐已是我国从事支持性就业服务的知名领先机构了。其他新兴的服务机构支持的成功率会更低。

（四）现有社会保障体系缺乏弹性导致自然支持不足

心智障碍者和其他中重度残障人士能够成功、稳定就业的关键除了就

业辅导员的专业支持外，工作场所的自然支持十分重要，毕竟密集的专业支持都只能是暂时的，终究需要依靠工作场所自然支持才能保障残障人士持续就业。北京的支持性就业实践呈现出来的一个突出现象就是一些企业已经意识到雇用残障人士给企业带来的益处，但没有充分意识到企业有责任为其提供无障碍的、融合的、合理支持的工作环境。而且现行社会保障制度缺乏对企业、对残障人士在工作场所的合理支持，使得企业既无足够能力也无充分动机对雇用的残障人士，特别是心智障碍者提供一般员工外的合理支持，导致对他们的密集支持不足，结果是心智障碍者难以在企业稳定就业。

例如，案主Z是自闭症人士，接受支持性就业服务后，成功应聘到某餐厅工作。由于自闭症的客观障碍，他在工作场所表现出了一些不同于一般员工的行为方式，其中之一是他在工作中每隔1个多小时需要间歇用跑跳的方式释放压力，他在餐厅门里外跑跳几个来回，餐厅不理解Z这一行为，觉得困扰，担心Z的行为方式会吓走客人，但也无法为Z提供合适的舒缓方式和合理的工作安排，Z在餐厅的工作最后以失败告终。

（五）缺乏统一的管理中心

目前的支持性就业服务主要采取的是政府购买服务的方式，由政府出资，合资的社会服务机构承接服务；服务购买的周期是一年一次。而在政府的层面，并没有建立个案管理中心，这带来的问题是服务的不稳定和难持续。一个社会服务机构可能今年承接了服务，但明年就不再承接，虽然1年的时间足够使能力较强的服务对象上岗就业，但当9个月（6个月密集支持和3个月的后继支持）的服务周期过去，服务对象在工作岗位上仍然可能遇到困难，再寻找原来的机构和社工帮助时却发现他们已经不再从事该服务了，有些甚至连原来的服务机构和社工都无法再找到。而港台的经验是这类问题都由政府运行的个案管理中心追踪解决。

> 受访者（北京支持性就业服务机构管理者）：开展支持性就业工作，是由一名就业辅导员支持一两名案主在企业工作并稳定就业。后继服务对于民非机构，人员配备方面，人力成本比较高，而且还基本没有收入，所以，完全由机构去做支持性就业有难度，不可持续。支持性就业是一个系统工作，单一机构无法完成。台湾的经验是政府建

立各级个案管理中心，里面社工的薪水完全由政府发放。这个中心建立当地的案主网络、就业辅导员网络和企业网络，为支持性就业工作搭建平台，然后提供各类保障，包括就业辅导员专业与薪水、心理咨询、法律援助等，自上而下推动支持性就业工作。（访谈记录SEBJ201705）

支持性就业是一个专业化的、综合系统的支持服务，受资源（人力、财力和专业）限制，目前不同的机构具有不同的资源、能力，任何一家机构提供从初步评估、岗前培训、开发岗位、密集支持到跟踪支持等一整套服务都很困难。为了推动服务的规模化推广和服务效果的可持续性（确保服务对象的持续就业），非常有必要通过政府资源促进各个机构服务资源的对接，以保证服务对象获得充足的、有效的、连续的支持。

第二节　湖南省支持性就业试点的政策

第二次全国残疾人抽样调查显示，湖南省有残障人约408万人，约占该省总人口的6.4%。2016年，湖南省登记就业残障人约38.6万名，其中，集中就业15147人，按比例就业24197人，个体及其他形式灵活就业36978人，公益性岗位就业2191人，辅助性就业5632人，农村种养殖就业179845人，灵活就业121968人[1]。而该年支持性就业的残障人仅有20名左右。

一　概况

（一）全国第一个推行支持性就业的省份，燎原了星星之火

湖南是国内最早推行支持性就业的省份，当地通过与国际劳工组织和其他社会组织的合作，把支持性就业的先进理念引入当地，改变了当地人们对心智障碍者难以公开就业的刻板印象，被业界誉为"燎原了星星之火"。

---

[1]　数据来源：国家统计局网站，http://www.stats.gov.cn/tjsj/ndsj/shehui/2006/html/fu3.htm；湖南省残疾人联合会网站，http://www.cdpf.org.cn/sjzx/dfsj/201711/t20171124_612837.shtml。

(二) 湖南省残联是主要"政策企业家"

与其他地区相同，长沙先由家长组织介入，像"春之晖"，家长组织比残联更先一步进入支持性就业的这一个领域。但与其他地区不同的是，在支持性就业的政策推动中，起主导作用的不是家长和家长组织，而是作为"官方"机构的残联，湖南省残联及其主要领导起到了政策企业家的作用。

(三) 首个在政府层面制订省级支持性就业计划的地区

湖南省是在地方政府中最早推行支持性就业的省份。在国际劳工组织的支持下，湖南省人民政府先前提出了关于"重视残疾人就业保障"的工作要求，根据"分类指导"的残障者就业工作思路，湖南省为研究和探索有关智力障碍者就业能力和就业方式的建设，提出了在2014年5月1日到2016年1月推动20名智力障碍者以支持性就业的方式实现融合就业的计划；并且省残联从就业保障金中安排资金，作为试点的工作经费，主要用于智力障碍者培训与职业能力康复、就业辅导员业务培训与工作补贴等方面的开支。湖南省也由此成为全国首个在政府层面，制订省级智力障碍者支持性就业计划的地区。

(四) 服务外包的模式

湖南省残联采取完全外包的方式提供支持性就业服务，残联本身不直接提供，而是提供资金。但残联还承担了一定的直接服务，主要是就业服务开展前期的职业能力评量和培训工作，此外就是履行监督和评估的职责。湖南省的一些地市，包括长沙、衡阳等发展了一定数量的民间服务机构，它们有意愿也有一定的能力开展支持性就业服务，主要是由它们来承接残联的服务，比较著名的有湖南爱弥尔智障人士发展协会等。

(五) 平均每年约成功支持20名智力障碍者公开就业

在湖南的试点阶段，整个省政策支持的就业人士并不多，每年约20名智力障碍者。前期的工作重点还包括了智力障碍者支持性就业工作体系的建设，就业辅导员的培育，示范性庇护工厂的建立等。

二 湖南省支持性就业政策内容

本书整理了在湖南省和长沙市实施的残障人士就业社会政策，并在此基础上归纳了该地区的支持性就业政策文件（见表5-2）。

表 5-2　　　　　　　湖南省和长沙市的残疾人就业政策

社会政策	制定机关	颁布时间
残疾人就业的一般政策		
《残疾人就业条例》	国务院	2007 年
《关于促进残疾人就业税收优惠政策的通知》	财政部、国家税务总局	2007 年
《中华人民共和国残疾人保障法》	全国人大	2008 年
《中共中央、国务院关于促进残疾人事业发展的意见》	国务院	2008 年
《中国残疾人事业"十三五"发展纲要》	中国残联	2015 年
《残疾人就业保障金征收使用管理办法》	中国残联	2015 年
《关于发展残疾人辅助性就业的意见》	中国残联	2015 年
《残疾人职业技能提升计划（2016—2020 年）》	中国残联	2016 年
《2014 年度湖南省残疾人创业小额贷款贴息项目方案》	湖南省残联、湖南省财政厅	2014 年
《关于印发〈关于促进残疾人按比例就业的实施意见〉》	湖南省财政厅、湖南省国有资产监督管理委员会、湖南省公务员局、湖南省残联	2014 年
《湖南省残疾人培训实施办法（试行）》	湖南省残联、湖南省财政厅	2014 年
《残疾人创业扶持项目实施方案》	湖南省残联、湖南省财政厅	2015 年
《湖南省残疾人就业与扶贫专项资金管理办法》	湖南省财政厅、湖南省残联	2015 年
《长沙市安排和帮扶残疾人就业创业和残疾人自主创业贷款贴息补助方案》	长沙市财政局、长沙市残联	2013 年
《长沙市残疾人就业保障金使用监督暂行办法》	长沙市残联	2016 年
支持性就业政策		
《湖南省残疾人支持性就业试点工作方案》	湖南省残疾人劳动就业服务中心	2013 年
《湖南省智力残疾人支持性就业工作试点实施方案》	湖南省残联	2014 年

综合《湖南省残疾人支持性就业试点工作方案》和《湖南省智力残疾人支持性就业工作试点实施方案》等文件的内容，结合访谈资料，湖

南省支持性就业的政策内容归纳如下。

(一) 服务对象主要是智力障碍者

服务对象主要是智力障碍者,2016年推广到精神障碍类别。跟其他地区一样,湖南省残联推行支持性就业,直接目的就是解决智力障碍者的就业问题。《湖南省智力残疾人支持性就业工作试点实施方案》的原则就是"根据'分类指导'"的残疾人就业工作思路,为研究、探索智力障碍者就业能力建设、智力障碍者就业方式,推动智力障碍者就业工作进程。

在对湖南省残联管理者的访谈中,他们也提到该省支持性就业的政策对象局限于智力障碍者过于狭窄,在未来可以考虑扩充到其他类别残障人士。

(二) 资金完全来源于政府财政预算

服务资金主要是从残保金中支出,列入政府预算。因为是试点阶段,总体投入不高,2015年整个项目是45万元,2016年是75万元。这笔钱主要用于政府向社会服务机构购买支持性就业服务。

只有在机构"成功"支持案主就业的条件下,机构才能从残联获得补贴,不成功则没有任何补贴。这点对服务机构不利。

(受访者:湖南残联管理者)看他们的支持情况,成功了的话就给个案提供支持补贴,不成功的话就是没有的。(访谈记录:SEHNCL201601)

受访的服务提供者认为政府没有考虑每个服务对象的平均成本,支持力度不足。

(三) 服务内容贯穿服务对象就业全过程

就业辅导员队伍建设、智力障碍者职业能力建设、就业渠道与就业岗位开发、支持性就业政策制定、智力障碍者就业环境营造等。

1. 对象评估

在专家和专业技术人员的指导下,各机构、单位使用支持强度量表和其他评估量表,对智力障碍者进行评估。

2. 制订个别化支持方案

各试点机构、单位根据对智力障碍者的评估结果,并通过查阅个人档案、家访与家长沟通等渠道，收集智力障碍者个人资料，给每个智力障碍者制订就业的个别化支持计划（ISP）。

3. 举办家长培训班

对智力障碍者家长进行专业培训，提高家长对支持性就业工作的认知，构建机构、家长、心智障碍者之间的良性互动机制。

4. 开展职业康复训练

根据所制订的智力障碍者就业 ISP，有针对性地对服务对象进行行为习惯、职业人格等方面的职业康复训练。

5. 开发工作岗位

各机构开发不少于纳入试点项目服务对象人数的工作岗位，并与企业协商完成岗位工作内容调整。各机构开发的工作岗位实行信息共享，试点机构可以调剂使用。

6. 密集支持和自然支持

智力障碍者进入企业工作，就业辅导员完成智力障碍者技能培训、工作任务分解与流程制订、用人单位员工培训等密集支持，建立自然支持工作环境，在智力障碍者适应工作后退出，进行后期跟踪。

三 实施现状与特点

（一）官方从发展型福利的角度理解支持性就业，实施的动力强

湖南省实施支持性就业的驱动力明显强于其他的试点城市。虽然也有家长和家长组织的施压，但是作为官方代表的残联体系更有政策自觉。究其原因，研究者发现湖南省残联的行政人员对支持性就业的理解更为立体多面，他们不仅仅为了提升智力障碍者的就业率，更是从发展性福利的角度看待支持性就业，认为这种就业方式能够帮助政府减少现金形式的福利支出，对社会融合产生良好效应。故该地区推动支持性就业的动力很强。

> 受访者（湖南省残联管理者）：支持性就业工作的开展，对心智障碍者来说是一个全新的格局，传统的福利大多以货币支持为主，社会、家庭认为他们无用，也包括心智障碍者本身在内，认为自己无能，不能从事工作，也不能养活自己。而支持性就业工作的推进，逐渐打破传统观念，把心智障碍者及其家庭带入一个新的视角。政府也可极大

弱化对弱势群体的货币支持，转变福利观念，对弱势家庭的扶持将逐步由货币支持转为服务支持。此外，支持性就业试点工作的开展不仅让从事心智障碍者服务的工作人员了解支持性就业相关的系统理论方法；而且，在与企业不断的接触甚至是深入企业进行就业服务的过程中，也让服务机构对就业市场、企业用工要求、心智障碍者适岗能力有更进一步的认识，将支持性就业试点工作开展过程中积累的经验及理论方法用于机构日常培训工作中，使培训与就业市场、企业用工接轨，提高了心智障碍者服务工作的发展水平。(访谈记录 SEHNCL201606)

(二) 注重就业辅导员的培训与专业化

湖南省发展支持性就业，把就业辅导员的职业建设摆在核心位置。政府出资鼓励社会工作者参与就业辅导员的培训，提升职业素养。湖南省残联组织或参与了多场就业辅导员的培训，如派工作人员参加长沙、南宁、北京支持性就业辅导员国际通行课程培训班并取得培训合格证，或者安排就业辅导员参加湖南省残联举办的支持性就业案例研讨班等。湖南省残联设计与开展了一系列与支持性就业相关的活动、研讨会、交流会，这些活动都吸纳民间从事支持性就业服务的社会服务机构的一线就业辅导员参加，让他们有机会聚集在一起探讨支持性就业的发展及工作中遇到问题的解决方法等，增强工作人员的专业基础。

此外湖南省在试点过程中也设置了专门的就业辅导员督导，定期实地了解和指导一线就业辅导员的工作，支持就业辅导员的服务开展。

(三) 残联与民间社会服务机构紧密合作

在湖南推行支持性就业政策的过程中，残联系统与社会服务机构紧密合作，两者的关系较为平等。服务机构的进入采取自愿原则，由有兴趣提供服务的机构主动申报，只要能够成功支持智力障碍者就业都给予资金补助。

湖南爱弥尔智障人士发展协会（下文简称"爱弥尔"）是湖南省最早推行支持性就业的主要民间社会服务组织，它们分别在长沙、岳阳等湖南重要城市成立了支持性就业的成人服务中心，成立社工部，承接湖南省残联委托的支持性就业培训和直接服务。其专业性对湖南省推行支持性就业产生了深刻影响。

在湖南省试点支持性就业的第一年，爱弥尔就承接了省残联 20 个指标的支持性就业服务。

(四) 资助标准相对较高

若是个案服务成功了，2014 年、2015 年这两年机构能够获得的资金补助是每个服务对象 1.1 万元，2016 年标准提升了，是每个成功个案 1.9 万元。从个案标准看，相比其他推行支持性就业试点的地区，从 2016 年起，湖南的资助标准是比较高的，其他的地区多数在 1.2 万元以下。而且要获得政府的资金补助，前提是需要支持"成功"——智力障碍者与企业签订 3 个月以上的劳动合同。

> 受访者（A 服务机构总干事）：它单纯给机构就是 1.9 万元，前提是那个智力残疾人成功就业了，有劳动合同，稳定就业 3 个月以上。另外的培训它会有培训经费，有可能是残联组织培训，也有可能是残联让承办机构组织培训。但培训是单出来的一个费用，然后包括像建设一些什么基地，一些过渡性的基地，实训的基地那又是另外一部分了，那些都不跟个案牵扯，个案就是个案，个案就是 1.9 万元一个成功个案。(访谈记录 SEA201606)

(五) 受益面窄，推进缓慢

虽然湖南省残联对支持性就业倡导力度大，而且给予了相当数量的资金支持，但整体上推进过程较为缓慢，虽已试点了将近 5 年，但每年服务的个案几乎维持在 20 名左右，增幅不大，整体受益面并不广泛。

> 受访者（A 机构就业辅导员 H 主任）：太少了呀，这个只是做一些尝试而已，根本不能说是在做一个支持性就业工作的推广。一个省 20 个，你要发放到一个区连一个名额都不到哎，对不对？它可能到一个机构就只有一两个，那么一两个的话你就很难说我就业辅导员专业化。(访谈记录 SEA201615)

从事支持性就业服务的社工和就业辅导员也表达了推进该工作的艰难。

受访者（A机构就业辅导员B姑娘）：像我们每一年能够有一两个个案真的是能够完全胜任工作，那都是蛮大的成就在里面了。这个过程非常不容易，付出很多。你想，一个个案他在岗位上工作，我们的就业辅导员首先需要熟悉整个岗位的流程。（访谈记录SEA201611）

就业辅导员表示，支持性就业服务是全方位的，除了工作技能，还包括社会技能、人际关系处理等；除了接受服务的心智障碍者自身，还需要服务他们的家长、用人单位、同事等，这是一个漫长而且艰难的过程，是需要时间的。

受访者（A机构就业辅导员D先生）：只能一对一地辅导呀，对啊，所以我觉得这个挑战还真挺大的。一个个案，做一个支持性个案，他能够进入这个岗位上去完全地适应这个岗位的需要，包括他跟周边的这种人际关系，这种互动呀，能够融合的话，这个过程太艰难了。（访谈记录SEA201613）

支持性就业的这些特征，都决定了支持性就业是一个需要时间来改变的缓慢的过程，需要政府和社会多方位的支持。

四 支持性就业在湖南实践中的困境

（一）总体支持力度不足

湖南省按照平均每年20位心智障碍者的标准进行预算，每个机构年能够获得的名额平均是2—3个，服务量不足。服务机构反映，总体的资助力度是不足的。除了每个机构能够"分"到的个案少外，要"成功"也是不容易的——在现阶段智力障碍者职业教育欠缺的条件下是很难实现的。此外，就支持性就业本身的特征看，需要较长的时间才能看到服务的效果。这样，服务机构能够获得的资金补助也远远不足的，这对他们开展服务会是一个制约。

受访者（A服务机构就业辅导员）：支持性就业个案成效也是比

较慢的,像我们湖南省一年10个试点单位也就20个个案,政府出资支持的是20个个案。长沙市的机构资源比较饱和的状态,一年可能才一个机构平均2—3个个案。但是现阶段要帮助他们成功就业是不容易的。如果不成功,意味着你做那么多的事情,一分钱的成本都拿不回来。(访谈记录SEA201601)

(二) 政策与配套支持均不足

湖南省对支持性就业的政策支持主要集中在资金方面,且通过政府购买社会服务的模式提供;而服务的具体递送依靠承接政府服务购买的第三方提供的。一位心智障碍者要在一般的工作场所实现"正常就业",需要的支持是全方位的,对就业辅导员的人格和能力要求非常高。此外,对其就业环境中的同事的引导和支持也极其重要,但目前的政策支持对就业辅导员和就业环境的自然支持都显得不足。

M机构是湖南省另一家积极参与支持性就业服务提供的社会组织,近年来积累了较为丰富的心智障碍者就业服务经验。

> 受访者(湖南M支持性就业服务提供机构就业辅导员):支持性就业从我们自己来做的这几年来看,会觉得理念是很好的,就是让这些个案能够回归到普通企业里面去,能够到一种常态的社会环境中间去做一个正常的工作。但是如果没有相关的政策、资金这样的支持的话,难度是非常非常大的,因为一个个案的话,就是具体里面的专业知识和技能是非常复杂的。一个个案,他能够进入这个岗位上去能够完全的适应这个岗位的需要,包括他跟周边的这种人际关系,这种互动呀,能够融合的话,这个过程太艰难了。如果国家没有相关的政策、资金,还有专业的工作人员去做的话,要推动他,困难相当大的。但目前的支持还是缺乏配套的政策,包括对就业辅导员的培训和支持政策,对个案在工作场所的其他支持政策,包括合理便利、同事的自然支持等。
>
> 前一周我们支持的个案到肯德基里面去就业,然后其实在之前他一直很好的,最后他是做那个炸鸡腿,然后因为他调配那个配料把握得不是很好,他对量杯不认识,就是做一份他可能会做,但是几份全

部搞一起的话他就不会嘛,所以就弄错了。然后我们给他进行一个岗位的重建,然后就让他到后厨里面去洗盘子。他做了一周都还可以,但是第二周的时候就是因为动作有点慢,可能同事就会有点,就是同事说了一下,然后他就是自尊心受挫了,然后没有跟老师讲,自己就直接跟那个公司里的人打报告说我辞职了。这个就是我们没有考虑到的,在支持的方面,就业辅导员没有考虑到这个问题。之前就业辅导员也觉得自然支持者对他支持很足够,而且自然支持者没有嫌弃我们的个案,就是没有想到给他(残疾人)的其余的同事造成一些负担或者麻烦,他的同事就觉得他做事那么慢,然后导致他们下班也很晚,所以他们慢慢就有抱怨。(访谈记录 SEHNMJE201602)

相关支持是有时间限制的,当服务对象被服务机构评估为"稳定就业"后,相关的支持者就会退出。服务外包的方式必然导致服务机构的不稳定,一个机构今年提供支持性就业服务,下一年就可能竞标失败丧失服务资格,但政府并没有建立相关的个案服务中心来追踪支持性就业的服务个案,这意味着服务个案在后续的就业过程中如果遇到困难,很可能无法获得相关的支持和服务,也无法找回原来的社工、就业辅导员和服务机构满足服务诉求。

(三)政策缺乏对家长的激励与支持,家长的"福利依赖"心态是障碍因素

现行的支持性就业支持的对象单一,主要考虑的是心智障碍者,较少考虑家长观念的影响,家长难以获得激励与支持,他们更愿意把"孩子"(哪怕已成年)"藏"在家中,或者依赖社会福利,拒绝让心智障碍的孩子(成年)进入公开劳动力市场。缺乏对家长的激励与支持,使支持性就业效果大打折扣。家长的消极作用被业内认为是支持性就业成功的最大障碍。

受访者(H社会工作中心F社工):但是他们的家属有支持吗?他们是不是能够理解?有的家长甚至觉得与其那么很辛苦地在外面工作,不如把他养在家里。(访谈记录 SEHA201609)

受访者(A机构支持性就业辅导员C):家长不予支持的,就是

个案回来之后可能会抱怨几句工作很累怎么样,然后家长就觉得……心疼了。然后就觉得那就算了吧。(访谈记录SEA201614)

受访的就业辅导员指出,家长的反对态度是心智障碍者跨出家庭走向公开劳动力市场的最大障碍。

> 受访者(A机构就业辅导员H主任):那家长的态度是怎么样的?家长的观念是怎么样的?很多家长并不真的理解孩子为什么要工作,他们甚至觉得孩子待在庇护性的场所挺好的。要安排一个人(心智障碍者)真的(去就业)是要方方面面来支持的,他(家长)觉得我与其花这么多的精力、精神来支持的话我还不如每个月发一点点钱给他。再好的单位也不愿意去,家长宁愿发一点钱给他,让他回去,所以这是家长和社会对心智障碍者一个接纳态度的反映。从我的角度来看我觉得这个群体还是蛮多的。(访谈记录SEA201615)

"社会福利排斥了就业"这一观念是湖南的就业辅导员接受访谈时提得最多,也是最痛心疾首的一个观点。

> 受访者(A机构支持性就业项目主任):我们自己做个案(服务)也要做家长的工作……我们希望打破家长对庇护性就业的幻想,他们对福利有一种依赖,对环境有一种依赖,他也就不愿意(心智障碍的孩子)出去工作。他觉得在这个环境中间他很安全,不愿意到外面去,认为可能遇到那些歧视啊、安全方面的问题。所以我也在探讨,我们其实有几个个案能力还比较不错,我们一直想让他们能够有一个岗位去做,但是就是试过几次之后,觉得各方面的问题都有,所以他不断地回来,出去又回来,又出去,是这样的一种状态。(访谈记录SEA201607)

"安全的舒适"状态——同时来自心理与现实的感受,深刻影响了家长对心智障碍孩子的未来的选择,禁锢着心智障碍者迈入职场与社会的步伐。

(四)企业"阳奉阴违",宁愿"挂靠"也不愿意残障员工在岗工作

支持性就业在湖南试行的过程中呈现出的主要障碍之一就是"挂靠"的社会现象。就是企业为了应对国家对企业必须按比例招聘残障人就业否则就要缴纳残疾人就业保障金的政策,找残障人的残疾证应付检查,但拒绝残障人真实到岗就业,作为"回报",企业通常会为"挂靠"的残障人缴纳社保,有些甚至会每月支付少额金钱作为回报。长期以来,我国多地残联对"挂靠"采取的是睁一只眼闭一只眼的态度,认为"挂靠"可以给残障人一些"实惠"。而相当部分残障人和家人也接受这一现象,特别是家人,认为既无须孩子"辛苦",又有一定经济"保障"。但是支持性就业要求心智障碍者必须真实就业,这就遭遇了原本习惯了"挂靠"的企业和家长的抵制。

受访者(A机构就业辅导员):相当部分企业对接受个案真的去上岗就业的态度是消极的,你们可能在做调查的时候也知道,有很多只是把他的这个残疾证收着,并没有实际的岗位安排,就是挂靠这种。所以如果遇到这类企业,他们对我们是拒绝的。(访谈记录SEA201614)

湖南省受访的就业辅导员普遍反映经常遭遇以下情形:家长因为不舍脱离"挂靠",以为可以有企业稳定帮忙心智障碍的孩子购买社保,同时担心支持性就业不稳定而拒绝接受支持性就业服务。

(五)心智障碍者职业培训的缺失

调查发现,心智障碍者通过支持性就业成功上岗就业的根本障碍还在于他们自身的职业能力和职业素养的缺乏。因为历史原因,大部分心智障碍者没能接受适合的教育,这成为他们进入职场的根本障碍。为了推行支持性就业,湖南省残联鼓励服务机构先支持特殊学校的心智障碍毕业生就业,但就业辅导员发现特殊学校的职业教育体系并未能给予这些学生以良好的职业教育,其中课程跟不上市场需求,未能为心智障碍学生提供个性化的教育和职业训练是最根本的特征。此外,心智障碍者未能接受职业人格训练,不懂基本的职场规则也是另一个重要障碍。

受访者（A 机构就业辅导员）：我觉得他就业的障碍还在于职业素养的问题。就是职业素养不足够支持他去那个工作岗位里面。这导致即便是工作流程再设计也解决不了他的问题。像一些个案，我们就是想通过给他进行一些入职前的训练，然后让他具备一些他在这个工作岗位上所要具备的素质，但是后来发现他们连最基本的职业人格都不具备，比如不懂得跟人打招呼，不搭理人，不听指令，这些最基本的职业人格都不具备，后面很难通过 3 个月的训练让他们走上工作岗位的。对，目前看到的也都还是个案自己本身的问题，他们的就业意愿、职业人格、职业技能等都是问题。（访谈记录 SEA201614）

第三节 广州市支持性就业的政策与实践

一 支持性就业的试点缘起与政策倡导

广州市推行支持性就业的试点过程，充分体现了民间社会服务机构、政府（残联）和残障人士在公共政策议题上的合作治理。支持性就业能够进入政策议题最早是心智障碍者家长进行政策倡导的成果，他们与有经验的民间社会服务机构联合起来，通过调研、给市长写信、制造舆论话题、游说政府相关部门等理性、温和的社会倡导策略，让政策主体理解心智障碍者的公开就业需要和推行支持性就业的可行性。

2012 年，在广州市残疾人联合会的支持下，广州市扬爱特殊孩子家长俱乐部、广州慧灵智障人士服务机构、广州越秀启智学校，联合华南农业大学公共管理学院发起了成年心智障碍人士现状及安置就业的需求研究。目的是希望通过调研了解心智障碍人士目前的就业现状以及挖掘他们的就业需求，同时了解企事业机构管理者及员工对心智障碍者就业的态度及就业政策的看法，为相关职能机构制订支持性就业服务和规划提供数据支持，并为政府制定相关政策和法律提供策略依据。

2013 年，包括广州市扬爱特殊孩子家长俱乐部、广州慧灵社会工作服务中心等广州五家从事心智障碍者社会服务 NGO 专业机构在广州市残联的支持下发布了《2013 年成年心智障碍人士就业现状、就业需求及就业可行性调研报告》，指出虽然 62% 的家长希望心智障碍人士能出去工作，但真正实现就业者少而又少，只有2%的就业率。报告建议，建立及实施"支持性就业"体系，帮助心智障碍人士突破就业瓶颈。

这个报告对支持性就业的理解持狭义概念，即认为支持性就业只针对心智障碍者，这与倡导者主要是心智障碍者家长这一特征有直接关系。

所谓支持性就业，即由支持性就业服务机构派出就业辅导员，全职辅导和监督心智障碍人士的实际工作，使心智障碍人士能够在普通雇用单位（即不是庇护工场等专门雇用特殊群体的工作场所）获得稳定、有收入（即工资）的工作机会。[①]

在当时的广州市长陈建华先生的亲笔批示下，2014年广州市残联决定开展支持性就业试点的相关工作，并在该年年底出台了相关的支持政策，由市人力资源和社会保障局牵头，市残联、教育局配合，制订支持性就业实施方案。而在2016年出台的《广州市残疾人就业保障金使用办法》中，"支持性就业"首次被写入法律文件。

二 政策支持对象主要是特殊职业学校毕业生

试点阶段，广州市支持性就业的突出特点是政策的设计者——残联把服务的主要对象限定为特殊职业学校（主要是启智学校、广州康复实验学校等）的智力障碍和自闭症毕业生。

> 受访者（广州残联工作人员）：支持性就业服务对象重点面向本市中职学校的应届心智障碍残疾毕业生，以职业能力评估结果并结合实际情况确认。（访谈记录 SEGZCL201602）

承按服务的社会组织从残联属下的劳动就业服务中心获得这些学生的名单，然后为他们提供支持性就业服务。如果机构为名单外的心智障碍者提供支持性就业服务，即便服务成功了，即为其寻找到正式的工作岗位且签订一年或以上的正式劳动合同，这些服务对象都不能算在政策支持的名单内，无法获得政府的资金补贴，更不能算是承接服务机构的完成个案，即不能算在残联的支持性就业评估指标中。

[①] 引自广州慧灵等《2013年成年心智障碍人士就业现状、就业需求及就业可行性调研报告》。

政策的这一特征是广州市特有的，个中缘由可能与广州市残联的认知有关：特殊职业中学的毕业生有就业需要，而且他们相比社会上的心智障碍者具备了更多的职业知识和更好的社会适应性。在支持性就业尚处于试点阶段，政府财政每年的支持名额在20名左右，数量并不多，政府把这些不多的支持名额给有更强烈就业意愿和需要的启智学校毕业生是可以理解的。

需要指出的是，在心智障碍者中，广州市试点的支持性就业政策支持的主要对象是智力障碍者和自闭症，精神障碍和多重障碍等残障人士只是少数的政策受益对象。这一现象主要原因在于以下两方面：（1）支持性就业的政策倡导者主要是智力障碍者和自闭者的家长，他们在广州做了一系列强有力的政策倡导，其中的关键事件是通过委托学术机构撰写的关于智力障碍者、自闭者的就业状况和支持性就业需要的调查报告获得时任市长的支持，直接推动了支持性就业进入政策议程，这也导致了政府在考虑这一议题时候，主要的政策对象就是智力障碍者和自闭者。（2）除以自身的工作经验，且受到家长组织的强烈影响，广州市残联认为智力障碍者和自闭者是当下最难以就业，而且是最需要就业服务支持的残障群体。故广州市残联才在2015年发布了《关于进一步推进广州市智力残疾人支持性就业工作方案的提议》，这是广州市的（准）官方机构第一次正式提出支持性就业的政策建议，就是为智力障碍者而提。

这一特征使得社会服务机构无法为社会上有就业意愿和一定劳动能力，但就业能力尚不完全的其他类型心智障碍者，甚至是其他残障者提供支持性就业服务，而是只能局限在官方限定的服务对象，这一定程度上成为试点阶段广州市支持性就业政策的缺憾之一。

三 支持性就业政策的主要内容

广州市出台了系列政策支持残障人士就业（见表5-3）。在经过大量的政策学习和调研后，2014年11月广州市残疾人联合会通过并印发了《广州市智力残疾人支持性就业工作试行方案》，提出自2015年起开始智力障碍者的支持性就业试点。方案提出了广州市支持性就业试点的方式和阶段、服务递送模式、资金来源、服务对象、服务数量、服务内容等。

表 5-3　　　　　　　　　　广州市的残疾人就业政策

社会政策	制定机关	颁布时间
残疾人就业的一般政策		
《残疾人就业条例》	国务院	2007 年
《中华人民共和国残疾人保障法》	全国人大	2008 年
《中共中央、国务院关于促进残疾人事业发展的意见》	国务院	2008 年
《广东省分散按比例安排残疾人就业规定》	广东省残联	2013 年
《广州市按比例安排残疾人就业办法》	广州市人大	2013 年
《中国残疾人事业"十三五"发展纲要》	中国残联	2015 年
《残疾人就业保障金征收使用管理办法》	中国残联	2015 年
《关于发展残疾人辅助性就业的意见》	中国残联	2015 年
《残疾人职业技能提升计划（2016—2020 年）》	中国残联	2016 年
支持性就业政策		
《广州市智力残疾人支持性就业工作试行方案》	广州市残联	2014 年

广州市制定了《广州市智力残疾人支持性就业工作试行方案》，将支持性就业工作分为五个阶段。一是调研摸底与项目沟通的筹备阶段；二是培训阶段，包括对就业辅导员、用人单位、心智障碍者及其家长培训；三是岗位开发阶段；四是密集支持和自然支持阶段；五是督导总结阶段。

《广州市智力残疾人支持性就业工作试行方案》，从资金、就业机会、人力资源、服务递送等方面给予支持。

（一）资金支持

公开就业包括调查、评估、培训、会议、宣传、聘请专家报酬等，心智障碍者支持性就业服务的人均工作经费在 2 万元左右，由市残疾人就业培训服务中心和区残疾人就业服务所承担，为支持性就业提供资金支持。

（二）就业机会开发

《广州市智力残疾人支持性就业工作试行方案》为心智障碍者开发公益性岗位，创造就业机会。广州市残联对用人单位介绍工作经验和汽车美容等岗位的开发策略，调查具有就业意愿的心智障碍者的基本情况，并对心智障碍者进行法律政策培训，落实实习动员和职业技能鉴定工作，提供就业机会。

（三）人力资源支持

广州市为支持性就业提供专业的人力资源。从招聘入手，广州市参照市定初级社会工作师的工资标准聘请非编专职就业辅导员。从培训入手，政策上加强就业辅导员培训，培养 20 名专业就业辅导员，并对用人单位、心智障碍者及家长进行有针对性的培训。市政府重视资源的整合，在人力资源和社会保障局、财政局等部门支持下，总结就业成功案例，拟定支持性就业工作方案。

（四）服务递送支持

广州市政府运用公共权利提供资金和政策支持；残联运用网络平台正面宣传心智障碍者的劳动权利和工作能力；人力资源和社会保障部门综合管理心智障碍者就业工作，发布就业信息，构建心智障碍者就业指导、就业培训、职业介绍、技能鉴定、失业登记等就业服务体系；就业服务机构提供支持性就业培训等专业服务；用人单位提供就业场地。各方合作形成社会互动，通过服务递送，推动心智障碍者实现就业。

（五）社会网络体系支持

广州市残联编辑支持性就业服务手册，建立就业辅导员群，形成支持性就业工作联络网。

四 实施概况与特征

广州市支持性就业的试点工作总体进展顺利。2015 年经过项目沟通、调研摸底、工作人员培训等，再通过服务购买的方式进行心智障碍者就业的岗位开发、能力测评、支持性实习与上岗等系列工作，支持 28 名智力障碍者上岗实习，其中 19 名与用人单位签订了一年以上的劳动合同，初步建立起广州市的支持性就业模式。这项试点在 2016 年、2017 年继续进行，2016 年也成功支持了 20 名心智障碍者公开就业。这个试点工作总体上实施得比较稳定、规范。

社会服务机构的支持性就业试验则活跃得多，即便没有政府资金的支持，他们也自愿开展此项服务。如广州慧灵社会工作服务中心、广州利康社会工作服务中心等 NGO 从调研入手，评估和培训了 70 名心智障碍者，开发了 50 多个岗位，经过培训和密集支持，到 2015 年 10 月底，已经成功完成了 20 名心智障碍者的就业支持工作，签订了劳动合同。

广州市实施支持性就业，有如下特点：

(一) 采用政府购买服务的形式开展

采取向广州市的社工机构购买服务的方式来推动本地支持性就业工作。2015年5月至8月，广州市残疾人劳动就业服务中心与广州市内四家残疾人服务机构和社工机构签订了《购买服务合同》。由这四家机构为14名智力障碍者提供支持性就业服务，帮助他们走上就业岗位。这一年，14名智力障碍者中有11名已经与用人单位签订了劳动合同。

(二) 初步形成了政府—社会合作治理的模式

广州残联主动联系家长和助残社会服务机构，发挥社会力量的积极性。广州市的支持性就业是由家长组织倡导发起，在进入试点后，政府也比较重视家长组织的作用，在政策过程中会主动通过各种途径听取家长组织的意见和建议。比如在项目设计初期，2014年12月，市残联组织召开的2014年支持性就业工作座谈会上就邀请了包括广州市扬爱特殊孩子家长俱乐部、广州慧灵社会工作服务中心等广州市的19所社会组织和学校参加。会上，残联向各参会单位发放支持性就业调查问卷，动员家长参与、支持心智障碍人士就业，了解家长对心智障碍人士就业和支持性就业的看法，并表示愿意将其中就业愿望强烈、职业能力较强的心智障碍人士，优先考虑作为2015年支持性就业服务对象。类似的会议在支持性就业实施过程中的关键环节，如一年的计划启动、中期、末期等都会召开，以听取家长和服务机构的意见，这已成为制度性安排。

广州市残疾人劳动就业服务中心除了保持与社工机构的密切联系外，要求社工机构除按季度报送工作进展情况，平时也会帮助社工机构解决一些棘手的问题，包括针对社会政策知识不足、支持性就业支持技能缺乏等，为其提供支持和培训。

(三) 注重政策相关方的培训

支持性就业在国内是新兴事务，应该如何开展没有现成的模式和路径，都需要政策相关方自行摸索。即便是残联、专业的助残组织也缺乏相关知识、技能和经验。在这样的背景下，培训显得格外重要。广州市残联在推行支持性就业初期，特别强调培训的重要性，并将之列入项目议程。而且广州市残联组织的培训，其培训对象并不局限于残联工作人员和社会服务机构的专业人员，还包括服务对象——心智障碍者及其家长。如

2014年5月和8月，广州市残联分两批派出工作人员前往长沙和北京，参加支持性就业的相关课程培训。2015年1月，又再派出3名工作人员前往香港，进一步学习支持性就业相关知识。这些学习的成果就是广州产生了自己的培训教材——2015年2月，残联工作人员联合几家核心的支持性就业服务机构，开始了支持性就业辅导员培训教材的编写；最后，结合长沙、北京、香港培训的资料，编写出适合广州的培训教材。

在初步完成了政策主体和主要执行主体的知识装备后，广州市残联马不停蹄开展了若干场就业辅导员和心智障碍者家长的培训班。如2015年3月18—27日，举办了广州市第一期就业辅导员培训班，共培训来自广州市各机构的学员40人。而在2015年4月29日，广州市残联组织了支持性就业家长培训，共有100名智障孩子及其家长参加了培训。

在支持性就业项目试点的第二年、第三年，即2016年、2017年两年，这些培训被延续了下来。主要变化是培训的主要组织者由残联变成了包括广州市扬爱特殊孩子家长俱乐部、广州慧灵、广州市北斗星社会工作服务中心在内的几家核心支持性就业服务机构。这些服务机构或者承接残联的培训项目；或者在实践中发现需求，向残联游说开展新的培训。

针对不同政策相关方：残联、社会服务机构、心智障碍者、家长等的培训，有效传播了支持性就业的理念、知识和技术，对支持性就业在广州的顺利开展起到不可替代的作用。

(四) 制度性地推进工作岗位开发

在试点开始之初，广州市残联很重视心智障碍者工作岗位开发，并试图将之规范化、制度化。工作岗位开发由广州市残联属下的劳动就业服务中心牵头制定相关的规范与标准。他们借鉴了美国支持性就业的岗位开发经验。

> 受访者（广州残联工作人员）：我们的工作人员查找了《美国职业大典》，找到了适合智力残疾人工作岗位的能力要求，并将其翻译成中文，再将其与我国国情相结合，整理出《支持性就业岗位适应性要求表》。从2015年3月开始，工作人员用二十多天的时间，用电话和上门走访用人单位的形式了解企业的用人需求，挖掘适合为智力类残疾人提供支持性就业的岗位。（访谈记录SECL201602）

广州市残联最早开发的工作岗位主要是保洁员、餐饮食业服务员、办公室庶务、酒店后勤等。2015年共开发出就业岗位45个。具体情况如表5-4所示。

表5-4　广州市残联支持性就业工作岗位开发一览（2015）[1]

岗位要求	岗位名称	岗位数量
轻度智力	清洁人员	2
轻度智力	包装工	2
轻度智力，适应轮班工作（两班制）	营业员	1
轻度智力	餐厅服务员、清洁员	15
轻度智力	商品组装员	2
轻度智力	餐厅服务员、清洁员	10
残疾	清洁工	1
轻度智力	收银员、营业员、收货员、餐厅服务员	10
轻度智力	清洁员	2
		45

（五）引入社会工作手法对学员进行密集支持

广州市支持性就业的试点过程中，相当部分承接政府购买任务的社会组织是本土的社会工作机构，它们把社会工作的手法引入支持性就业服务，为学员提供3—6个月的密集支持。以2017年承接支持性就业服务的社会工作机构广州市扬爱特殊孩子家长俱乐部（下文简称"扬爱"）为例，它们在服务的工作手法上做了许多探索。

1. 小组工作手法

扬爱用小组工作的方法对心智障碍者、家长与用人单位进行多方位的支持。小组工作手法的应用，克服了传统一对一服务无法有效解决的环境支持问题。2017年7月扬爱决定开展支持性就业小组活动。建立支持性就业小组的目的：一是帮助心智障碍者的家长了解支持性就业，挖掘心智障碍者的潜力，发现他们的工作能力；提升心智障碍者外出工作、融入社会的意愿。二是链接相关资源，帮助心智障碍者找到与他们工作能力相匹配的工作岗位。促进残障人士及其家庭与企业单位之间相互了解，营造适

---

[1] 资料来源：广州市残联《2015年支持性就业工作总结》。

合心智障碍者的工作氛围。三是促进支持性就业的发展，使社会大众能够接纳心智障碍者外出就业，提升社会对残疾人的理解与接纳。根据小组具体需求决定是否建立核心小组，进行政策倡导。

下面是扬爱采用小组工作进行密集支持的案例，研究者参与式观察获得：

> 支持性就业小组活动一共分为五节，第一节内容主要是组员表达需求和期望；第二节内容是细化组员对残联的建议并形成文字；第三节主要内容是了解就业辅导员的角色与工作内容，通过扮演就业辅导员的角色进行体验；第四节内容主要是了解如何协助孩子进入工作角色；最后一节的小组活动内容是基于前期活动的积累，与残联合作开展支持性就业的家长培训，让组员及其他有需要的家长与残联面对面交流。通过一系列小组活动，组员们对支持性就业有了更深一层的了解，对于孩子未来的就业方向也更加明确。

2. 个案工作手法

支持性就业小组活动后，扬爱挖掘了5个支持性就业的个案，对其与家长进行一对一个性化支持。首先是为部分心智障碍者提供模拟面试的机会，然后根据面试的情况在扬爱给他们提供实习岗位，运用不同的工作方法引导心智障碍者完成工作任务，为他们提供相应的支持并且在实习中观察他们是否适合推出去就业，总结经验方便日后与用人单位交流。接下来是根据服务对象的就业能力与其他个人状况进行工作岗位开发，为其寻找合适的工作岗位。社工与不同的企业以及社会工作机构（如广州市北斗星社会工作服务中心）会谈合作，为心智障碍者开辟不同的实习岗位。

> 受访者（扬爱支持性就业项目主任A女士）：当前已有两位心智障碍者分别在北斗星旗下的东漖街家综及白云街家综实习，而我们的目标不仅仅只是为心智障碍者争取实习机会，更多的是希望通过心智障碍者在该单位实习，用人单位可以发掘出他们的优势，进而能够转变为正职人员。但是通过两位孩子的实习情况整体来看，支持性就业这条道路真是道阻且长。（访谈记录SECL 201708）

五 支持性就业试点工作的实施效果

广州市心智障碍者支持性就业试点工作从广州市心智障碍者现状及安置就业的需求调查入手，准确掌握了心智障碍者的就业需求，针对性地制定支持性就业工作的试行方案，经过将近一年有计划、分阶段地进行，取得了较好的实施效果。

（一）掌握了评估职业能力的专业技术

在前期调研摸底的筹备工作中，市残疾人就业培训服务中心走访广州市内所有开设特教班的学校，统计出即将毕业的心智障碍学生人数，并对学生进行支持性就业测评。通过运用由专业的职业测评试题和测评工具来测试学生的职业能力，最终分析统计出个人基本能力测试评估表和职业能力测评评估表，为后面试点工作的开展做好准备。另外，在职业能力测评环节中，市残疾人就业培训服务中心在委托广州市康复中心采用美国的专业测评工具 VALPAR 测评系统进行前，不仅听取了职业康复专家对测评的意见，还用 VALPAR 测评系统进行了试测，在整个测评过程中观察学习到了注意的事项和要点，掌握了对心智障碍者职业能力测评的专业技术，为以后的评估工作提供了技术支持。

（二）初步建立了支持性就业工作联络网

市残疾人就业培训服务中心在心智障碍者支持性就业试点工作中对心智障碍者家庭、就业辅导员、用人单位、启能班教师进行了针对性培训，通过主办支持性就业辅导员培训班、用人单位雇主培训班、支持性就业家长座谈会、启能班教师交流会，不仅成功培养了一批精英就业辅导员，锻炼他们在工作岗位上辅助心智障碍者在岗稳定就业的能力，还让用人单位雇主了解支持性就业相关政策法规、按比例就业政策和特殊教育心理学知识，在这个基础上，市残疾人就业培训服务中心指导部主动联系广州市的用人单位，通过沟通协调积极争取岗位开发的机会，扩大了用人单位提供给心智障碍者的岗位数量，并且保证岗位质量。另外，试点工作还普及了家长对心智障碍者就业和支持性就业的正确认知，同时市残疾人就业培训服务中心与教育局紧密配合，组织启能班教师交流心智障碍者职业教育课程设计、职业培训、学生实习、实训内容及就业辅导员经验分享，为心智障碍者职业训练的体系做出贡献。在试点工作中，加强了与心智障碍者家庭、就业辅导员、用人单位、启能班教师的联系，初步建立了支持性就业工作联络网。

(三) 支持了心智障碍者实现就业

试点工作注重对心智障碍者进行培训，广州市各残联机构投入了大量的资金、人力、物力，专门开设针对心智障碍者的各种职业技能培训班，培训人数达到一个可观指标，提高了心智障碍者就业、创业能力。同时注重心智障碍者岗前培训，安排就业辅导员在岗位现场支持学员上岗培训，帮助心智障碍者与百胜餐饮、麦当劳餐厅等用人单位建立良好的合作伙伴关系。经过一系列的努力，2015年广州市支持了20名心智障碍者实现公开就业，2016年则成功支持了18名心智障碍者公开就业。成功的试点工作不仅帮助更多心智障碍者实现就业，还成为广州市拟定心智障碍者支持性就业工作方案和研究制定相关支持政策的样本。

(四) 培养了一批就业辅导员，提升了社会组织的支持性就业服务能力

通过两年多的试点，广州市通过政府购买支持性就业服务，让更多的社会工作机构知道支持性就业，培养了一批就业辅导员，提升了社会组织的支持性就业服务能力。广州市能够提供支持性就业的社会服务组织逐年增加，类型上也从原来的家长组织、公益组织扩展到社工机构。

六　支持性就业在广州实践中的困境

(一) 因应劳动保障的顾虑，政策执行力度不足

2014年，广州市残联通过发布了《广州市智力残疾人支持性就业工作试行方案》，提出在2015年内建立职业评估体系，培养20名就业辅导员，支持20名智力障碍者就业，拟定智力障碍者支持性就业工作方案。然而时至今日，反观政策所获得的成效并不太乐观。就业辅导员供不应求，专业性也仍有待考究，成功就业的心智障碍人士也是屈指可数。

许多关于残障人就业的政策都存在操作性弱的问题。一些用人单位因为虑及残障职工的医疗支出、劳保福利、住房要求、退税比例等问题，宁愿交"残保金"也不愿长期安置残障人。从组织功能看，现行法律、规章没有赋予残联执法主体资格，但也没有确定其他的执法主体，因此有关残障人就业的政策在执行时一遇到阻力，就会停滞下来。这也是为什么支持性就业执行力不足的原因之一。

（二）专业人员的缺乏

广州一部分社会组织在扬爱支持性就业项目上的开展持续性不够强，其中的主要原因之一是缺乏专业人员的支持。因为缺乏专业人员，所以支持性就业的项目在服务递送上也不是很专业。要实现真正意义上的支持性就业，需要有就业辅导员的支持，为服务对象展开系列的专业服务。而目前，许多机构有个案需要推出去通常也能够推出去正式就业，却缺乏专业人员的支持与跟进，因此在支持性就业项目上是很难取得大进步的，服务效果也难持续。

（三）心智障碍者家长的期望不切实际

在支持性就业的推进过程中，我们不难发现，大多数的家长都期待自己的孩子可以找到一个"钱多、事少、离家近"的工作。部分家长会对孩子的工作内容十分挑剔，保洁工作、服务员、工厂工人这类别的工作一般他们不太愿意让孩子去做，觉得太辛苦而且怕亲朋好友看到自己没面子。其中还有部分家长容易忽视孩子本身的能力及兴趣，而将自己的期望强加孩子的身上，令孩子及家长都面临着巨大的压力。

（四）用人单位的接纳与支持不足

用人单位在雇用心智障碍者时，最担心的是出现突发情况的责任风险，此外还有日常与心智障碍者的交流沟通障碍，以及心智障者的工作能力与效率的问题。在扬爱跟进的两个支持性就业个案中，其中小夫所在的B街家庭综合服务中心（社区社工机构）就遭遇了许许多多的阻碍。小夫的整体情况比较好，由于尚未毕业因此未获得就业辅导员的支持，B街家综为他提供了一个实习机会，但一个月后B街家综要求扬爱提供一个工作人员全程跟进，小夫才能继续实习。而小夫妈妈向扬爱反映感觉小夫没有融入B街家综的环境中，因为他在那里的工作都是单独一个人，接纳度不够，所以孩子的工作效果也不太理想，如果家综的同事可以为他提供相应的支持，小夫是可以完成好自己的工作的。家综属于公益类的机构，都无法接纳心智障碍者作为自己的同事，更不要期待其他的营利企业了，支持性就业的道路仍然十分任重而道远。

第六章

支持性就业服务递送模式
——广州慧灵的经验

第一节 广州市支持性就业服务递送的总体情况

国内试点城市，特别是北京、长沙、广州等城市，提供支持性就业的模式基本相同，都是采用政府购买服务的形式，政府不直接提供，而是由社会服务机构直接提供。政府购买的模式主要是独立的竞争性购买模式（王浦劬等，2010），有些地方在社会服务机构不发达的时间段（如刚开始试点的头一两年，或者社会服务机构不发达的地区），也辅以协商性质的非竞争性购买模式。广州是国内政府购买社会服务（工作）先行先试的城市，在制度层面具有典型性，故本书以广州为典型案例剖析支持性就业服务的递送模式，以揭示其特征和挑战。

从 2015 年开始，广州市开始了心智障碍者，特别是智力障碍者、自闭症人士支持性就业的尝试，并从制度、就业辅导员培训、企业支持等方面开展了全方位工作。广州市拟定了支持性就业工作方案，在 2015 年内建立职业评估体系，培养 20 名就业辅导员，支持自闭症人士在内的 20 名心智障碍者就业。

广州市推行支持性就业主要采用的是政府购买服务的形式，政府并不直接提供服务，而主要是负责服务的融资和规制工作。广州市支持性就业的规划机构是广州市残疾人联合会，具体的执行和管理机构是广州市残联下属的广州市残疾人劳动就业服务中心。他们除了制定支持性就业政策和试点规划，还对支持性就业的推行过程进行全阶段、全方位的监控与评估，并适时为社会服务机构、社工、家长和心智障碍者提供各种与支持性就业相关的培训。

民间社会服务机构才是服务的直接提供方，他们主要是通过投标的形式获得政府资金和服务准入，并接受政府的监督和评估。"十三五"期间广州市推行支持性就业的机构主要有四家：广州慧灵社会工作服务中心、广州利康社会工作服务中心、广州市康智乐务中心、广州市北斗星社会工作服务中心。他们的主要直接服务对象是残障者、家长和以企业为主的就业单位，主要是为心智障碍者提供培训、评估、工作岗位开发、陪同面试、工作场所密集支持（陪同工作）、建立自然支持等支持性就业服务；为企业建立与心智障碍者的雇佣关系链接。同时，支持性就业的服务机构也承担了政策倡导的功能，为相关政策的完善提供专业建议（见图6-1）。

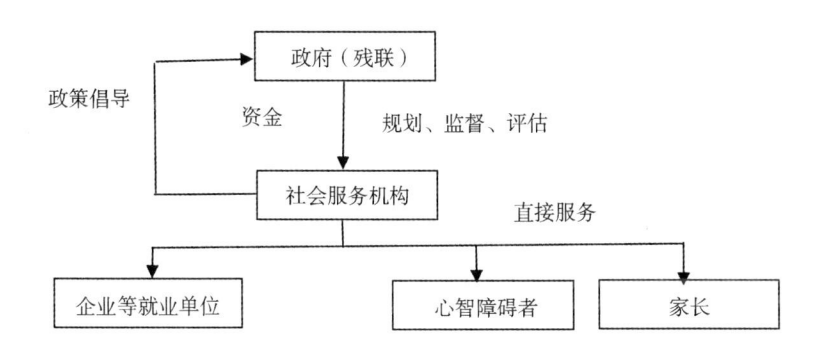

图6-1 支持性就业各政策主体关系

而广州慧灵社会工作服务中心（简称"广州慧灵"）是最早开展支持性就业服务的机构，他们在广州是残联尚未推出试点计划时就已经自行募款为心智障碍者提供支持性就业服务，在试点后因自身丰富的服务经验率先成为广州市支持性就业的一个重要服务递送机构。广州慧灵的支持性就业模式借鉴台湾经验，有一套较完备的就业流程，配备专门的就业辅导员，因此本章以广州慧灵为例分析国内支持性就业服务的递送流程和模式，探析支持性就业的现状和存在困难，具有强烈的典型性和现实意义。

第二节 社会服务机构提供支持性就业的
典型模式：广州慧灵

一 案例背景

广州慧灵成立于1990年，是一家民间主办的心智障碍者社会服务机构。服务对象为脑瘫、自闭症、智力障碍、唐氏综合症、多重障碍特征的成年人。慧灵的服务特色是以社区为依托的服务模式，在就业康复方面比较注重社区融合的价值理念，主张残障人士应当在社区中工作和生活，可以被公众看见，是融合的而非隔离的。

广州慧灵的就业服务分为庇护性就业、辅助性就业、支持性就业三种形态。庇护性就业是在工场内部开设纸糊组、绘画组、陶艺组、手工组，实行打卡的模拟上下班制度，让心智障碍者更好适应常态化的工作时间。辅助性就业通过承包项目，建立保洁队承包外机构的清洁工作，建立快递队承包幼儿园和有机农场的送菜业务，为心智障碍者提供一个协助的工作环境。慧灵还建立了社区家庭，增强心智障碍者生活的独立性。

慧灵集团负责支持性就业的机构是慧灵庇护工场。广州慧灵庇护工场机构人员设置简单，由1名负责人，1名社工，1名就业辅导员，5名手工老师组成（2015年数据）。

慧灵做支持性就业经验丰富，已取得较显著的成效。从2010年至2015年，该机构利用支持性就业的模式成功推荐20多名心智障碍者到各个行业正式就业。其就业辅导员积累了丰富的服务经验，开发的工作岗位较多元化。为这些心智障碍者提供工作岗位的企业包括箭牌糖果、肯德基、必胜客、大家乐餐厅、满堂红地产、正佳集团等，岗位包括厨房后勤、服务员、包装加工、快递等。

调查发现，在庇护工场接受了支持性就业的培训后，在就业辅导员的持续密集支持下，慧灵庇护工场平均每年有3—4位心智障碍者进入公开劳动力市场正式就业，这些心智障碍者的年龄集中在22—30岁。相比原来的庇护性就业，支持性就业的心智障碍者获得了正常劳动力市场水平的工资，收入水平明显提高，他们的平均收入大约是庇护性就业"学员"

的5倍（详见表6-1）。

表6-1　广州慧灵不同就业形态的工资水平（2015年）[①]

就业形态	月工资	工资结算方式
庇护性、辅助性就业	200—500元	按工作数量统计
支持性就业	1900元	劳动合同

广州慧灵与政府的关系完全独立，除了承接支持性就业项目，与政府的财务联系不多。而且它们从事支持性就业服务多年，有着丰富的经验，剖析慧灵的支持性就业服务递送模式具有典型性，可以帮助人们更全面客观理解支持性就业在国内实施的状况、困境与挑战。

二　广州慧灵承接支持性就业的模式和服务流程

（一）承接模式：独立竞争性购买

相比其他社工机构，慧灵与政府的关系是完全独立的，慧灵过去的资金来源也主要源于民间资助而非财政资助。慧灵在广州市开始支持性就业试点以后加入购买服务的行列，这也得益于家长的推荐和要求。心智障碍者家长基于慧灵在相关服务上的良好声誉和在支持性就业方面的经验，期待慧灵能够成为购买服务的主体。后来慧灵承接了政府的支持性就业服务，采用的方式也是完全独立的竞争性购买模式。支持性就业的成本很大，慧灵的负责人认为竞争性购买模式帮助他们获得更多的服务资金来源。

> 受访者（慧灵庇护工场负责人）：慧灵是一间非政府、非营利的草根机构，一直以来我们的资金70%来源社会募捐、慈善活动以及艺品的义卖。支持性就业是通过政府购买服务模式，将心智障碍者推出去就业的一个个案，以8000元/6个月签订协议，但与残联合作到了2016年6月，下半年没有合作。当然，政府资源如果可以的话，我们都想拿下，毕竟我们这样的服务机构，和政府一起努力可以，有政府的资金资助，为更多服务对象做更好的服务。（访谈记录SEGZHL201601）

[①] 2015年广州市企业职工最低工资标准是1895元/月，作者注。

(二) 服务流程①

慧灵支持性就业的步骤借鉴了台湾省私立启智技艺训练中心支持性就业的工作表格。基于"先安置再培训"的原则，就业辅导员需对就业工作环境和工作流程分析，填写个案基本资料，将接受就业服务的案主与工作岗位进行配对，拟订案主就业服务计划，填写支持性就业辅导策略记录和就业辅导记录（速度/产量），对案主和雇主满意度进行调查。

（1）开发适合的工作岗位。就业辅导员寻找符合案主个人喜好和能力的工作岗位和工作环境，对工作场所的实体环境和人文环境进行评估。

（2）对心智障碍者进行职业评估。了解心智障碍者的特点、兴趣、能力以及公开就业所面临的挑战。

（3）进行职业匹配。确保工作岗位符合案主个人能力和喜好，并在有必要时调整工作性质和环境，使心智障碍者能有效地工作。

（4）与雇主商谈与咨询。就业辅导员和雇主进行商谈与咨询，确保心智障碍者获得平等的待遇以及所需的支持以达到持续性工作的目的。

（5）就业辅导员进入职场对案主进行密集支持。制定和采用系统的工作分析表格说明操作方法和技能，使心智障碍者能够独立完成工作。

（6）建立自然支持系统。通过在同事之间建立自然支持来确保心智障碍者能有稳定持久的职场支持。

（7）就业辅导员逐步退出，减少辅助和跟进。当自然支持已经在工作场所当中形成的时候，可以逐渐地减少辅助，但是要继续定期地跟进。

本书选取 1 个就业案例呈现上述服务流程。

就业辅导员 L 向政府相关单位了解到麦当劳有雇用心智障碍者的意愿，打电话与麦当劳总部的负责人取得联系，负责人提供了广州市各个区的麦当劳分店的地址、联系人电话等信息。就业辅导员逐家打电话咨询分公司是否有招聘心智障碍者的需求，了解到中泰国际广场的麦当劳分店之前有招聘心智障碍者的经历，雇主表示愿意接纳心智障碍者，目前招 2 名服务员。然后就业辅导员实地走访该麦当劳，对工作的物理环境、人文环境进行分析，包括工作时间、午餐、交通、光线、噪声、温度、职务流程、企业文化等方面的评估，填写就业工作环境分析表。同时进行支持性

---

① 本部分的流程来源于研究者对慧灵就业辅导员的访谈。

就业的工作分析，包括功能性学科能力、工作表现、工作态度、社会能力和其他五部分，如工作所需的阅读、书写、算术、时间观念、工作专注性、社交合作能力等。

接着，就业辅导员会对在慧灵接受服务的心智障碍者进行评估。由于个案Q之前有做过服务员的工作经历，J之前在饼店工作过，他们擅长清洁工作，有基本的独立能力，同时父母也希望他们能够找到工作。接着就业辅导员填写就业案主与工作配对表，针对问题项目进行专门岗前培训，开展人际交往小组工作，对Q和J进行礼仪培训，设立串珠子等培训项目提高他们的注意力，培养工作行为。

培训一周后，就业辅导员带着Q和J前往麦当劳进行面试，并与雇主商谈薪酬和自然支持等事宜。通过面试后，麦当劳提供3个月的实习期，若通过实习期则可以签订劳动合同转为正职。Q和J实行上下班倒班制，就业辅导员全程跟踪服务，在现场教导他们收拾餐桌上的东西，摆放椅子、扫地、拖地、倒垃圾等工作，协助案主与同事建立良好沟通关系，针对案主的特殊行为问题及时纠正，如Q在工作中因为同事说了难听的话，情绪异常有逃工行为，就业辅导员对突发状况及时处理，同时制订系统的自然支持计划，发展案主的同事成为自然支持者。半年后，案主工作稳定，就业辅导员就会减少辅助，逐渐退出，但会定期打电话给心智障碍者和雇主了解其工作情况。

三 服务递送特征——弹性保障与社区融合相结合的支持模式

研究通过参与式观察——研究者以就业辅导员助理的身份进入现场，并结合深度访谈法，探讨了慧灵支持性就业的特征，可以将之概况为弹性保障与社区融合相结合的支持模式。在国内心智障碍社会服务领域，慧灵的社区融合模式可谓众所周知的范本，但在其支持性就业服务领域，还有一个不为人们注意的特征，就是灵活保障在就业支持中的运用。在相关政策不健全的背景下，慧灵是如何做的呢？

（一）多渠道开发就业岗位，注重与家长、政府、其他社会服务机构的合作

慧灵在社区中通过不同渠道为服务对象开发工作岗位，总体上可以分为内部开发和外部开发两种途径。（1）内部开发方面，广州慧灵集团的

其他机构，包括慧灵一校、慧灵农场、面包坊（麦子烘焙）等机构的内部岗位（后勤、清洁工），优先考虑慧灵的心智障碍者。（2）外部开发方面，发展一批长期合作企业（大家乐集团、箭牌糖果、百胜有限责任公司等），由它们提供合适的工作岗位。

此外，慧灵的就业辅导员注重同家长的合作。在支持性就业的过程中，家长是成功的关键，也可能是障碍的主要来源之一。为了克服家长的阻碍，就业辅导员需要不遗余力地向家长进行支持性就业理念和知识的传播，同时也要挖掘家长参与服务的意愿和热情，为此，慧灵的做法之一就是吸纳家长和家长组织一起帮忙推荐就业岗位。

慧灵就业辅导员还与同行机构建立了支持性就业 QQ 交流群，将招聘信息发布在群上，共享就业资源。每年举办慈善晚会、"大福快跑"等活动，主动向企业引荐心智障碍者就业。每年 9 月份创办的"渔人计划"项目，与多家企业建立合作关系，通过技术培训和短期在岗实习，为企业输送就业人员。

> 受访者（慧灵庇护工场负责人）：通过多次的宣传与联系，我们与多家企业建立了良好的合作关系，定期输送心智障碍者到单位实习。除了与企业合作建立关系，还有探访活动、慧灵公共事务部提供的资源。比如蛋糕坊的主管曾在慧灵工作过，广州 C 汽车服务有限公司的主管是我的同学，他们都非常愿意接纳心智障碍者。身边朋友有就业招聘信息都会发给我们，这是一个很好的资源。（访谈记录 GZHL201601）

就业辅导员密切关注该社区的人力市场变化，留意一些需求较大的岗位，向政府部门了解哪些单位有雇用心智障碍者的义务，通过市残联，向具有雇用心智障碍者经验的单位推介等渠道获得就业资源，然后通过电话与雇主联系，争取面谈机会，了解雇主需求。向企业介绍支持性就业的优点，包括可享受的优惠政策、提升企业形象、降低用工成本等。接着通过去企业参观对工作的物理环境、社会环境、工作流程等进行分析。

家长的加入，以及与企业、政府部门建立的良好关系给予了慧灵支持性就业过程中进行灵活保障的可能性。

（二）工作与自主生活服务相结合：多方面利用社区资源支持就业

慧灵发挥其在心智障碍领域多年的服务经验，把支持性就业服务和社区家庭托养服务相结合，多方面运用社区服务资源，为心智障碍者提供工作之余的自主生活服务，解决他们及其家长的后顾之忧。

慧灵充分挖掘社区资源，利用社区支持工作，致力于社区融合。2000年，慧灵开办了全国第一家"社区家庭"，让心智障碍者回到不同的社区居住，而社区家庭反过来亦可以为心智障碍者提供支持性就业的岗位。广州慧灵托养中心的每个社区家庭里，都聘用一名家庭助理，由慧灵的轻度心智障碍者担当，协助生活助理（也称"家庭妈妈"）解决其他心智障碍者的生活自理问题，融入社区生活。

案例：S学员，23岁，智力障碍四级，情绪较稳定，反应能力和工作能力较好，但性格内向，不善于与别人交流，所以社工推荐她担任家庭助理，提高人际沟通能力。S在2016年5月开始成为家庭助理，每天下午三点独自坐公交车去托养中心，与托养的社工沟通后，接送残疾人回到社区家庭。晚上S协助做饭、拖地等家务，并且教导重度残疾人叠被子、洗衣服等工作，成为家庭妈妈的能力小助手。周末带领他们在社区附近散步，参与社区户外活动，与邻居共享社区设施。

慧灵建立在一个包容开放的社区环境中，庇护工场和社区家庭附近有商场、市场、图书馆、幼儿园、小区等，人流密集，社区资源较充足。就业辅导员会定期留意社区的资源，走访机构附近的餐饮、超市等商业单位，联络社区物业管理员是否有招聘需求，就业岗位是否能提供给心智障碍者，并登记社区内可供就业的企业信息和就业机会资讯。同时，慧灵实行机动工作队模式，成立快递工作队和清洁队承包该小区的清洁、快递工作，利用社区支持推动心智障碍者就业，增强社区融合。

（三）引入个案管理模式，给予服务对象个性化且全过程的支持服务

个案管理模式是指将个案工作的方式运用到支持性就业服务当中，链接各方资源，为心智障碍学员/员工提供全过程的服务。慧灵建立个案档案资料库，并且每年在各高校招收社工实习生负责个案工作，由实习生选

择 2 名心智障碍者作为个案对象，对其进行个案跟踪管理，并由专业社工进行督导。针对心智障碍者存在的心理、认知、情绪、行为、人际交往等问题，拟订一对一的就业服务计划，关注心智障碍者工作环境，提高他们的工作效率和生活质量。

从 2016 年开始，广州慧灵引入"美好生活服务大纲"，关注心智障碍者四大时光（工作时光、生活时光、学习时光、休闲时光），并且每个时光分为时间、环境、效益、技能、权利、角色、融合、健康安全、满意度。通过访谈观察，对关系到个案就业能力的指标进行评分，针对分数低的模块制订维持 3 个月的个别化支持服务计划，并建立自然支持系统，推进个案就业。

个案管理模式为自闭症人士的就业支持提供更大的就业空间。截至 2017 年年初，慧灵有 8 位自闭症人士，他们虽行为刻板，却能在某些重复单一的工作中做得很出色。但由于语言沟通障碍，社会化和人际交往能力没有达要求，其就业之路堪忧。而个案管理模式为包括自闭症人士在内的心智障碍者制定就业支持系统，通过社会工作介入支持性就业服务，有效解决心智障碍者就业问题。

> 案例：Z 是一位 19 岁的自闭症男生，性格外向，能快速学习新技能和适应工作环境，有强烈的就业意愿，但就业培训过程中存在不礼貌、不讲卫生、乱花钱等不良习惯，而目前社工用美好生活个案介入方法，制订个别化转衔支持计划，教导他礼仪知识，提高他的人际交流能力，使心智障碍者在社区中获得个别化服务支持，协助他实现就业愿望。

在上述例子中，通过个案管理把服务对象的就业和生活有机结合起来，起到从不同的方面支持他们稳定就业的作用。

（四）全方位的工作—生活支持

慧灵意识到要让心智障碍者稳定就业，光是工作场所的支持是不够的。事实上，就业意味着心智能力和职业技能的共同成长与提升，工作场所之外的支持和工作场所中的支持一样重要。慧灵的社工和就业辅导员通过以下活动对心智障碍就业服务对象进行全方位、全过程的支持，实现就业服务与生活服务的无缝对接。

一是职业支持服务。在服务对象就业准备阶段和就业过程中开展多样化的主题小组活动，如礼仪小组、交通小组、金钱管理小组等，提升心智障碍者的职业素养。社工以提升心智障碍者的职业意识和人际交往能力为目的，注重心智障碍者的分享与感受，带领心智障碍者走出就业误区，实现稳定就业的目标。针对人际交往能力较差的自闭症人士提供社交服务，参与社交技能训练课程，营造沟通情境，提供练习机会向他人做自我介绍，与家人、邻居、同伴等进行口头交流。针对自信心较低，情绪易受困扰的心智障碍者提供情绪辅导服务，通过角色扮演，练习应对令案主生气的人、事、物时的得体表达方式。

二是家庭生活服务支持。在服务对象工作时间之余，利用案主平时在社区家庭居住的便利条件，教导和安排他们轮流负责力所能及的家务劳动，训练他们互相帮助和支持。如在社区家庭需要订外卖的时候，由心智障碍的案主计算"家庭"订餐人数，在这个过程中既帮助他们掌握数字概念，又训练了他们人际交往的能力。又如"家庭妈妈"平时通过对心智障碍者基本财务管理能力的训练，教导他们如何把工资存起来，让案主了解存款流程，养成进行储蓄计划的习惯。

三是社区生活支持。为了让心智障碍者融入社区生活，提升其独立生活的能力，社工、就业辅导员和家庭妈妈共同合作，为心智障碍者提供一系列的社区生活训练，帮助服务对象实现社区融合。如陪伴他们在社区商店、市场中进行购物，协助案主制订购买清单、识别商品，以商品的价格作为指引做出购物决断、使用现金结账等。

四是休闲生活服务。社工注重把职业素养的元素结合到服务对象的休闲生活服务当中。如为了帮助服务对象参与社交活动，学会与他人得体沟通，社工提供机会让心智障碍者在各种社交场所（做客、聚餐、开会）和他人社交互动，练习如何使用适当的社交技巧。

四　广州慧灵支持性就业的优点

（一）针对心智障碍者特征进行项目培训，职位匹配度高

职位匹配度高，工作所需技能与心智障碍者的兴趣爱好相符合。相对于集中安置而言，支持性就业能够充分考虑心智障碍者的身心特点、兴趣

爱好，发挥心智障碍者的优势，评估工作性质，做到人与岗位相匹配，工作性质符合心智障碍者的兴趣爱好与个人能力，如擅长做清洁的心智障碍者获得一份厨房帮工的工作，喜欢做面包的获得在面包坊的工作机会。

针对心智障碍者特征做特别培训。慧灵就业辅导员将工作流程分为多个步骤，对岗位所需技能进行全面分析，针对问题项目拟订服务计划，对心智障碍者进行培训，使其达到工作标准，按照兴趣与能力配备合适的心智障碍者就业。本书选取一份就业案主与工作配对分析（详见表6-2）。

表6-2　　　　　　　　　　就业案主与工作配对

领域	案主特质	选项	工作分析	案主分析	问题项目
功能性学科	阅读	（1）不识字 （2）能辨识阅读标志、符号 （3）能阅读简单标志、标语、短文	（2）	（2）	无
工作表现	工作速度/产量	（1）低于标准速度 （2）可达到标准速度	（2）	（1）	工作细心，成果很好，但是速度方面需要多练习
工作态度	工作专注性	（1）不需要督导而能专注工作 （2）需要偶尔督导，方能专注工作 （3）需要大量督导才能专注工作	（1）	（2）	案主易受他人影响分散注意力，需要提醒
社会能力	社交能力	（1）和别人互动有困难 （2）可以和他人有良好互动	（2）	（2）	无

如果案主工作速度方面没有达到标准，就业辅导员给案主一个星期的时间训练适应，第一天完成80份，第二天完成85份，逐渐增加工作产量，当案主超额完成，给予适当鼓励，增强信心。另案主常存在注意力不集中的问题，常因工作环境中的人、事、物而分心。就业辅导员会让他独立完成清洁工作，增强其工作专注度，消除分心行为；并且明确告诉案主上班时间不能与同事聊天，否则会扣工资，抓住案主工作动机强烈，担心找不到工作的心理，应用认知行为改变技术，帮助案主管理自己的工作行为。

（二）提供现场就业辅导

慧灵支持性就业的优点是陪同就业，全面为心智障碍者提供在岗实习期的督导。就业辅导员对支持性就业个案进行详细记录，提供密集支持辅助。根据心智障碍者个人情况，建立一套有针对性的支持系统，制定具体的工作日程表，将大而复杂的任务分解成一个个小而简单的动作指令，通过语言提醒、肢体动作、榜样示范、借助图片辅具等方式，在工作场所从旁指引心智障碍者了解工作流程，降低工作难度，提高工作效率。陪同就业充分考虑心智障碍者注意力不集中、接受新知识较慢等问题，详细训练他们完成工作任务，培养忠诚细心的工作态度，增强工作责任感。本书选取一份密集支持服务记录进行分析。

密集支持第一次：案主擦玻璃很麻利但不够仔细，绑垃圾袋不够熟练。就业辅导员将工作流程标注箭头和顺序，做成卡片让案主随身携带。不断手把手重复教，要求案主模仿，多次训练提高熟练度。结果：案主记得绑垃圾袋的步骤，打扫得很干净。

密集支持第二次：案主第二天上班迟到半小时。与个案会谈，了解迟到原因。案主不会看时间，起床晚导致错过了头班车。就业辅导员让家庭妈妈提醒案主6点整出门坐头班车。就业辅导员利用空闲时间带案主熟悉工作环境，记住上下车标志性地方。结果：案主准时上班。

密集支持第三次：案主不愿意端盘子，找其他同事帮忙时说话不礼貌，大呼小叫。案主不够自信去做的时候，就会说自己不会做，让别人替他做。就业辅导员教他将一叠盘子分三次搬到厨房，采用鼓励和放手的方式让他有足够的勇气独立完成，并且教他日常礼貌用语，要求案主早上主动与同事打招呼。结果：案主能减少对就业辅导员的依赖，一个人能独立完成大厅的服务工作，并且与同事相处融洽。

密集支持第四次：客人没有吃完，案主就把客人的盘子收走。通过语言提醒案主等客人结账完再收拾盘子，或者询问客人"您好，请问这个盘子可以收走吗"？结果：案主变得更加主动礼貌，工作有了明显进步。

受访者（就业辅导员L老师）：今天Q准时上班，我故意比他晚到10分钟，想看一下他能否自觉地走到工作人员区域自己穿换工作服上班，当我到楼下的时候，Q已穿好工作服及佩戴好腰上的工具帮我拉开门，这让我很高兴。Q一开始不会绑垃圾袋，我会手把手一遍

遍重复给他看，直到他会绑为止。（访谈记录 GZHL201603）

密集支持包括全程跟踪服务和制订服务计划。案主 Q 的工作技能掌握是通过就业辅导员密集支持逐步建立的，就业辅导员观察记录他每天工作情况，并制订就业支持计划，包括交通支持、辅导策略、情绪异常行为处理、工作效率辅导等，如 Q 说话不礼貌，就业辅导员鼓励案主积极主动地跟同事打招呼，加强交流，在工作场所营造一个能引发 Q 和同事进行沟通的环境，加强社交技能训练，同时让同事了解 Q 的沟通模式，促进双向沟通。另外，Q 对绑垃圾袋、端盘子工作不熟练，通过示范和加强练习等方式适应工作，通过循序渐进的方式，让 Q 独立完成工作。

（三）提供自然支持系统

自然支持是指就业辅导员为心智障碍者建立一个工作同事的支持系统。当心智障碍者在工作上遇到问题时能够得到合理便利的支持，支持个案处理工作中与同事、雇主、客人的人际关系，缓解沟通障碍，更好适应工作环境。本书选取 1 个就业案例分析。

> 个案资料：Q 学员，性别男，24 岁，广州本地人，智力障碍四级，个人学习能力很好。在麦当劳工作，做服务员，负责大厅的清洁工作：收拾餐桌上的东西、摆放椅子、扫地、拖地、倒垃圾，见到客人要面带微笑并问候："您好，欢迎光临"。上班时间是 7 点至 14 点，工资为 13.2 元/时，每月工作 200 小时，工资水平与普通员工一样，并签订劳动合同，享有职工基本养老保险。

Q 手脚麻利深得同事英姐的喜爱，就业辅导员选择入职超过一年的英姐作为自然支持对象。工作时 Q 不会绑垃圾袋口，英姐对他很宽容，不厌其烦地按步骤一步步地教他，从旁协助。Q 对清洁工作不够细心，工作马虎，英姐会提醒他把玻璃再擦一遍。中午 Q 在后厨不会用微波炉热饭，英姐会帮他热饭。单位的雇主和同事都是案主的自然支持者，当就业辅导员撤离工作场所，案主在工作中遇到问题时，自然支持能够提供一个包容的环境，保障心智障碍者工作的稳定性和持续性。

系统策划的自然支持首先由就业辅导员选择一位同事作为关键人物，

该同事必须具有抗压能力，主动帮助、自愿支持心智障碍者。接着就业辅导员制订自然支持计划，对自然支持对象进行培训。让关键同事观察就业辅导员是如何支持的，对他进行工作技巧、工作方法、沟通技巧等培训。就业辅导员在平日工作里观察关键同事如何对心智障碍者进行支持，包括纠正工作方法等。当自然支持系统网络建立后，心智障碍者的工作适应力有了明显提高。支持性就业的优势不仅从密集支持维度关注心智障碍者的工作内容，而且以人为本，从自然支持维度关注就业的人文环境和生态系统。

（四）全面持续的就业后支持服务

慧灵支持性就业服务是一个持续提供支持的动态历程。就业后支持服务包括打电话关心就业状况、处理财务薪金、健康协助、人际关系、金钱管理、突发事件妥善处理、工作之余的自立生活、检视雇主、心智障碍者及其家长满意度等。

心智障碍者下班后，就业辅导员主动打电话询问今天的工作表现，关心心智障碍者的工作表现和工作状态。就业辅导员针对心智障碍者在工作中遇到的各种突发事件及时处理，如同事离职、社会行为与环境不符等，与心智障碍者、雇主、家长多方取得沟通联系。

慧灵每年举办公益创投、舞台剧等活动，都会诚邀已出去工作的心智障碍者参加，提高其人际交流能力。慧灵还设立"智友俱乐部"，利用周末组织茶饮等聚餐活动，丰富心智障碍者的业余生活，缓解就业压力。

密集支持结束后，就业辅导员给雇主填写满意度调查表，针对雇主不满意的方面做具体服务，并以打电话、现场回访等形式询问心智障碍者就业状况。

（五）提升从业人员的自我价值感和社会融合能力

支持性就业一方面提升自我价值感；另一方面，使心智障碍者获得工作与薪酬，满足就业需求，增强心智障碍者信心和自我认同感，提高生活自理能力和参与社会生活。本书选取社工和心智障碍者的获益状况和感受进行分析。

> 受访者（慧灵负责人）：作为从业者，我觉得这是一份有价值的工作，帮助他们的同时，无形之中自己也提升了。心智障碍者很单

纯，他们会将你各方面的棱棱角角都给磨平，让你变得圆润可爱。当然，帮助他们就业是一个需要专业技术的过程，作为就业辅导员，我需要不断提升自己的专业知识，与人的沟通技巧，应变能力，维系与心智障碍者之间的关系，这样才可以将工作做得出色。在就业服务的路上，永远都没有终点。（访谈记录GZHL201601）

受访者（社工）：接下来一年，我们会更加重视支持性就业，因为我们希望能力好的心智障碍者真的能自立，不要留在工场。这里只适合不能出去就业的心智障碍者过渡到一个正常的环境，不是长远之计。（访谈记录GZHL201602）

受访者（L学员，面包坊）：看到客人买我做的面包，就很开心。我的微信名叫面包小王子，每次听到别人叫我"面包小王子"，我都会很高兴地笑起来。有了工资，我生日的时候就有钱请大家吃蛋糕。我不是很在乎收入有多少，但是能每天像其他的人一样上下班，就很开心。（访谈记录GZHL201605）

受访者（Q学员，麦当劳）：在麦当劳工作我很开心，第一次发工资我请了就业辅导员吃汉堡。因为老师对我很好，教导我怎么做一名服务员。我现在能够获得工资，独立生活，父母不再那么辛苦。（访谈记录GZHL201606）

受访者（Z学员，大家乐）：自有了这份工作之后，自己变得开朗了许多，也学会了如何更好地与他人相处。我非常感谢慧灵老师和企业经理、同事的关心照顾，未来希望能够赚到更多的钱来赡养妈妈。（访谈记录GZHL201607）

因应支持性就业的需要，使就业辅导员成为一个新的岗位。需要提升他们的自我抗压、冷静处理问题的能力，同时实践中掌握社工技巧、人力资源、社会政策等知识。支持性就业本身是一件很有意义的事情，慧灵的就业辅导员在友爱包容的人文环境中愉悦工作，将心智障碍者成功推出去就业，提升从业人员的自我价值。另外，支持性就业的实现，协助心智障碍者得到一份正式且有薪水的工作，在开放式的工作环境中与工作伙伴有了良性互动，促使他们性格更开朗，情绪更稳定，提升心智障碍者的人际交往能力，他们更懂得感恩并回馈社会，促进了社会融合。

五 广州慧灵支持性就业的困境与挑战

（一）公开就业率不高，处于瓶颈状态

整体上心智障碍者的就业率都不高，在这样的背景下开展支持性就业工作，机构的公开就业率也是受限的，广州慧灵就认为自己处于瓶颈状态。截至2013年，广州市心智障碍者人数约2.5万人，但成功就业人数仅约600人，就业率不到2.4%。绝大多数中重度心智障碍者仍处于托养安置状态，部分轻度心智障碍者仍处于封闭式的庇护性就业状态。以广州慧灵为例，支持性就业服务人数呈逐年上升的趋势（如图6-2），然而2013—2015年的就业比率仍不到20%（如图6-3），公开就业率较低，但其就业率在国内同行中已处于最高水平。

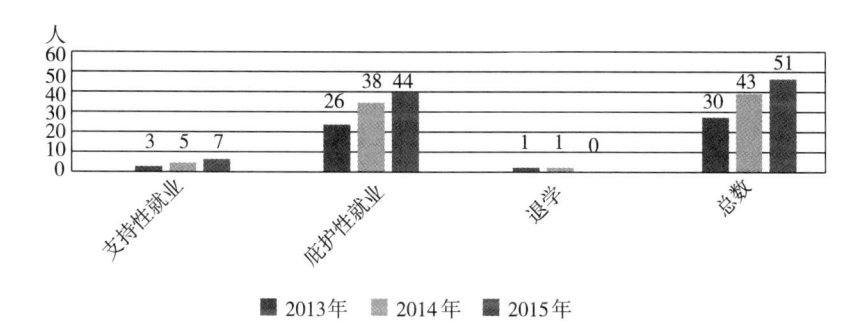

图6-2 2013—2015年广州慧灵就业状况统计

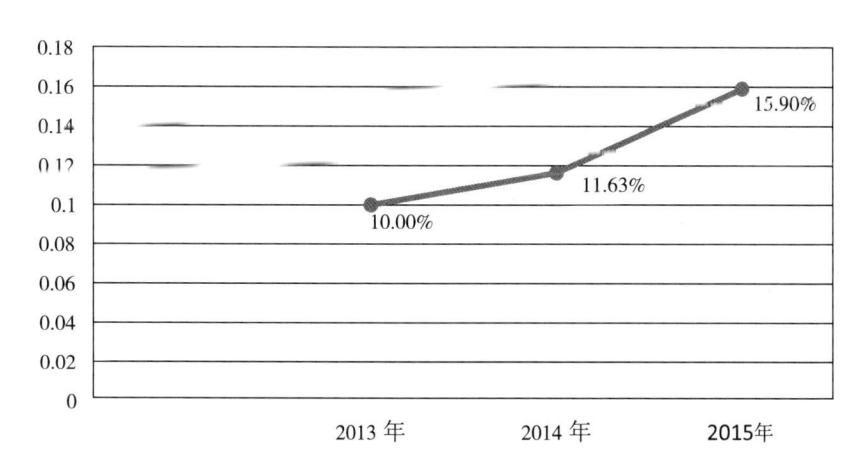

图6-3 2013—2015年广州慧灵支持性就业率

近几年广州慧灵的公开就业率有所上升,但到了 2016 年,就几乎停留在 20%左右的状态。造成这一情形的原因很多,有残障者自身的,但更多还是社会制度与环境方面的,下文将有详细的剖析。

(二)就业辅导员的人数不足,流失率较大

就业辅导员人数不足,这一职业仍难以吸引年轻人入行。就业辅导员的支持性就业工作量大,要求综合全面的技能,包括寻找工作机会、个案评估、工作环境分析、职业匹配、与企业商谈、密集支持、追踪辅导等,需要充足的师资力量。以广州慧灵为例,目前只有 1 名就业辅导员负责支持性就业,却没有适当配备个案管理员和职业辅导评量员,人才缺乏。就业辅导员的岗位薪酬不到 3000 元,招聘动力不强,难以吸引高校的优质生。

> 受访者(就业辅导员 S 老师):就业辅导员,跟一线社工一样,流失率挺大。很大部分原因是薪酬较低,就业压力大,工资无法维持家庭日常开支,其次社会归属感和认同感不强,也有就业辅导员带着心智障碍者在工作单位进行密集支持辅导期间,企业觉得这位辅导员各方面能力优秀,想推荐进企业。(访谈记录 SEGZHL201607)

就业辅导员流失率较大。国内就业辅导员薪资约为 3000 元,晋升机会极小,工作量大,需经常外出联络资源开发岗位,在工作场所进行密集支持等工作,但政府没有提供额外补贴,就业辅导员无法得到满意的劳务费,加上社会对就业辅导员职业的认同感较低,因此难以留住人才,就业辅导员的流动率和流失率大(详见表 6-3)。

表 6-3　　　　　　　就业辅导员岗位信息(2016 年)

就业辅导员	性别	年龄	学历	工作年限	税后薪酬	晋升空间
S 老师(已离职)	男	28	社会工作专业本科	3 年多	2800 元	很小
L 老师	女	26	英语专业本科	1 年	2800 元	不变

> 受访者(就业辅导员 L 老师):我不是社工专业出身,刚刚接手

这一份工作，我是一个新手，没想过要晋升，希望能够不断摸索，为心智障碍者寻找更多更匹配的就业岗位，能够成功推出去就业。目前我的工作是每周定期去蛋糕坊、肯德基，对正在试用期的心智障碍者进行辅导与支持，向家长反馈就业情况，通知家长办理入职程序，还要寻找更多就业岗位，带其他心智障碍者应聘，所以工作量很大。（访谈记录 SEGZHL201603）

（三）就业辅导员服务能力有限

就业辅导员需要运用专业的手法为残障人士及家长、企业等不同利益相关方提供服务，还需要向政府部门进行政策倡导，综合素质要求比较高。但现实却是他们针对心智障碍者的服务能力、方法都有待进一步的提升。就业辅导员多数是社工背景，知识构成上也缺乏职业指导，尤其是工作分析方面的知识。有企业认为机构社工服务不够规范化和专业。

> 受访者（慧灵管理者）：我们的就业辅导员流失率大，目前新招聘的两位就业辅导员，之前比较缺乏服务精神残疾人或者智力残疾人的经验，现在慧灵干久一些有点经验了却缺乏相应的岗位开发的能力。（访谈记录 SEHL201607）

研究发现，包括慧灵在内的大多数就业辅导员缺乏相关的政策常识，社工对于残疾人就业的各项政策不是太了解。相关的政策法规的知识也比较欠缺。

（四）岗位开发单一，就业培训缺乏针对性

第一，就业渠道窄，岗位开发单一。没有充分挖掘社区资源，对停车场、物业管理人员等岗位进行开发，而且往往是由岗位选择心智障碍者，而不是为心智障碍者匹配最合适的岗位，导致心智障碍者就业层次较低。支持性就业岗位统计数据显示，绝大多数心智障碍者从事餐厅服务员、厨房帮工等工作，以体力劳动力为主，从事简单、重复性的劳动，就业环境较差，工资报酬较低，处于广州市最低工资（1895元）的边缘（见图6-4）。

第二，岗位开发没有真正了解心智障碍者的就业需求。心智障碍者自

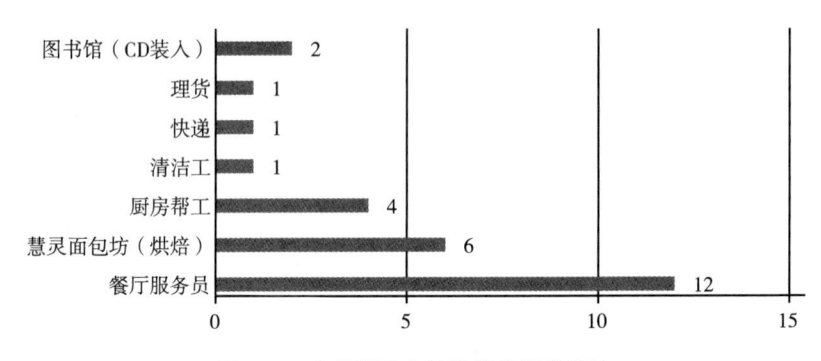

岗位	数量
图书馆（CD装入）	2
理货	1
快递	1
清洁工	1
厨房帮工	4
慧灵面包坊（烘焙）	6
餐厅服务员	12

图 6-4 广州慧灵支持性就业岗位统计

我表达能力较弱，而机构对心智障碍者的就业意愿分析不到位，没有正确评估心智障碍者的能力，工作环境分析不足，没有符合案主的就业需求。本书选取 1 个就业案例分析。

> 个案资料：Z 学员，性别男，年龄 28 岁，智力障碍三级，自闭症。性格内敛安静，对人有礼貌。熟悉交通，能够独立坐公交车地铁，独立能力较强，学习能力较快，擅长绘画、唱歌、话剧，多才多艺。通过开发岗位与就业培训，推荐 Z 在面包坊工作，但后来因为 Z 不能适应面包坊封闭的工作环境和特殊的气味，最终停止工作。前期工作环境分析缺乏对面包坊空气质量深入评估，而个案评估表的嗅觉辨别一项，只是让心智障碍者区分各种气味，评估过于草率。

第三，就业培训缺乏针对性。就业辅导员的支持性就业工作更多依赖就业辅导员手册，给心智障碍者设计的职业培训课程较单一，没有针对自闭症、唐氏综合征等不同群体设计不同的职业课程，开展专门的职业培训，开发他们的职业潜力。

第四，就业培训缺乏系统性和结构性。就业培训随意性较大，没有形成良好的周期性。支持性就业的主体是心智障碍者和自闭症人士，但是目前服务机构更多关注自闭症人士的康复和教育上，较少关注就业层面。本书选取 1 个就业案例分析。

> 个案资料：D 学员，性别男，20 岁，智力障碍四级，自闭症。

案主优势是有着超强的记忆力和专注力,对自己从事的工作特别有耐性,更能胜任单一重复的工作,在陶艺组工作专一。外表阳光健康,精力充沛,性格活泼好动,接受过普通小学教育,认识汉字和会简单的数学运算。熟悉交通,身体素质较好,有比较强的就业欲望。案主家里有一个在读书的弟弟,父母在打工,家庭经济一般,家人意愿是希望他能出去工作,减少对父母的依赖,减轻家庭负担。总的来说D的智障程度较低,行为能力较强,是支持性就业重要培训对象。

针对案主的就业劣势——有乱花钱不良行为;情绪波动大时,有逃跑出去的行为,社工曾开展金钱管理小组和情绪管理小组活动,但小组活动较随性,持续性不够,案主行为没有明显改善。

> 受访者(D学员):为什么别人可以出去工作我不可以?我想出去工作,用工资去买手机,与朋友一起看电影。(访谈记录GZHL201608)
>
> 受访者(D家长):希望社工和老师们协助他改正乱花钱习惯,能够让他早日出去工作,减轻家人负担。爸妈年纪越来越大,不能一直照顾他,我们很期待孩子能够外出就业,自己能工作有收入,自力更生。对于工作岗位我们没有太多要求,主要是安全,希望工作不用上夜班。(访谈记录GZHL201609)
>
> 受访者(社工):很多爱心人士来到慧灵参观,见到D,都以为他是一名志愿者。确实,轻度智障者外貌上跟我们没有差别的,知识、智力上跟我们健全人差一点点。他在陶艺组做的陶艺最漂亮,一个陶艺成品5元,按数量计算,他月工资有300多元,但他的纪律性、自我约束能力比较差,经常因犯错误(偷钱、翘班)扣工资。家长曾带孩子去医院检查,确诊为高功能自闭症(没有语言障碍,学习能力与他人相当,仅存在交际上的困难)。但D到了慧灵2年,我们还没有发现他明显有这一特征,语言表达方面还是有所欠佳,目前机构没有对这类群体进行专门培训与训练。(访谈记录GZHL201602)

总的来说,我国相关政策在扶持自闭症人士就业,融合教育与融合就业等方面没有衔接好,从特殊学校毕业后的自闭症人士普遍面临就业的问题。而服务机构资源有限，支持性就业培训系统缺乏对自闭症人士进行针对性培训，将轻度心智障碍者作为就业支持的重点对象，较少为自闭症人士设计系统化的职业课程和针对性的培训项目。

（五）公开就业后服务不足，工作场所缺乏保障

用人单位没有为心智障碍者提供安全保障性的工作场所。当6个月的密集支持结束后，心智障碍者遇到与同事相处困难、工作出现问题时，就业辅导员的后续跟踪服务没有及时跟上甚至有所退出，政府对就业后给予的支持欠缺，加上工作场所各种不稳定性因素，心智障碍者就业缺乏安全保障。本书选取3个就业案例分析（见表6-4）。

表6-4　　　　　　　　　支持性就业个案资料

姓名	性别	年龄	就业单位	岗位
A学员	男	26	L幼儿园	厨房帮工
B学员	男	25	J自助餐厅	服务员
C学员	男	23	P公司	清洁员

A学员的优势是为人诚恳老实、做事踏实，在家里经常做家务，自理能力较强。劣势是自制和自我管理能力较差，有时会自己看电视看到凌晨三点多，导致迟到，上班精力不集中。案主家庭经济状况一般，主要的照顾者是其二姐，父母对工作没有特别要求，希望他出去工作能够自食其力，减轻家人负担。案主通过了前期的就业培训获得了一份厨房帮工的后勤工作，负责洗盘子，早上十点上班，晚上八点下班，工资是在最低工资线，签订了劳动合同，享有五险一金。但后来因为餐厅倒闭，将员工转移到佛山餐厅分店，所以很多员工选择离开。案主家里人不愿意他到佛山，认为太远不安全。最终A出去工作不够半年，重新回到机构等待下一次就业机会，而该餐厅没有给予他经济补偿。

B学员有轻度智力障碍，住在慧灵家庭[①]，经常帮助家庭妈妈做家

[①] 慧灵家庭是广州慧灵智障人士服务机构实施的心智障碍者社区家庭照顾服务项目，这样的家庭一般由4—6名心智障碍者和一名家庭辅导员（被称为"家庭妈妈"）组成，该服务目的是提升学员的独立生活能力。（编者注）

务，生活独立，自理能力不错，没有较大的情绪问题。家境不错，父亲是公务员，哥哥已经结婚，家人对他很关心。2016年临近过年的时候J自助餐厅缺人手，餐厅主管向就业辅导员提出想要2名心智障碍者帮忙，两个月的试用期，合格后可以转正，所以就业辅导员与餐厅协商后推荐了B。但B是一位比较有性格的人，自制能力较差，非常在意别人的关注与鼓励，需要别人在前期倾注较多的关注，一旦关注度不够，他工作表现就较为马虎。在过年这段时间快餐行业较忙，也无法有一个好的时间让他适应，餐厅主管综合考虑后觉得不合适，所以并没有与他签订正式劳动合同。

C学员具有较强的沟通和自理能力，情绪较稳定。他属于临界轻度的心智障碍者，适应能力很好，学习能力也较高。家里经济条件一般，只有他一个小孩。C在P公司的外包企业里做清洁工作，工作内容是与同事协作完成车间的卫生。上下班的时间是正常的早八晚五，工资为1900元左右，签订了劳动合同，享有五险一金。他在工作中容易讲粗口，与其他同事相处不融洽，外包经理已出现不满情绪，不知道如何与他沟通。但由于P公司与慧灵已建立长期的合作关系，外包经理一方面担心解雇心智障碍者会影响与P公司合作；另一方面，又不知道该如何改善C的不良言行，甚是苦恼（见图6-5）。

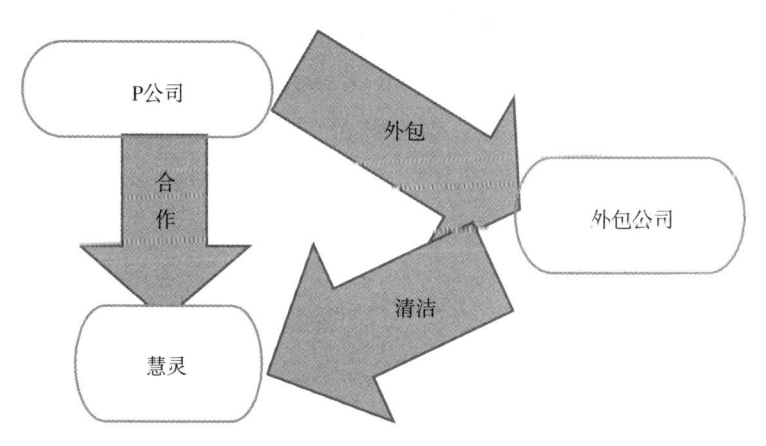

图6-5 支持性就业个案流程

通过对支持性就业个案研究，我们发现，心智障碍者面临失业、就业的持续期较短、后续服务跟不上的现象比较多，有些甚至不到半年就失业，工作场所缺乏保障，心智障碍者就业不稳定，风险大。

（六）宣传力度不足，缺乏就业信息交流的平台

第一，宣传力度不足，信息不对称。机构宣传集中在社区康复和社会融合方面，网络平台很少更新支持性就业的动态，宣传渠道单一，导致就业信息封闭。学校、家庭、机构三者之间缺乏沟通，机构招不够有就业需求的心智障碍者，家长找不到就业服务的机构，学校找不到可以将毕业的智障学生转介的机构。

第二，缺乏就业信息交流的平台。《广州市智力残疾人支持性就业工作试行方案》规定：市残联就业培训中心与职业学校、用人单位合作建立残疾人实习、就业信息共享机制。但目前就业信息共享及交流平台仍不足，用人单位较少主动为心智障碍者提供合适的实习基地；学校和机构在心智障碍者教育和就业上断层；有些家庭将孩子送去服务机构，缺乏与社工交流，社工难以理解家长对孩子就业需求。

总体上，慧灵庇护工场把就业服务和生活服务相结合的服务模式，为心智障碍的员工提供了工作—生活相结合的灵活保障，帮助他们可以有更多的弹性空间和机会，为其稳定就业提供了保障。这种模式是在慧灵较全面的服务体系中进行的，因为缺乏相关政策的支持，这种模式在推广上存在极大的困难，可复制性较差。但是，慧灵模式确实为国内提供了在一定程度上灵活保障设置下支持性就业成功推行的经验。

第七章

缺乏灵活保障的支持性就业模式：
困境与制度原因分析

第一节 灵活保障视角下支持性就业实施的困境

支持性就业尚处于试点阶段就暴露出许多问题，有些地方残联和社会服务机构甚至认为支持性就业遇到了瓶颈，短期内很难大规模开展。主要表现是支持服务的效果不佳，难以达到帮助心智障碍者公开就业的目的。前面章节也呈现了社会服务机构开展支持性就业服务的困难与挑战，其后的原因很多，有来自残障者本身，也有来自社会环境的障碍。本书发现，关键的阻碍因素还是在于支持性就业的价值理念、服务递送模式和实施环节等与现行社会保障制度之间的矛盾。我国的社会保障制度是缺乏弹性的，价值理念上就业与社会福利严格两分，一个人进入劳动力市场就业就意味着他必须与低保、其他社会救助与支持说再见；人们很难想象既就业又"吃"社会福利的情景。这样的社会保障制度特征阻碍了支持性就业的实施。

一 只能服务轻度心智障碍者

支持性就业在欧美国家主要是为了服务有工作意愿和一定劳动能力的中重度残障者，包括心智障碍和其他障碍类别，但目前在国内因应各种条件的限制，只能服务轻度心智障碍者，特别是轻度智力障碍者和高功能自闭症。而残联和机构在选择服务对象的时候，也开发出一套职业鉴定的工具把能力强的轻度心智障碍者，而且主要还是轻度智力障碍者筛选出来成为支持性就业的主要服务对象。但事实上他们大部分理应可以毫无障碍地进入公开劳动力市场。这后面的原因有企业歧视排斥的因素，也有社会保障制度自身的原因。

> 受访者（B社工机构支持性就业服务项目负责人）：基本上都是这样子，都在做轻度。轻度比较好做，需求也大。智力障碍者和自闭症他们长期受到社会的排斥，从小在教育上就是被排斥的，长大后也被认为没有劳动能力，企业不愿意用他们。但事实上现在大家看到，他们是可以公开就业的。轻度的经过培训都蛮高能的，企业也比较容易接受他们。所以他们是比较容易通过支持性就业服务公开就业的。所以前期大家都是挑轻度的来做。（访谈记录 SEBI201601）

提供支持性就业服务的社会服务（社工）机构很清楚地知道，如果能够减少教育排斥和就业排斥，轻度心智障碍者不需要支持性就业服务完全可以进入公开劳动力市场。事实上支持性就业的初衷就是针对中重度残障人士的。但因为政策支持力度，特别是财政支持的不足，机构开展支持性就业的成本有限，在短期内又得满足政府的评估指标需要；加之轻度心智障碍者有较大量的就业支持需要，这些因素叠加起来都导致了社会服务机构对服务对象的选择性——对轻度智力障碍者和高功能自闭症者的偏好。

二 "挂靠"排挤了就业

虽然在客观上心智障碍者对就业有相当大需求，但事实上服务机构通常抱怨"找不到服务对象"，都在抱怨"挂靠"排挤了心智障碍者的就业意愿。很多残障人士目前是有单位"挂靠"，也有比较稳定的经济收入。在这样情况下，家长既希望公开就业又希望保留"挂靠"。但支持性就业政策的目标追求就是让残障人士正式就业而非"挂靠"。几乎每个试点省市的地方政策中都明确规定一旦服务对象"挂靠"就不能进入支持性就业的服务范畴或者必须中止支持性就业服务。而现实却是家长宁愿选择"挂靠"都不愿意让孩子公开就业。

> 受访者（广州市C社工机构就业辅导员）：我们在广州那边一

个问题就是很难找到服务对象，不愿意来，就是说他们不愿意就业。还有很多是挂靠。找不到服务对象，都挂靠去了。（访谈记录SEBDX201701）

受访者（广州市 H 服务机构负责人）：我们的服务主任，今年也接到这个项目嘛，做支持性就业的统筹嘛，可要她的命了，现在找不到服务对象嘛，都挂靠了。能力好的那些全都挂靠了，都不做了。前些年残联对挂靠也是熟视无睹，认为可以给残疾人解决些问题嘛，家长呢，也觉得有挂靠就有保证，对残疾人来说就是一份安心。现在支持性就业就卡在上面了，现在就是自己砸自己的腿啊。（访谈记录SETI201601）

在许多试点地区，通常可以听到就业辅导员类似的抱怨，就是找不到服务对象；或者密集支持了 6 个月的服务对象到了要签合同的程度，服务对象或家长就反悔了，不愿意签订劳动合同，因为家长隐瞒了孩子"挂靠"的实情。就业辅导员通常是最后一个发现服务对象已经"挂靠"的，心智障碍者在申请服务和开案面谈的时候通常隐瞒"挂靠"的实情，导致就业辅导员一场忙活付诸东流。

【"挂靠"退出就业的例子】

小磊，智力四级

案主的理解和沟通能力较好，有基本的区辨判断力，能够运行简单的运算，但书写识字能力较弱。身体健康，能够做得了粗重类的工作，对工作岗位的要求不高（离家近，工资 2000 元左右）。社工对小磊的工作能力进行了测试（见表7-1）。

表7-1　　　　　　　　　小磊工作能力测量结果

就业动机 （1—10分）	就业技能 （1—10分）	工作环境要求 （1—10分）	就业能力 （1—10分）	家属支持度 （1—10分）	总分 （满分50）
（9分） 案主希望可以拥有一份正式的工作，有社保医保等	（3分） 无职业资格证书，无法胜任专业要求较高的工作，但一般性的工作都可以	（3分） 上班距离远近；天河区内；工作环境的要求；独自工作和与他人合作都可以	（7分） 能够胜任粗重类工作，对其他工作也不挑。就业能力较强	（9分） 案主父母希望案主能拥有一份正式的购买五险一金的工作，生活能够自食其力，工作稳定	31分

社工曾经成功为案主开发岗位，整个过程都很顺利，在企业预约案主办理入职手续时，案主才告诉社工自己一直在其他企业进行社保挂靠，希望社工今后不要再为案主开发合同工，只希望找临时性的工作。社工表示让案主退出社保挂靠才能再为其找工作，但是案主不愿意。

小磊后来到工疗站"工作"，大约19元/天补贴。

B机构2016年承接了广州市支持性就业试点项目的80%的个案服务，按照协议，机构需要在20名市残联指定的服务对象中支持14位心智障碍者稳定就业3个月以上。这些心智障碍者大多是轻度障碍，而且是特殊职业中学的毕业生，相对而言能力都比较强。但是，机构最后才支持成功9位服务对象，其他都"挂靠"去了，其中有5位是签订劳动合同的时候才表明自己已经"挂靠"。这对机构的服务造成重大打击。

三 相当部分家长不支持心智障碍的孩子就业

研究发现，家长成为支持性就业实施的最大阻碍之一，他们或者一开始就强烈反对；或者表面支持，但一旦孩子要签订劳动合同了就开始阻止。主要的原因在于家长的价值观念和意识。他们通常低估了心智障碍者的社会适应性和就业能力，认为让孩子公开就业过于冒险，或者认为对孩子不利。

某试点城市的残联和社会服务机构工作人员反映家长对工作过于挑剔，要求孩子的工作必须"事少钱多离家近"。某社工机构给智力障碍的服务对象开发到一个他能胜任的工作岗位，距离他家30分钟公交车的距离，家庭和工作地点有多路公交车直达，这位智力障碍者也具备独自乘坐公交车的能力，而且很喜欢这一工作岗位，却被家长拒绝了，理由是工作地点跟家里不是同一条街，孩子要挤公交上班太辛苦也不安全。后来任凭社工怎样劝导都无济于事，没被家长允许获得这一工作岗位，心智障碍的案主也非常不开心。

受访者（D支持性就业服务机构社工）：家长对工作非常挑剔，高不成，低不就。且对单位地址也有比较苛刻的要求。有的智力残疾人具备认路的能力，但家长要求就业的单位不能跨街道，最好就在自

家楼下。这为支持性就业服务的实际工作，增加了很多的难度。（访谈记录 SEBDX201601）

有些家长要求工作必须体面，盲目追求办公室文员的工作岗位，忽略了目前的劳动力市场难有这类适合心智障碍者的工作岗位。他们不愿意孩子去做能够胜任的体力劳动，如保洁、送货等。这种期待和现实的差距也造成了家长对支持性就业的不支持，因为就业辅导员开发的工作岗位多数是简单的体力劳动的工作。

受访者（L市残联工作人员）：以前没有官方的支持性就业服务，家长会自行找到机构，希望机构帮助找到工作。现在有更多的家长知道公开就业的好处，也愿意让孩子去尝试。却忽略了孩子本身的工作能力问题。例如，孩子的实际工作能力只能从事一些清洁类的工作，家长就要求一定要找文员类的。（访谈记录 SEGZCL201601）

四 企业难以满足家长的要求导致"分道扬镳"

有部分家长允许心智障碍的孩子支持性就业后，却给企业提出许多不切实际的要求，导致双方关系紧张甚至"分道扬镳"。常见的现象主要有以下几个。

（一）家长要求企业不得辞退心智障碍的孩子。支持性就业政策并不能要求企业必须雇用心智障碍者，也不能要求企业不能解聘心智障碍者，事实上它尊重一切合法合理的市场行为。它主要是要帮助和支持心智障碍者适应一个公开就业的环境。但是家长却有诸多认识的误区，认为企业不能解聘心智障碍者，这让企业一开始就望而却步。

受访者（L市残联工作人员）：企业愿意接纳残疾人就业的情况下，会提出试工一年的要求，但有些家长希望在各方面情况较稳定的时候再签署合同。但在签合同时，家长又要求在合同中增加"不能无故辞退该残疾人"的条款，这是企业无法接受的，结果只能不欢而散。（访谈记录 SEGZCL201601）

（二）家长对企业的管理行为大加阻挠。他们不放心孩子在企业里工作，担心他们受欺负，对企业的正当管理行为多加阻挠。

受访者（L市残联工作人员）：有的家长私自去智力残疾人就业的门店，偷偷观察后，对于主管或同事与智力残疾人正常交谈中的一些话语，甚至是主管对智力残疾人工作提出的正常的意见和建议都大加指责，无限放大。最后闹到不可收拾的地步。（访谈记录SEGZCL201601）

（三）家长对企业给孩子的待遇要求过多。有的家长在签署劳动合同后，经常打电话或者上门跟企业提出增加工资，或要求给予特殊待遇。

受访者（D支持性就业服务机构社工）：有个案主，他的家长仅仅因为他会简单操作电脑，就要求企业把他调到一个产品开发岗位，这个孩子原来在企业从事的是清洁卫生的岗位，他的能力根本达不到产品开发的程度啊。（访谈记录SEBDX201601）

五　企业不接纳心智障碍者和支持性就业的服务模式

（一）企业宁愿交就业保障金也拒绝招聘心智障碍者

用人单位缺乏对支持性就业的政策认知。对分散按比例就业、税收优惠、退税制度、残疾人就业保障金等政策认知不高，更是对支持性就业政策不了解，甚至将支持性就业与一般残障人士就业的概念混淆。

用人单位担心需要为心智障碍者承担巨大的责任风险，有损经济成本效益。首先，企业招聘心智障碍者，往往看到他们缺陷的一面，如没有数字和时间概念、认知辨别能力较低，从主观上认为身心缺陷使他们无法胜任该工作。其次，有些心智障碍者与同事相处不融洽，容易产生矛盾，难以管理，因此用人单位认为雇用普通职工会更省心。

受访者（Q机构就业辅导员S老师）：招聘心智障碍者其实是一种解决人力资源的新方向，用人单位的支持度越来越高，特别是能够做到事情的都欢迎。当然，像在评估的时候会有一项是企业对于心智障碍者特殊行为的接纳度：一般的特殊行为，刻板之类的。但如果很大影响到企业运营的话，企业会选择宁愿交就业保障金。（访谈记录GZHL201604）

企业在传统观念下，将所有心智障碍者都视为重度心智障碍者，以偏概全。其实部分心智障碍者专注力更集中，某些自闭症人士具有超强的记忆力，更适合图书整理、工厂配件组装等岗位，但用人单位并不知道。即使有些企业了解履行按比例招聘残障人士就业义务能够获得税收优惠，提升企业社会效益，但雇主对心智障碍者存在社会认知的偏见，认为心智障碍者文化素质偏低、社会适应能力差、工作容易出错、难以管理，往往青睐于雇用肢体和聋哑残障人，因此直接导致支持性就业机会大大流失。本书选取1个案例进行分析。

案例：2016年8月，就业辅导员带着5名心智障碍者到G市肯德基天使餐厅面试，但因为雇主更倾向于招肢体残障人，最终面试失败。

受访者（雇主）：我们这里有几名肢体残障人已经足够了，心智障碍者情绪不稳定很难相处，我们暂时不需要。（访谈记录GZHL201611）

受访者（就业辅导员L老师）：作为就业辅导员，面临最大的困难是岗位开放少，匹配的岗位开放度更少。很多企业在招工时明确规定只招收肢体障碍的残疾人，心智障碍者根本不在他们的考虑范围之内。总的来讲，雇用心智障碍者企业也是欢迎的，而拒绝的理由绝大多数是因为未曾接触过，不了解这个群体及就业政策，怕不知道怎么管理和相处。（访谈记录GZHL201603）

《G市按比例安排残疾人就业办法》第六条规定用人单位安排残疾人就业达不到1.5%比例的，每少安排一名残疾人，每年度按市或者县级市统计部门公布的上年度全市职工年平均工资的80%缴纳残疾人就业保障金。

应缴保障金＝（上年度平均在职职工总数×1.5% −在职残疾职工人数）×当地统计部门公布的上年度在职职工平均工资×80%。

一家企业100个职工应当安排1.5个残障人，比例相当低，但很多用人单位宁愿交就业保障金，拒绝招收残障人，更是拒绝招收心智障碍者。立法者的意图是推动按比例就业，增加心智障碍者就业率，为支持性就业提供广阔平台，结果是就业保障金越来越多，心智障碍者就业率仍很低。

（二）企业难接纳支持性就业服务模式

能够接纳残障人就业的企业，在观念上已经是非常接纳残障人的了。但是对残障人的一些特点还不是太了解，而且，具体到单个的企业雇员，并不是每个雇员都能接纳、包容残障员工。企业对支持性就业服务模式在认识上还是存在一定的误区。

企业不了解社工的工作模式和工作流程。当企业向社工反映的问题得不到解决时，会怀疑社工的能力，甚至放弃与社工的进一步接触。有的企业搞不清楚社工服务的对象到底是谁。会进一步对社工的工作安排、工作方法感到质疑。有的企业希望政府派出固定社工，长期驻扎在企业当中，专职为企业服务。

还有更多企业难以接受社工进入工作场域的支持服务方式，认为社工（就业辅导员）阻碍了企业的生产经营，还可能泄露企业的商业秘密。

受访者（BDX社工机构社工）：支持性就业和就业辅导员都是新鲜事物，这是企业没有接触过了解过的领域。他们会很困惑，也很迟疑，社工进入我的企业是如何开展支持性就业工作的？服务频率和服务方式如何？会不会影响企业的经营？导致企业对于社工的上门服务总是觉得很突然。（访谈记录SEBDX201603）

第二节 灵活保障缺乏：支持性就业效果欠佳的制度原因分析

导致支持性就业实施效果欠佳的原因很多，有来自残障者自身，也有来自社会环境的制约。（1）有来自残障人士自身的因素。目前国内接受支持性就业服务的多数是智力障碍者和自闭症，因为历史的原因，他们从小就被排斥在正常的教育体系之外，也没能有更多的机会接受职业教育；相当部分心智障碍者还处于长期相对隔离的环境中，如长期就读于特殊学校或在庇护工场、工疗站劳动康复；在上述背景下，无论是就业技能还是社会交往能力都远远无法满足正式就业的需要。（2）社会歧视与排斥是阻碍他们实现支持性就业的重要因素。无论是社会公众、企业还是家长，多数对心智障碍者都存在刻板印象，给他们贴上不适合就业的标签。（3）有障碍的社会环境在该问题上难辞其咎，包括社会制度和社会环境对心智障碍者就业并不包容。

对残障（disability）理解的社会模式认为阻碍残障人士就业的主要原因在社会环境的障碍而非残障人士自身伤残的阻碍（Goering, 2002; Olive, 2004）。而回到支持性就业的本土实践，即便是就轻度心智障碍者，研究发现无论是社会还是企业对他们的就业问题并不友好，比起他们自身的残障，社会环境是更大的障碍。而在社会因素当中，现行的社会保障体系缺乏吸纳心智障碍者和中重度障碍者进入公开劳动力市场的包容性和灵活性，它预设了他们不是领取救助就是就业，而没有中间道路。但对于那些具备部分劳动能力的残障人士而言，就业和社会救助，其他的社会福利都是必须的。本节剖析了影响支持性就业推行的社会保障因素。

一 现行社会保障体系与支持性就业的冲突

（一）社会救助体系与支持性就业的冲突

推行支持性就业的困境之一就是"找不到服务对象"，或是"找错服务对象"。支持性就业的对象本身就是就业能力相对较弱或者不完全的人士，他们通常是各种社会保障制度覆盖的群体，而现行的社会保障体系的一大特点就是就业与社会保障的二元对立，一旦残障人士进入公开劳动力市场，他们原来享有的许多保障项目就会被取消资格，故他们宁愿待在家里领低保也不愿意去工作。

> 受访者（R家长组织总干事）：对，他们有些会宁愿拿低保。能拿低保的就宁愿待在家里拿低保，不管有没有工作能力都不愿意出去工作。他们会找一个企业去挂靠。（访谈记录SERARL201603）

> 受访者（H省残联工作人员）：主要的障碍在于家长，一开始就觉得自己的孩子是废人。残障人士更愿意吃低保和挂靠而不愿意冒险工作，应该想办法解决工作后是否能够继续领低保的矛盾问题。（访谈记录SEHCL201601）

有家长组织的就业辅导员认为过分排斥就业的社会救助制度导致了支持性就业无法广泛推行。

> 受访者（X家长组织就业辅导员）：然后在政府的补贴逐步增加的情况下，家长对孩子就不再有这种就业的要求了，所以说后续的心智障碍者能力就偏低了，然后就业要求就逐步地少了。家长需求低，就是家长不想让孩子去就业，因为我能拿到补助，我何必要冒那个融合就业的风险。就是家长的意愿低了，然后孩子的能力也相对弱了，最后逐步地就萎缩了。（访谈记录SEXZLH201602）

对于有就业能力的残障人士而言，就业不仅仅是经济上的保障，更是建构社会支持网络的主要方式，但这恰恰是家长看不见的。就业辅导员对此痛心疾首，认为家长重社会救助轻就业的盲区会阻碍特殊孩子的社会融合。

> 受访者（R机构就业辅导员）：大家只对比说，这就业就拿2000元钱，然后社会保障在家待着拿1700元，就差300元钱，但是实际上不是300元钱的差距，你还有很多潜在的这种，我们叫作潜在的机会成本是没有体现出来的，所以这个我觉得是家长看不到的，他们很短视，那孩子如果稳定就业，虽然干一份保洁工作，在他们常规的状态里，不认为是一个体面的就业，但他这份工作让他各方面的自理能力提高了，他每天都要自己出行，他要有规则意识，要完成任务，他的能力是在保持的状态下，只有完成了这个保洁的工作，他才可能将来有机会去做更好的工作。（访谈记录SERARL201602）

家长和就业辅导员都看到一个更灵活的社会保障（救助）体系的必

要性，特别是对于支持性就业而言，前者是重要的保障因素。

> 受访者（R家长组织总干事）：就是说其实国家它应该在这个福利和权利的政策平衡中要做一个很好的平衡，你要建立更灵活的福利体系，最终能希望推动他们的社会福利。怎么讲，比如说你这个低保或者说社会保障，在这个孩子就业后是不是不要一下子就停掉？还是要有一个渐退的过程？或者甚至对家庭完全就业的，不能说你一独立，我就赶紧把这块蛋糕从你身上拿走，应该是给一些鼓励的，让家长也愿意去投入做这件事，然后当他一旦失业了之后还是很快地回到这个救助体系，或者是保障体系，所以政府需要去构建比较灵活的政策的，否则的话很多家长他的理念达不到的话，他一定会选择在家领福利，就是家长他不会考虑孩子的问题，他考虑他自己家里怎么拿到这块蛋糕，他只是看眼前的利益，如果你不让他接受这种主流的社会融合环境，他（心智障碍者）待在家里社会功能退化，情绪问题、行为问题、提前衰老的问题出来，你是要付出更大的代价去照顾他。（访谈记录SERARL201603）

（二）残障人福利体制与支持性就业之间的冲突

就业会影响残障人士申领相关社会福利的资格，为了保留这些福利资格，为了能领到残障人士津贴，许多心智障碍者的家长都不愿意孩子进入支持性就业体系。近年来，我国的残疾人事业发展步伐加大，政府在残障人士的社会福利体系建设上加大力度，联系推行了一系列津贴制度，较为主要的有"两津贴制度"，即残疾人生活津贴和重度残疾人护理补贴等，符合相应条件的残障人可以申领其中一项补贴或同时申领两项补贴。残疾人生活津贴要求是经济困难残障人才能申请，多数地区要求申请的残障人士需是低保户，就业通常让残障人士的收入超过低保标准而导致他们必须退出这一保障体系；而重度残疾人护理补贴按理而言与就业状况没有关系，但调查发现，有家长反映只要是就业了，心智障碍者档案就不在街道了，就不能享受重度残疾人护理补贴。

> 受访者（智力障碍者家长）：北京只要智力三级以上就能领重残

补贴，北京两年前好像七八百元，现在可能得1000多元。但是这个补贴只要一签劳动合同，你那个关系不就要调走嘛，因为你签劳动合同之后，你的关系就要调到企业去，企业要跟你交劳保的，只要企业一给你交劳保你重残补贴就被取消了，再申请特别特别难。街道现在是这个意思，街道说只要你档案从我这儿走这个补贴就没有了。你只要档案不从街道拿走，那你可以领一辈子。北京反正是这样。（访谈记录SEBJJZA201601）

按照我国的政策，家长反映的上述情况是不应该出现的。北京市民政局、北京市残联、北京市财政局等多部门于2016年发布了《关于印发〈北京市困难残疾人生活补贴和重度残疾人护理补贴制度实施办法〉的通知》，其中第一条中明确规定了残疾人两项津贴的补贴对象，首先，关于困难残疾人生活补贴对象，主要条件包括具有本市户籍、持有第二代《中华人民共和国残疾人证》或"残疾人服务一卡通"以及其他相应的条件。而对于已经实现正式就业的残障人来说，倘若在其领取工资后依然享有低保待遇，或是其属于低收入家庭而未享受低保待遇的，则可以申领困难残疾人生活补贴。其次，重度残疾人护理补贴对象也在本办法中有明确规定，即重度残疾人护理补贴主要补助残障人因伤残产生的额外长期照护支出。补贴对象为具有本市户籍、持有第二代《中华人民共和国残疾人证》或"残疾人服务一卡通"、需要长期照护的残疾人，具体是残障等级为一级、二级的残障人和残障等级为三级的智力、精神残障人。如果符合上述条件的需要长期照护的残障人已经顺利实现正式就业，那么依据本办法，其仍可以申领重度残疾人护理补贴。不但北京如此，我国的其他地区也是如此。

在政策执行中走样的情况是存在的。包括两津贴制度在内的许多社会福利制度的执行在街道，基层执行人员往往拥有较大的自由裁量权。而在福利资格的审核中，就业会是一个很重要的影响因素。

政策执行中的种种偏离现象导致家长和提供支持性就业服务的社会机构认为政府为残障人士提供的福利一定程度上是排斥就业的。家长和心智障碍者为求稳定，达到长期申领这些津贴的目的，宁肯不就业或不正式就业，让他们的户籍、档案长期在街道。他们认为就业是不稳定的，失业后再回到福利体系是非常困难的，故宁愿不"冒险"。

> 受访者（X智力障碍者家长组织就业辅导员）：为了这个事情，很多我支持的对象就会跟我们谈，你看如果我现在不跟企业签合同，我不把我的档案拿走，那我在这儿可以一辈子都拿这个钱，而且这个钱肯定政府会往上涨，不会给我降。我现在700元，那可能以后还能变1000元，再以后人民币不要贬值我们的钱就会升，我们一辈子可以去领这样的补助。可是如果我跟企业签了，就是最多签3年，3年以后我还不知道他要不要跟我签，我也不知道这个企业存不存在，没有人能跟我保证说，我就能一直就业下去，那在这种情况下如果我再回来不见得街道再给我去办这个重残补贴。但似乎街道的解释也很简单，街道说你都能就业了，那还叫重残吗，我会给你补贴吗？不会给你补贴了。（访谈记录SEXZX201601）

> 受访者（智力障碍者家长B）：我们不知道为什么，但就是从这个角度来讲，我们会发现如果这个补贴和就业跟你档案之间有了这样的千丝万缕的联系的话，那么他就特别困难。（访谈记录SEB-JJZB201602）

在调研过程中，相当部分就业辅导员还谈到了当下很多残障人士、家长和社会服务机构正在争取的残障人士提前退休与就业之间的冲突，他们认为争取特殊的养老保障与退休待遇，提前退出劳动力市场甚至有就业能力都不进入劳动力市场对残障人士存在潜在的风险和伤害。就业辅导员提到部分残障人士，特别是支持性就业的主要对象——心智障碍者的退化问题，认为进入劳动力市场可以拓展他们的社会支持网络，巩固他们的社会功能。Z是一位资深就业辅导员，他在一家智力障碍者家长组织工作，从事支持性就业十余年时间，他强烈主张中轻度智力障碍者应该尽可能就业，而不是在很年轻的时候就进入退休体系。

> 受访者（Z智力障碍者家长组织就业辅导员）：对心智障碍者来讲，提前退休其实是对他们的一个非常不好的建议，原因就是他们原本是非常容易退化的，即使我们也如此，你要是到40岁之后，或者

你了解40岁之后的人，你就会发现40岁之后的人其实他就在退化，为什么他在退化呢？就是说我们这个人的机体的能力就开始下降了，然后你发现你就不能像年轻的时候那么活跃，那么去接触各种东西，新鲜事物，你发现你的生活也决定了你必须有安定的家庭，你上有老下有小，你要做这些事，于是你会发现你的精力逐步逐步地就在退化，在形成一个规律化的模式，对不对？那个时候你就会发现新鲜事物对于40岁以后的人，其实没有多大的吸引力。

可是你想过没有，心智障碍者如果他退休的话，基本上他很快就会死亡了，因为没有新鲜事物刺激了，他不工作了，对不对？他回家养老去了，能理解，那你一天让他干什么。我支持就业的一个女孩给我回答是让我最惊讶的，我说你干嘛要来就业呀？她说在家待着没意思。那她最需要的是什么，她说没有人跟我玩，没有人跟我在一起，所以她就业的意愿实际上是为了有人跟她在一起，而她自己一个人在家里，除了看电视什么都干不了，但是你想如果让她退休之后，心智障碍者会像我们一样吗？我们要是退休之后会找朋友玩玩，会旅游，会有种种的社会安排。而对于一个心智障碍者来讲，他会有什么安排呢？如果对他的社会刺激这些内容越来越少，那他的能力就会越来越退化。（访谈记录SEXZX201602）

这反映了家长和专业人士对心智障碍者就业认知的巨大差异。调研发现，相当部分家长不理解就业对孩子的意义，认为心智障碍者的衰老速度会比非残障的群体快，没办法胜任工作，他们认为辛苦的工作反而会加剧心智障碍者的老化。但专业人士却反对这种观点，认为工作使得心智障碍者保持一定水平的社会接触会延缓他们的退化进程。

受访者（Z智力障碍者家长组织就业辅导员）：其实反而是工作会让孩子能够保持一定的社会接触，那我们从心理学的角度来说也是如此，就是你接受刺激你就会认为有用，你就会保持功能。如果没有刺激你认为没用，那功能就会消失了。对吧？所以我就觉得那些家长他不是专业的，所以他会觉得孩子可能年龄大了，再工作就会辛苦，那实际上来讲，孩子辛苦但是他不退化。如果孩子不辛苦他反而退

化。(访谈记录 SEXZX201602)

(三) 现行托养体系与支持性就业的冲突

政府为无法自我照料的重度残障人士建立了"托养"体系,包括福利院、安养院、工疗站、庇护工场等。除了福利院、安养院是24小时全天候的院舍服务外,诸如工疗站、庇护工场等是日间照料机构。享受日间照料服务的理论上是半失能人士,但事实上在工疗站、庇护工场接受服务的多是轻中度智力障碍群体和自闭症,他们有相当的甚至完全的劳动能力,他们在日间照料机构主要是从事手工劳动而非接受生活照料。而他们恰恰是支持性就业的重点服务对象。问题就来了,现行的托养机构资助办法导致这些以日间"工疗"为主的托养机构并不欢迎他们的服务对象实现"支持性就业"。原因很简单,多一个正式就业的服务对象就少一个财政拨款资助的名额,当名额少到政策规定的"底线",整个机构的拨款都没了。从机构"生存"的角度,他们可能不欢迎自己的服务对象去正式就业。

> 受访者(A家长组织就业辅导员):湖南面临的问题更有意思,湖南的它叫托养中心,托养中心是有名额限制的。就是一个萝卜一个坑,你占着。政府要求你要够名额,不够的话你就不能办了。我要是推荐一个人就业,我们机构可能就不能是托养了,那咋办?要是我托养推出5个,我就得在社区里再找5个补这个,要不补我们就没办法申请去那个什么了,对吧?(访谈记录 SEAMR201604)

而对于在工疗站、庇护工场等日间工疗场所接受服务的心智障碍者而言,在"福利高地"的北上广等城市,他们在托养机构的待遇并不比正式就业差,他们也缺乏进入公开劳动力市场的意愿。

> 受访者(C社工机构就业辅导员):整个北京全是这样,西城比这个还厉害,西城就是只要你进温馨家园就跟拿工资是一样的。虽说它是庇护性(就业)的,但"工资"给得更高,就比那个重残补贴还高。北京福利太好,只能这样说。(访谈记录 SECI201601)

接受访谈的就业辅导员概莫能外地表达了对社会政策的无奈之感，他们认为虽然各地政策有差别，但从经济保障到社会服务，总存在各种各样对就业不友好的政策，排斥了残障人士，特别是心智障碍者的公开就业机会。

  受访者（Z家长组织总干事）：但是我只想说，很多政策它是对就业我觉得是个理念问题，对于心智障碍者就业是持不友好的态度。它阻碍了心智障碍者去就业，不但不鼓励，它反而是一个最大的障碍点。我觉得现在政策最大的一个问题是违背就业理念，即使是在做支持性就业，但是它还违背了支持性就业理念的。（访谈记录SEXZX201606）

二　缺乏弹性的就业保障与支持性就业之间的冲突

政策对支持性就业的定位是正式就业，这完全吻合这个概念的内涵。如此，支持性就业是否成功的衡量标准就是它必须符合我国法律规定的"就业"的定义，但这样问题就来了，它对企业的挑战太大，多数企业觉得难负其重。接纳支持性就业的服务对象——目前主要是心智障碍者，就意味着企业（1）必须与之签订正式劳动合同；（2）至少雇用1年以上；（3）以正常的上下班时间（通常是8小时/天）要求心智障碍的员工；（4）同工同酬，但还要给予最低工资标准或以上的薪酬；（5）购买五险一金，在社会保障上要符合劳动法要求等。

我国缺乏弹性的劳动保障制度，薪资和相关福利给付必须符合法令规定，这是毋庸置疑的，但如果完全由企业承担既不可能也不公平。调研发现，相当部分心智障碍者没有办法一天工作够8个小时，有些甚至只能工作4小时，但在这样的情况下，企业还得给予最低工资，这对企业而言难以承受，故企业很难向重度残障或心智障碍者敞开大门。

支持性就业的实践过程中，让人们看到需考虑一种更具弹性的劳动保障制度安排。以最低工时为例，台湾也有最低工时和最低工资的法律规定，但是对于身心障碍者或者其他就业能力不完全群体则实行弹性的制度安排，不是死板遵循最低工时，而是降低标准，规定以平均最低20小时为基准的有酬工作符合法定要求。欧盟有些国家或地区，对于残障人士在工作场所的劳动效能不足以让企业支付最低工资的，政府会给予财政补贴。

类似的弹性劳动保障制度安排在我国一些地方也有所实践，如顺德给予每家雇用残障人士的用人单位工资补贴，并以财政资金补助用人单位为残障员工购买社会保险50%的成本。这样的制度安排鼓励企业雇用残障人士，使之不需要过多地担忧人力资源成本。

三 就业环境的弹性不足，就业与社会服务脱节

缺乏弹性的工作环境是阻碍心智障碍者和中重度残障人士支持性就业成功的关键因素之一。进入工作场所的残障人士，用人单位往往以一般的管理方式管理他们，在工作岗位安排、工作流程、工作制度等方面缺乏变通，缺乏合理便利[1]的安排，缺乏工作场所社会服务与支持，这些都导致心智障碍者和中重度残障人士无法稳定工作。

对心智障碍者和中重度障碍人士而言，弹性的工作环境就是无障碍环境，无障碍环境分为三类：无障碍硬件设施与合理便利、特殊工作安排、设备需求以及辅助和支援服务。(1) 无障碍硬件设施与合理便利，其中硬件设施包括坡道、扶手、电梯、卫生间、工作台、自动门和停车场等；合理便利需求主要指特殊办公用品、特殊照明、盲文阅读系统、声音合成器等设备。(2) 特殊工作安排，主要指那些改变工作类型或时间安排的便利条件（洛普雷斯蒂和马格，2013：99），如工作岗位重构、灵活的工作时间安排、灵活的薪酬制度等。(3) 辅助和支援服务，包括岗位指导、个人辅助、就业培训等工作场所在业服务。以上三个维度也代表了无障碍环境的三个层次：硬件—制度—社会服务；它们是从外在需要满足到内在需要满足的发展过程，需要满足的难度也从易到难。研究将考察残障员工对上述三个维度的需要情况和供给的可及性状态，探讨以上要素如何影响在业残障者的就业融合情况的，包括是否影响他们：(1) 获得和保有与其能力相称的工作岗位。(2) 薪酬不低于市场水平。(3) 人际关系正常化——在工作与非工作时间都有与非残障者交往的机会，不隔绝与非残障

---

[1] 联合国《残疾人权利公约》将合理便利（Reasonable Accommodation）定义为："根据具体需要，在不造成过度或不适当负担的情况下，进行必要和适当的调整。"

者的日常社会活动；并从社会政策角度探讨其后的制度性因素。

在支持性就业试点的过程中，暴露出企业就业环境的弹性不足，就业与社会服务脱节的问题。

(一) 缺乏弹性的工作流程安排

对于能力有所限制的心智障碍者和中重度残障人士，企业特定的工作岗位和工作流程可能不适合他们，或者是他们无法胜任的，但这并不意味他们无法工作，事实上如果可以对工作岗位的职责和流程进行重组，他们就可以胜任。工作任务分析、工作流程重组和工作重构等都是支持性就业的核心理念和工作手法。但这一点却未必能够被当下的企业认同和接受。

> 受访者（X智力障碍者家长组织就业辅导员）：心智障碍者适应工作他必须得有一个过程，支持性就业里有一个专业技术决定了他必须要做，在美国他是针对中重度的，在日本、马来西亚、中国台湾等都会用这个技术，这个技术叫作工作流程分析和重组。其实在普通人的工作中也一样有工作流程，只不过普通人的工作流程比较统一，一刀切，就是你一来，你是哪个岗位的，你就做哪个岗位的事情，你就会发现你有一个工作流程岗位。那对普通人来说只要你的文化知识够，你能懂，老员工带你一天两天就很自然地习得了。但是对于心智障碍者来说不行，你拿一个普通员工的工作流程对于他没有用的，他必须要按照什么样的操作，就是针对他的智力能力能接受的工作流程，甚至可能在对于不识字的心智障碍者来讲你就得用图片。（访谈记录 SEXZX201601）

(二) 难以接纳就业辅导员进入的工作环境

就业辅导员在工作岗位的密集支持是支持性就业是否成功的关键，这意味着来自社会服务机构的就业辅导员需要进入企业陪伴案主工作一段时间，在这段时间中通过观察、劳动参与，与企业的其他员工积极互动，帮助心智障碍者适应工作环境和建立自然支持。即便就业辅导员在支持成功后退出了企业，他们依然需要与企业和心智障碍者工作环境保持一定的联系。这对多数企业是一个挑战，就业辅导员于他们是"外来者"，企业会有相当的顾虑接纳他们进入，担心影响生产经营效率，担心泄露商业机密，也担心增加企业管理难度等。有些企业即便勉强允许就业辅导员进入，却不能积极予以合作，降低了就业辅导员的支持成效。

> 受访者（国际劳工工作人员）：企业还不太接受一个外部的人，就业辅导员到他自己的企业。他一是觉得会泄露商业机密，二是觉得有个外来的人会影响他们的管理。那其实这就是一个观念的束缚，这就是一个意识理念的不接受。（访谈记录 SEIOL201602）

在国内从事支持性就业倡导多年，且与中国企业有大量接触与互动的国际劳工支持性就业项目官员认为根本的原因并不在于就业辅导员对企业经营管理真的存在负面影响，他们更倾向于认为是企业（主）的观念问题。他们认为从长远看，就业辅导员进入企业工作是企业履行社会责任的途径之一，反而会提升企业形象。而且客观上就业辅导员的工作也将提升企业雇用残障人士的绩效。

> 受访者（国际劳工工作人员）：就是他意识到了残疾人是需要在企业上有一个辅导的过程，这个一定需要一把手去确认才能去做。因为 HR 他天然地自己不会愿意选择（残障人士），他肯定选择最容易……就是他最了解的，因为他最了解普通人，他不了解残疾人，就是如果他家里有残疾人，他才会知道原来其实很简单，但是如果他不知道的话，他就不会去设立这样的工作职种，所以一定是一把手确认这件事是可以做，然后作为一个行政指令下去，他才可以让 HR 去执行。国内也有这样的成功企业。（访谈记录 SEIOL201602）

(三) 工作和工作场所支持服务脱节

支持性就业主张通过就业辅导员帮助心智障碍者在工作场所建立其自然支持体系，即有心智障碍者的同事、主管和家长在其未来的职业生涯中给予他们在工作场所各种支持。就业辅导员在案主稳定就业后就撤离了就业单位，政府也未建立起一个支持性就业的后续支持体系。而劳动者在工作场所是无法获得任何社会服务支持的。按照人们对就业的一般理解，企业主很难理解和接受雇员在工作场所还需要包括心理辅导、康复、生活照料等在内的各种社会服务，他们认为如果雇员需要这些服务是不适合来到工作场所的。支持性就业模式的出现显然挑战了这些观念。但在一般的企业和事业单位，心智障碍者在工作场所是无法获得合适的社会服务的，也不会有企业社工来帮助他们。

就业辅导员关于这个问题谈得最多的是工作场所安全的问题。他们认为心智障碍者出于一定程度的认知障碍，不容易与同事建立关系，可能会招致同事的排斥。而作为非障碍者的员工，他们也不见得了解心智障碍者，懂得跟他们相处的技巧。

> 受访者（B社工机构就业辅导员）：你就会知道同事其实是另一个利益群体，你想对不对？他跟雇主的利益是不一致的。你去面试的时候或者你去开发岗位的时候你可以去谈免税，但是你到了真正去支持的时候，你还能跟那个经理说，你看我们来了给你们企业免税？那经理会回答你免了企业的税又没有免我的税呀。支持雇主的模式和支持同事的模式是两个截然不同的模式，不能归为一体。如果你在企业干过，你就会知道，企业是有它的亚文化的，也就是说它的这种自然的团体，他才不管你老板呢，他给你设的套让你说不出来道不出来。对不对？他最后就是把你挤走。你必须让他的同事能接纳他，能支持他，能包容他。我想说它绝不是一朝一夕的，你一定要让雇主看到很大的好处，经济效益，或者说真正对企业有良好的影响，雇主才会真正改变自己的企业文化去接纳。（访谈记录SEBI201501）

就业辅导员认为，密集支持很重要，包括针对同事的支持，这是一个给心智障碍者建立一个自然支持系统的过程。下面是一个资深的家长组织总干事跟研究者讲述的一个在工作场所缺乏专业社会服务支持而导致心智障碍者无法处理好人际关系和个人情绪最终精神崩溃的案例。

> 受访者（Z家长组织总干事）：很多机构最后放弃支持性就业的原因是出现了大量的问题，最多的是性侵。就是大量的机构在做支持性就业的时候都发现服务对象在工作场有遭遇性侵犯的风险。我遇到一个最惨烈的状态是什么呢？是某个培智学校毕业的一个学生，他

去一个大型的超市里面工作,然后他那个工作特别好,已经稳定干了将近3年多了,然后突然间这个孩子就精神崩溃,回家把所有的家具、电视全部砸烂,最后他妈妈只能把他送到精神病院。这个企业,就是《劳动法》有规定嘛,你这种情况已经不能工作了,我发你一个月工资作为补偿。企业通知家长取消劳动合同。因为你没法工作了,你已经都进精神病院了。这个时候家长就觉得特别难受,所以家长就找残联去维权。维权的时候才知道,就是这个事情从头到尾调查下来你就会觉得特别。当时的问题是什么呢?是因为这个孩子在的这个组里调来了一个新的组长,这个组长特别年轻,二十几岁,是一个长得很漂亮的小姑娘,可能接这个组的时候人家就会说,这个组里有一个特殊的孩子然后怎么怎么样,所以她可能出于好心,这个小姑娘最初就觉得他不容易,这么一个智力障碍的孩子,所以就对他可能特别关心,可是这个孩子肯定就是误解了,他就觉得可能是这个女孩子对自己挺好的,他对她肯定是暗恋了,所以他就向这个女孩表白了。可是一表白这个女孩害怕了,这个女孩就觉得根本不可能的事情,所以这女孩就觉得这是一个炸药包,就开始处处拉着大家折磨他,就想把他挤走,就是说要不然你不在这个组要不然怎么样,反正不管怎么样,反正我很害怕你,我觉得你这个智力障碍的孩子要是做了点什么事,你也不用负法律责任,那我怎么办?所以就开始排挤他,开始大家都不理他,所以这个孩子就有点难受,难受之后他回家就想跟他妈说我不干了,我不想干了,我就不干了,意思就是说我表白了,反正那个女孩那么刁我,我就不干了,可是你也知道智力障碍的孩子很难表达这些东西,他只能说我不干了。(访谈记录 SEXZX201606)

这个案例引起了支持性就业的从业人员很多的反思。他们认为案例暴露了就业辅导员从企业撤出后心智障碍者无法及时获得辅导和支持的弊端,他们认为如果心智障碍者若能在工作场所获得合适的社会服务就可以避免类似的不幸发生。

受访者(Z 家长组织总干事):就是没有就业辅导员,当然我们现在说，如果说你把他支持到岗位上了，然后回头你告诉他没有就业辅导员在支持你了的时候恐怕也是这样，所以那个孩子他没有地方去找人去说，去处理，最后就是挤对他真的没有办法，妈妈又让他去上班，组长又带着一帮人把他孤立，那他最后的情况就是杂乱崩溃了，自己情绪上就爆了，崩溃了。所以你要去看，如果没有持续性的支持，那结果更糟糕是吧。那你与其如此，不如让他庇护性就业，庇护性就业怎么他也是有人管。（访谈记录SEXZX201606）

而女性的心智障碍者在工作场所如果缺乏支持，还可能招致性骚扰甚至性侵，这将严重阻碍她们进入普通劳动力场所。

受访者（X智力障碍者家长组织就业辅导员）：我曾经遇到一个案例，就是有一个机构跟我说，你千万不要让女孩子做这个宾馆服务员的工作，因为现在宾馆服务为了降低成本都是一个人服务，都不是两个人去打扫房间，那一个人出现性侵的可能性太大了，哪个房客拉她进去了你都不知道。你就会知道这肯定是血的教训，没有血的教训谁会去说这个话。（访谈记录SEXZX201601）

心智障碍者在企业中工作的时候会遇到很多问题，如果没有就业辅导员或者社工的持续支持，结果可能是消极的，他们最终没法稳定就业。有就业辅导员甚至为此质疑整个支持性就业政策的合理性。

受访者（T机构就业辅导员）：支持性就业做到最后，政府购买的这个模式是支持性就业的一个坟墓。如果我是家长，我要了解这些信息之后，那我可能就会放弃，我干嘛要让我孩子去冒这个风险，对吗？残联或者说你政府拿了那个成绩，对不对？你支持了10个，20个去就业了，对吧？你对外宣称我们做支持性就业怎样怎样好，但最后我们的孩子搁到那儿了？

到最后政府不购买的时候就没人管了，那谁倒霉呀，是我的孩子倒霉呀，你想对吗？现在家长没有动力去就业的原因就是因为自己的孩子在融合方面的能力不够呀，他没有办法去处理那些单位里复杂的情况。假如说有人性侵她，可能那个孩子永远都说不清楚。可能有人会欺负他，或者排斥他，或者是教他做一些坏事情等，有人知道吗？没有人会知道。

我实话说我支持第一个案例的时候，其中有一段时间新来了一个员工，那个员工就拉着他（案主）去跟店长作对，而他呢，就是你会知道心智障碍者很好哄，你给他点吃的，拉他怎么怎么样他就会听你的话，然后他就一直跟那个店长作对。后来我去的时候，那个店长就不好意思跟我说，因为我跟店长关系很好，那店长意思就是说知道他不懂事嘛，就不去跟他计较。但是我后来发现了，因为他回去也跟他妈妈唠叨嘛，就是说店长不好怎么样怎么样，谁谁谁对他好等。当他妈妈把信息告诉我的时候，我就觉得不对，所以我就去找那个让他跟店长作对的那个人，我就坐下来跟他聊了聊，聊完之后那个人就说，老师，我知道我错了，说我不应该这样，其实是他对店长有意见。我后来说你真的是想让他被开除吗？他说没有呀。他就问我怎么会说这样的话，我说你让他天天跟店长作对，你不是想让他被开除还是什么？当然，这个事情最终解决了。但它很有代表性，普通人他就觉得这些心智障碍的孩子是没办法理解人情世故的。你看，如果没有就业辅导员支持他，他怎么在企业干下去？但是现在的购买模式它是不可能让就业辅导员进行后续追踪和支持的。（访谈记录SETI201601）

四 缺乏就业—培训的弹性保障体系

（一）职业教育欠"职业"

针对心智障碍者（主要是智力障碍和自闭症）的职业高中教育体系是近些年才慢慢建立起来的，很长时间以来他们缺乏接受职业教育的机会。但目前的针对心智障碍者的职业教育体系并不完善，课程设置方面缺乏与就业的联结，缺乏职前训练环节。这种教育的现状造成的结果是心智障碍者多缺乏工作技能和社会适应性，缺乏对工作的认知，缺少时间概念，不懂得听指令，在着装、礼仪、得体的语言、处事方式这些基本社会技能方面都没有获得训练。

受访者（心智障碍家长）：学校里面教的东西没有专门化。在一个工作的环境下你怎么样一个伦理，或者说展现你的素质的方式，通常让智障者自己做一些手工，或者是做叠被子呀，模拟一个工作场景，但是它总是模拟，它不是真正地和一个普通人在一起。（访谈记录SEJZC201502）

传统的隔离式教育不但导致包括心智障碍者在内的残障人士缺乏工作技能，还导致他们缺乏工作人格和社会适应技能。心智障碍者长期处于一个相当隔离的特殊教育环境，通常不懂得如何和普通人互动、相处，这也导致他们进入支持性就业阶段的时候，在与非残障的同事相处时的不适。

受访者（Z家长组织就业辅导员）：我们另外一个问题又出来了，这些心智障碍者他没准备好，最主要的一个核心问题是他在培智学校里面就没有学到应有的有利于就业的基础素质。不是技能，是社会功能方面。也就是说他们现在没有获得一个很好的就业素质，就是最基础素质的这种训练。听指令，与人相处呀这些基本的社会规则。第二个就是我们摸索到这些孩子不能就业或者说就业不稳定面临的最大问题，不是去完成这个工作任务，比如扫地、洗盘子，这些不是最麻烦的，最大的挑战其实是他的工作人格的缺失或者社会技能的缺失，他没有工作的主动意识、没有规则意识、没有责任意识。然后对环境中的一些沟通和互动无法应对。这个都跟我们隔离教育体系是息息相关的，因为他从小都是在隔离的环境里，再加上家庭的态度，就是家长都是过度保护的嘛。所以说我就想，开发一个低要求的工作岗位容易，就是你即使没这个素质也可以，但是你要是想进入相对要求比较高的工作岗位，工作环境好一些，工资也高，或者说各方面待遇都不错的岗位，那它要求你基本的素质就会高。这个是成比例的。

受访者（R社工机构就业辅导员）：20多岁的男孩子，见到女孩子，喜欢人家就要去抱人家或者怎么样，这都是表明他的社会适应能力是有问题的，他没有这种规则意识。他不怎么接触主流化的东西，其实这个东西需要不断地去改善，因为你说人都是一个集体的社会性的动物，他如果老是在自己的那个圈子里，他的那种东西会不断地被放大，他如果是在一个主流的环境里，他的一些东西就是一种本能，他就会往回收一收，或者是说去学着别人去改进一下。（访谈记录SERI201605）

工作环境是复杂的，心智障碍者除了要处理工作上的问题，还需要面对许多个人生活的问题，而这些是过往他们待在家里或者是特殊学校的时候不会触碰到的。这些问题处理不好，通常会直接影响他们工作的积极性和成效。

>受访者（B社工机构就业辅导员）：如果没有人支持他，那其实对他来讲，他可能在某些方面依然能认识到融合环境中的内容，但是他不见得能处理得了。也就是他没有能力自主地学习，对不对。他自己学不会，他只能说他看见，他知道，他了解有，但是你得让他去决定。就像我支持的一个孩子，他是中度的，他最大的问题就是他现在年轻，他22岁了，他就发现他周围同事全部是小姑娘，然后她们都在谈恋爱，然后看那个韩剧或者什么的，他特别想跟她们谈话，然后人家那个小姑娘就问他说，那你看什么呢？我看动画片。那你看，他就没办法交流，其实他想不想交流，他想不想去认识恋爱中的一些事情等，他都想，但是你发现他没办法自主学习，对吧。那就必须有人教他，告诉他怎么去恋爱或者怎么去谈。（访谈记录SEBI201601）

（一）缺乏联结就业与培训的"转衔机制"

在国内心智障碍者职业教育不到位、不完善的情况下，就业辅导员通过长期的观察，提出一个折中的办法以解决心智障碍者职业能力不足的问题，那就是推行"转衔"服务。转衔的英文是Transition，就是一个过渡的准备。即支持性就业的理念是先安置再培训，那么在心智障碍者就业后，当发现他们在特定工作岗位上能力不足的时候，通过职业能力评量找出他们需要培训的内容，给予他们一系列在工作岗位上的培训，包括工作技能和社会规范等，这种培训可以是暂时脱离工作岗位一段时间的全时间培训。转衔培训的思想和经验源自美国的支持性就业实践。

受访者（X家长组织总干事）：我一直在强调，就是职前培训，其实做的是我们叫作就业前转衔的一个退一步的解决方案，转衔就是相当于过渡嘛，那么在国外的时候，比如说这个心智障碍的孩子在一所高中读到高一到高二吧，那个时候他就面临着说他到高三的时候开始就毕业了，他上不了大学，那就考虑到他就业的问题，所以从他高二的时候就会有专家团队来对这个孩子做一整套的评估，这个评估就是基于他的一个就业方向。然后为他设计一个个性化的就业过渡支持方案，所以基于这个方案从高二开始到高三，他就已经进入就业前的转衔准备了，这个时候就会给他安排很多实习、社会实践、职业培训等。这个和我们特殊学校不一样，我们特殊学校课程是标准化的，所有的孩子，不管你能力强、能力弱，你善于沟通还是行为刻板，你是自闭症还是智力障碍，还是脑瘫，课程是一样的，他（美国）那个是个性化的，比如说你这个孩子虽然沟通能力差，但是你的那个规则性很好，你没有什么严重的情绪问题，所以你比较适合去做一些枯燥的任务，比如说保洁，或者说洗车。按照什么工序，那么它就会给你安排这样的实习或者训练。那么这些孩子到了能够完成的时候再去给他找合适的岗位。我们的特教体系是没有这个的，它都是标准化的，然后特教体系就是你在我学校内，我就管着你，你出了校门我是不会去考虑你就业不就业的，因为没有这样的准备，那我们直接把孩子拎上岗位，它是不可能马上实现这个状态（就业）的。（访谈记录SEXI201602）

转衔培训获得国内支持性就业实践者的一致认同，认为对弥补心智障碍者的工作技能和社会能力不足有显著的效果。通过转衔培训，就业辅导员可以训练心智障碍员工如何有效完成工作流程，帮助他们适应职场角色。

受访者（Z家长组织就业辅导员）：支持性就业的培训和普通的培训是不一样的。美国的支持性就业呢，它是先就业后培训，那是因为它的教育跟上了。美国一周至少有一次是要给他们（残障人士）一个工作流程，然后他们拿着工作流程去实习的，有的是在学校食堂，有的可以到外面一些快餐店等去实习。让心智障碍者准备好进入

这个支持性就业的过程，所以这个学习的过程是需要通过转衔教育来实现。（访谈记录 SEZI201603）

受访者（R 家长组织总干事）：从技能角度来讲我支持先就业后培训。因为每一个企业的工作技能都有一定的差异，那我就是提前教会你做保洁，你去了另一个保洁公司，人家可能规则也跟你这个不一样，可能人家的器具放的位置，先做哪儿后做哪儿可能都有新的规定，你只要他具备基础的基本能力是不是就够了，你就可以带他先上岗然后再培训对吧。但这个培训需要获得支持啊。（访谈记录 SERI201604）

转衔教育得到国际劳工推广支持性就业工作人员的重视，他们在 13 个城市试点推广这一就业—培训相结合的模式，尝试在智力障碍者特殊学校的高中阶段，包括从高一到高三，做一个三年的课程训练，设计一系列符合心智障碍者特点的职业教育课程。但这一模式尚未获得政策支持。

受访者（国际劳工工作人员）：我们发现另一个问题就是在这些特校里面，它是没有转衔教育的，它在转衔阶段的课程是空白。所以我们做了一些尝试，就是在企业转衔阶段课程教育的改革，就是如何训练他的基本的职业伦理，职业的本领，再到专门化的，就是培养他的转衔的过程，这是在一个支持性就业的环境下的过程，中间实际上是要有个过程的，这个过程德国叫双元制教育，就是一段时间在工作岗位，一段时间在这个里面。是最成功的一种方法，在德国最成功的就是这个。所以我们在尝试了，全国选了 13 个学校，特教学校，广州也有，广州越秀区启智学校，越秀区特校在做这个。（访谈记录 SEIOL201604）

目前的主要问题是并没有制度化的转衔机制。对于企业而言，在没有政策支持或者其他社会支持的情况下，不可能接受还需要相当长时间转衔培训的心智障碍者就业，这过于违背企业盈利的目的，超出了他们履行普通企业社会责任的范畴。欧美国家实践上通过财政补贴和直接社会服务，弥补企业允许残障员工暂时离开岗位进行转衔培训的成本和损失，使得心智障碍和较重度残障人士可以实现支持性就业。而这样的制度安排和政策支持尚未进入我国的政策议题，在政府和一般企业主的观念当中也是不可想象的。

> 受访者（Z家长组织总干事）：不管你是从融合教育还是从特殊教育回来的心智障碍者，我们先给你做两到三年的转衔服务，也就是就业培训，建立就业基础素质。没有转衔的培训，你把这个波动放在企业里试试，就业辅导员会崩溃的。我想说可能我的年龄，包括我学的专业决定了我能扛得住这个压力，但是如果一般的就业辅导员可能最后就垮掉了，对吧。他最后就觉得根本支撑不下去。那些轻度的（心智障碍者），在美国都不要去支持性就业了，都公开地就业。（访谈记录 SEZI201601）

> 受访者（B社工机构服务主任）：但是如果在中国没有这些的情况下，那你不能说先上岗后培训，你要先上岗企业受不了，你说一个就业辅导员能在这儿半年，一年都在培养这个心智障碍者，使他们具有工作素质，然后再去学会这些工作，然后再那什么，那企业快崩溃了，企业说我不是办企业了，我这儿跟你办学校了，对吧？企业是不能接受的。（访谈记录 SEBI201604）

目前，支持性就业的转衔培训都是靠自愿机构自己摸索，他们通常深感资源和技能的匮乏，转衔培训效果有限。

> 受访者（R家长组织总干事）：就是说比没有强，但是呢，你说它……因为我们现在遇到一个什么障碍，就是说职前培训原则上来说，不应该我们来做。这个培训我认为是起到促进作用的，但是我自己认为我们做的还不够专业，我们自己也在探索，比如说下学期9月份我们开学，要把它进行课程的分级，我们分成基础班和预备班。这些孩子培训完基本的东西，暂时没有岗位的时候，可以进入基本预备班。预备班可以多安排一些实践类的，所以这个东西都是不断地摸索，但是我们的辅导员反映说这个培训对于他们的帮助是什么呢？培训其实是在延续评估，它在培训中仍然是个动态的观察和评估，因为

正常的评估，孩子和家长过来，两到三个小时谈话评估就结束了，那么通过培训他继续对这个孩子的观察。其实心智障碍者跟普通人没什么差别，他会在一开始不熟悉的时候收敛自己的那些小恶习，慢慢地他就会出来很多问题，那么这些东西都是可以通过培训观察到，然后你去不断地改进他。（访谈记录 SERI201604）

五 政府与企业缺乏灵活的责任承担合作机制[①]

支持性就业经过几年的快速发展，虽然在许多省市都获得地方政府、社会服务机构、心智障碍者和家长的认同，特别是家长组织推行支持性就业的热情很高，试点省市的地方政府也给予了包括财政补贴在内的一系列政策支持，但是支持性就业目前也暴露出发展瓶颈，其中障碍之一就是企业的热情普遍不高，愿意回应的企业并不多。这直接导致了就业辅导员开发工作岗位、进入企业进行密集支持等的困境。

上述现象关键的原因在于国内缺乏一个在残障人士，特别是难以进入劳动力市场却又有就业意愿、具备相当劳动能力的心智障碍者和中重度残障人士就业问题上，政府和企业能够灵活进行责任分担的机制。一旦残障人士进入企业，就是"企业的人"，企业方需为其的工作、生活、康复等问题负无限责任。上面部分提到的残障人士在工作场所需要的合理便利、灵活的工作制度设置等责任都需要由企业来承担。特别是支持性就业，心智障碍者工作的无障碍环境方面常涉及工作流程重组、灵活的工作时间安排、弹性的就业—培训转衔制度等，对企业而言成本消耗过大，也增加了企业的经营管理的风险。

而政府推行支持性就业，推动融合就业，其中一个根本的举措就是无障碍环境的营造和支持。政府在该议题上的责任是毋庸置疑的，虽然政府的责任需要负到何种程度、政府与企业的界限如何是一个需要进一步探讨的问题。研究表明，越是市场化的就业形式（政策工具），如按比例分散就业，政府越需要设置规制；越具社会属性的就业形式（政策工具），如福利企业、社会企业，政府的支持越重要。但研究表明，我国的实际情况

[①] 本部分关于政府责任的阐述已公开发表，廖慧卿、岳经纶：《工作场所无障碍、融合就业与残障者就业政策》，《公共行政评论》2015 年第 4 期。

却是政府的责任在工作场所无障碍环境议题上是缺失的：（1）缺乏对工作场所无障碍环境的规制和监督，没有任何的法律法规和政策对工作场所无障碍环境建设标准、具体要求进行规范；（2）缺乏对工作场所无障碍环境的积极支持。我国没有政府资助企业进行无障碍改造的政策，2012年颁布实施的《无障碍环境建设条例》规定无障碍设施改造由所有权人或者管理人负责，换言之，企业必须为雇用残障者而需要进行的无障碍建设和改造负全责。

这种让企业自行负责无障碍环境的提供政策导向并不合理：首先，无障碍环境具公共物品属性，供给上具有非竞争性和非排他性（李炜冰，2010），若单靠企业雇主提供，出于自利性考虑，企业会倾向于不雇用或少雇用残障者，宁交就业保障金也不进行无障碍环境建设或改造。此外，工作场所无障碍环境牵涉的不单是雇主自身，还涉及多方社会主体，让企业完全负担也是不合理的。

政府需要通过更精细化的政策设计给予工作场所的残障者多维度且积极的社会支持与保护。欧美国家在保障残障者工作权的政策工具上除了强制性、补偿性措施，还采取支持性的介入手段（吴秀照、陈美智，2012）。如瑞典政府对企业的无障碍改造进行补贴，对残障者就业实行工资性补贴就业，提供一系列的特别就业服务，包括扭转非残障员工歧视和认知的措施、工作场所就业服务等。

研究发现，多数愿意接纳心智障碍者进入企业支持性就业的企业目标都很"单纯"，就是免税，企业主对心智障碍者成为正式员工后企业自身的责任没有心理准备，当心智障碍者在工作场所所需要的支持无法通过制度化的途径获得的时候，"麻烦"就转嫁给了企业的员工，这也加剧了普通员工对残障员工的排斥。

> 受访者（Z家长组织就业辅导员）：那雇主是要免税的，是吧，他为什么要使用心智障碍者，他多数来说要免税的，他可能有一些公益心，社会责任感，但是他还有一个原则就是他要免税，可是你发现没有，所有的这个免税的麻烦转给谁了，转给他的同事，他的主管，所以同事主管会欢迎他们来吗？主管同事说老板免税，我又没有拿到，我为什么要去管呀，就是我为什么会比别的工作岗位上的人多一

个责任呢？对不对？所以同事就实话说，那就是说你的主管，你的经理可能就不愿意接纳你了。因为没有企业上的政策，也没有什么考评说我接了一个心智障碍者，我考评就能多点分。（访谈记录SEZI201501）

六 缺乏灵活设计的政策支持体系

支持性就业政策体系是直接影响这一就业支持模式能否成功、能否推广的关键因素。目前，试点地区的政策体系有欠灵活与弹性，政府投入和政策支持都不足，阻碍了支持性就业的发展。

（一）购买模式弹性不足，政府投入不足

虽然过去2—3年试点省市对支持性就业的财政投入不尽相同，但一个共同的特征是总体投入普遍不高，比如广州市自2015年起，每年财政预算用于支持性就业平均是200万元；支持性就业做得较早较好的湖南省，每年的财政投入都在百万元以下。在总体财政投入不高的背景下，政府对购买或承接服务的机构的经费支持力度不足，全国不同试点地区约在1万—1.5万元/服务对象。而且很多地区都规定社会服务机构要全额拿到政府在每一位支持性就业对象上的预算，前提是必须支持"成功"，即为服务对象提供3—6个月密集支持服务后他们能够稳定就业3个月以上。对于支持不"成功"的个案，有些地区是不给予任何的财政补助，有些地区给予70%—80%的补助。

服务机构普遍反映政府的财政支持不足。政府给予机构的经费不能满足机构的运营成本，导致后续跟踪服务不到位、就业培训针对性不强。机构认为之所以需要政府支持，是因为支持性就业的成本很高，但现实却走到了反面，这对支持性就业的发展不利。

> 受访者（Z家长组织总干事）：刚才说到了机构拿到现在这个钱是很低的，人力成本是不足够获得支持的。其实在美国支持性就业之所以是政府支持的一个项目，原因就是因为成本太高了，一对一的这种就有点像自闭症的康复，就是一对一的，你不可能一个人带几个人的，带几个人不太现实的情况下，但是肯定是会很高的。（访谈记录

SEZI201603）

> 受访者（B社工机构服务主任）：一个个案就补贴一次，不成功的还拿不到。那后面持续的支持谁来付钱呢？你想对吗？（访谈记录SEBI201603）

以北京为例，2016年北京市残联推行支持性就业服务的招标，每个个案的服务资助标准是1万元，这是一个"打包价"，即就业辅导员的工资、其他服务成本都包含在这1万元里。R机构是北京提供支持性就业最早的机构之一，有着相对专业和资深的服务经验，他们认为支持性就业刚刚起步的阶段，心智障碍者的教育和就业培训都跟不上就业的需要，就业辅导员的工作量和难度都很大，相比之下政府的资助标准偏低了。

> 受访者（R服务机构总干事）：北京是给你1万元，政府资助是不够。这么说吧，我一个就业辅导员一个月的成本就是保险加什么各方面大概是5500—6000元，连保险都算上了。你算算就是1万元钱，其实也就是覆盖一个就业辅导员一个半月的工资。一个就业辅导员他可以同时辅导几个服务对象吗？这个能效是不一样的，好的可以同时弄到四个，弱的一个都搞不定。因为就业辅导员这一份工作他的要求太高了，你要有基本的社工的工作方法和手法，你还要懂一些特殊障碍类型的支持方法，融合自闭症的人群，你还要懂得，你还要有较强的沟通能力和社会背景，比如说你去面对企业，还有你做家长的沟通工作，所以刚毕业的社工做不了，你没有社工工作手法的人也做不好。总体上弄不了那么多的。资助的钱真的不够给就业辅导员开工资。（访谈记录SERI201604）

其他支持性就业服务的"后来者"，因应服务能力的不足和服务模式的不成熟，成本更大，政府对他们的资助显得更不足够。

> 受访者（T社会服务机构副总干事）：以现在来说是不足够的，为什么呢？因为我现在不成规模，我的服务能效太低了。一个就业辅导员一年能服务出5个来，那我觉得也还OK，5个他一人给我1万

元，那一个就业辅导员辅导5个的话就5万元，基本上他的工资80%已经出来了。但是现在我的就业辅导员其实是做不到这么高，这么高效。很多时候能支持3个就不错了，有时候碰到挂靠、家长阻挠各种情况他一个都做不到。然后还涉及我刚才说了一些评估、培训这些东西都是很搭时间的，它要开发很多课程，这些都是需要成本的。（访谈记录SETI201601）

从调研中了解到，2016年6月之后，北京市有些服务能力强的社会服务机构终止了与政府支持性就业项目的合作，主要原因是机构获得的财政支持不足，也无法获得社会更多的资源投入支持性就业服务，就业服务面临巨大挑战与困境。

  受访者（R家长组织总干事）：我觉得就是政府如果不做这方面的投入或者是政策上的倾斜，支持性就业可能就慢慢变成一个形式化的内容了。（访谈记录SERI201601）

有些地方政府对支持性就业的评估规定了很多的约束条件，包括服务对象的户籍，服务个案数等，如果服务机构年终评估达不到这些指标，一年的财政资助可能付诸东流。如2016年广州市残联除了规定承接服务的机构一年必须成功推出就业个数的标准是20个成功个案，而且这些个案还必须是从启智学校毕业的广州市户籍的智力障碍者和自闭症，如果机构推出成功就业的个案不满足20个，机构无法获得全额资助，而且必须免费提供一年的服务；又因为有户籍和学校背景限制，服务机构支持非广州户籍或者非启智学校毕业生就业都不能计入机构的评估指标，这些都让机构服务面临巨大压力，就业辅导员通常辛苦服务一年却达不到评估要求，连自己的工资都拿不回来。这也使服务机构面临巨大生存压力。

  受访者（Z家长组织总干事）：对呀，现在给的是个案补贴，支持性就业典型的支持模式是一对一的，但一对一的弱点是现在一个案除去培训费、给案主的补贴，政府最多补贴到机构的才2000元。可能残联会这样说，你（就业辅导员）可能支持他（服务对象）也就支持两三个月就完成了，但他们有没有考虑到我现在发他（就业辅导员）一个月的工资，在北京这样的城市我最少得发4000元吧，加上他的社保的话那我可能都要5000多元，那一个就业辅导员5000多元，那他一个月至少要同时支持3个心智障碍者就业吧？可能吗？你是做不到，除非你的服务能力、工作岗位开发的能力真的很强，但这也受到孩子本身的制约的。刚才我说你要是有很好的支持性就业培训那可以，如果说这些孩子我培训两三年了，我带他就业的时候可能就头三天他会天天来，那后面我就不用太多的（支持）了，因为他已经具备基础的能力，他有足够的应付环境的能力，我最终是一点点慢慢退出来那可能OK。但是现在不可能的，特别是从教育系统来看，这些心智障碍者不具备这样的基础能力的情况下，那简直就是一个灾难，我觉得这是一个不负责任的态度。（访谈记录SEZI201607）

在支持性就业政府的资助不足的情况下，有些服务机构"变通"了工作方式，放弃一对一的支持模式，采用群组支持的模式。但这种模式受到一些服务机构的质疑，认为群组模式下心智障碍者还是跟心智障碍者一起工作，没有完全融合的环境，具有隔离色彩。

> 受访者（Z家长组织总干事）：所以现在我们躲开一对一的模式，我们要做那个团体的支持性就业模式。这样的话能解决现在政府的补贴到个案方式上资金不足的问题。要是我们一个就业辅导员能带七八个心智障碍者就业，那2个就业辅导员带，那每个人就有3个人的补贴。对吧？咱就说6个人，说的最少，有6个人补贴，那6个人两个人带的话1人3个人，那3个人就6000元嘛，6000元刚才我不是说了嘛，你发他4000元，就最低的咱说你发他4000元的工资，给他上1000元的保险，6000元还能扛的住。（访谈记录SEZI201607）

还有一些机构的变通方式是只做轻度残障人士的支持性就业，避开中度的残障者。

> 受访者（X社会服务机构总干事）：对，完了你想大家都会找轻

度的，因为政府要给你开那么多工资嘛，所以就逼着你要去完成一个份额才能够去交差。你就会发现就业辅导员会支持重度的吗？我得花大量的时间去培训他，等我支持一个重度的，那我后面那9个都没法支持了，你怎么完成任务？所以弊端太多。（访谈记录SEXI201601）

作为比照，R机构寻求社会筹资的方式免费提供支持性就业服务，他们8个就业辅导员全时间工作，经过3年的深耕也只是从70多个服务对象中帮助了13人稳定就业。

> 受访者（R服务机构总干事）：我们是从2013年年底开始摸索这个服务模式，我们的资助来源无法完全依靠政府，那不够的，我们现在是成功就业一个对象给你1万元，招标的。你需要寻找社会资金，做一些比如说其他的基金会的资金，然后再加上其他的支持，基本就能够正常运转了。我们到现在做了3年，我们现在就业辅导员的队伍大概是9个人，8个人，刚刚离职了一个。然后我们成功，就是评估过的服务对象累计得有七八十人，评估之后培训过的人员有二三十人左右。送上过岗位的有不到20个人，送上岗位最后稳定持续（我说稳定持续是达到半年、一年以上签约的）这种大概是十二三个，它是这样一个状态。就是已经推上岗的人员大概有不到20个，稳定就业的是十二三个，实际上这个能效跟国外比起来很低，但是在国内已经算很高的了，是别的机构是没法比的。

（二）缺乏弹性的政府购买程序

要做好支持性就业服务，在提供的递送机制上需要弹性设计，但地方试点中政府购买服务的制度和程序体现了其缺乏弹性的特征。比如G市每年财政投入（残保金）200万元购买社会组织支持性就业服务，但在政策设计中却对服务对象的来源和服务指标设置了非常僵化的规定，要求服务机构必须服务其提供的有限范围和数量的特教中职毕业生，且稳定就业率达到70%以上。并对"稳定就业"设下严苛的标准，包括要求其签订劳动合同并稳定就业6个月以上。这些要求在支持性就业刚刚起步，企业尚不知支持性就业为何物的国内是难以实现的。如果社会服务机构达不到地方支持性就业政策的要求，则要接受惩罚性的措施，比如G市要求服务机构必须免费提供一年的服务，直至他们指定服务对象可以就业为止。这样的结果是严重打击了服务机构的积极性。

目前，国内政府提供支持性就业的模式都是服务外包模式，而且都是竞争性购买，一年一招标（委托），这意味着哪家社会服务机构会承接这一服务每年是不稳定的，许多地方的服务机构年年不同。这一现状直接影响了支持性就业服务的稳定性，与支持性就业的目标是相违背的。支持性就业的目的是支持心智障碍者和其他就业边缘群体稳定就业，即便是在3—6个月密集支持服务结束后，服务对象对就业辅导员都是有需要的，这意味着就业辅导员需要长期跟踪服务效果。但服务机构一年一换，服务对象有需要的时候根本找不到原来的服务机构更别提原来的就业辅导员了。

> 受访者（Z家长组织总干事）：支持性就业是要它最终的目的是要帮助心智障碍者持续稳定就业。政府购买没有持续稳定，今年政府购买我才能投标，明年如果你不购买我呢，谁再支持他们。我觉得政府购买，实话说我很愤慨，我特别愤慨，我愤慨的原因是它有点像一个坑人的政策，我们把心智障碍者扔到企业，然后说明年不购买了，自己看着办吧。你知道他在那个竞争性岗位上的工作，是需要持续性支持的。有，那他可以，他遇到困难他可以向你求助，但是如果他有了困难他发现他找那个就业辅导员的时候，就业辅导员说哎呀！不好意思，我们机构已经不政府购买（服务）了，那谁为他负责任呢？（访谈记录SEZI201603）

缺乏持续性的政府购买服务模式，造成了服务机构的资金来源不稳定，从而也影响了就业辅导员队伍的稳定性。

> 受访者（B社工机构）：举个例子说，我现在去做政府购买对吧？那我要有就业辅导员啊，我要腾出来一两个人（社工）去专门做就业辅导员，还得培训他们吧？我甚至要雇用有人力资源背景的人来把他培养成就业辅导。可是明年你要是不购买了，那我的就业辅导

员干嘛去呢？（访谈记录 SEB201602）

（三）就业辅导员激励不足，难以职业化

社会政策缺乏对就业辅导员职业发展的激励制度。支持性就业需要一支专业成熟的就业辅导员队伍。首先，要对心智障碍者、社会政策有了解，懂得社工的方法，要对企业运作有了解，还要会做文案报告，对突发事件能够冷静处理，所以招聘的时候希望有社工、心理学、经济学或劳动保障等专业背景。其次，支持性就业所涉及的层面广，包括寻找工作机会、个案评估、工作环境分析、现场密集支持、追踪辅导等。因此，就业辅导员工作十分重要，需要政府大力支持与政策激励。

> 受访者（R家长组织总干事）：所以我们机构现在的就业辅导员，其实没有专业的社工，都是半路出家的，但是他们都有一定的社会工作经验的积累，所以就是通过培训，他们至少能把这条路还给蹚出来，但是他们有很多不专业的地方。在对心智障碍者的服务，从支持的角度，还有从跟家长的沟通和引导的角度，他们不专业。所以的话我就觉得说其实对于就业辅导员他的素质的要求应该是很高的。我们很希望国家能够把就业辅导员，无论是在社工体系下单撇一支还是怎么样，应该把它作为一个认证的独立职业资格认证出来，职业化。
>
> 然后去看看这个职业他的核心技能的标准是什么？就像我刚才说的你得懂社工的工作方法，但是你还得懂一些基本的这个，有点像人力资源的开发这样，因为你要做岗位开发嘛，然后你要懂一些跟残障有关的，比如说合理便利呀，然后一些特殊障碍人群的，甚至是你可能还要包括一些环境改善，任务调整这些，这都属于我们作业治疗范围内的。
>
> 所以我就在想说对于这份工作来讲的话，一个刚毕业的学生应该是做不来的，在职业的起点上面都会要求你要有一定的社会工作经验。你都没有就业经验，你怎么去引导一个心智障碍者？
>
> 薪水又那么低，职能要求又那么高。我们表面上可以给个5000—6000元了，他拿到手上没有那么多。
>
> 这就是一个矛盾问题，所以我们要倡导政策改善，我也在想我们

在政策改之前，我们自己的员工管理，我不能用行政管理去管他们，我就要考虑一些专业技能标准的设定，然后这个能够跟他的薪资也去挂钩。（访谈记录SERI201606）

在日本，卫生劳动福利部在促进就业法的修正案中把就业辅导员纳入了全国体系，培养了1000名就业辅导员（廖娟，2008）。而我国就业辅导员处在尴尬的地位，平均薪资仅约3000元，晋升空间极小，没有入任何编制。我国人才培养跟不上，并没有将就业辅导员纳入体系，缺乏实质性的政策激励就业辅导员。

> 受访者（就业辅导员S老师）：每次外出交流，家综的社工说工资有3500多元，我都不好意思说自己的实际工资，提到薪酬会有点心酸，可见就业辅导员的薪水捉襟见肘。我在这里工作了3年多，一直处在就业辅导员岗位，工资几乎不变。目前，广州好像没有政策鼓励就业辅导员，政策推动的是一个服务于支持性就业的项目，但就业辅导员只是一个岗位。（访谈记录SEGZHL201604）

（四）政策排挤了其他残障类别的人士获得支持性就业服务

目前，支持性就业政策的服务对象只是限于心智障碍者，特别是智力障碍与自闭症，这几乎已经成为支持性就业政策的特点之一被推广到全国。但事实上支持性就业并不仅仅限于心智障碍者，特别是在我国残障人士的社会融合远远不足的背景下，其他类别的残障人士也同样遭遇公开就业的种种困难，也需要就业辅导员在获得工作岗位前、中、后期的支持。欧美的支持性就业对象不仅仅限于心智障碍者，而是包括了其他的中重度残障群体，甚至还包括了就业能力相对较弱的非残障群体。我国支持性就业政策对象的限制不利于整体就业社会政策的发展和整合。

> 受访者（Z家长组织就业辅导员）：支持性就业它实际上真的需要一些理念上的支撑，它也不仅仅是局限于心智障碍者的，美国的支持性就业成为政府一个很大的补贴项目，而且它会有严格的规定去为中重度（残障人士）服务。它会去考虑这个费用相对比较高，是一

个持续支持的过程,而不是一个阶段性的,因为阶段性的补贴这种力量,因为刚才我说政府购买我一次性投入进去完了这个事情就解决了,这个是比较容易的,但是我们说持续性的支持是相对来说比较有压力。(访谈记录 SEZI201602)

(五) 家长无法获得制度性的支持

家长是支持性就业成功的关键之一,特别是对于心智障碍者,关系他们切身利益和权利的很多的决策都是需要通过家长的支持来做出的。家长如果不同意心智障碍的孩子去支持性就业,无论孩子的就业意愿有多强,就业能力有多好都是无法实现的。在支持性就业推行的过程中,对心智障碍者的许多服务环节都需要家长的参与和支持,比如职业评量,需要听取家长的意见,他们是比较了解孩子的;又比如面试环节,往往需要家长的陪同;在工作过程中遇到难题,心智障碍者通常难以表达,需要家长敏锐体察……

但是支持性就业的政策设计总体上缺乏对家长的支持,连最基本的对家长意识的培训也是不多的,也没有服务对家长的情绪、支持技能进行辅导,导致孩子往往因为家长的意识、态度和情绪放弃支持性就业。

> 受访者(T家长组织就业辅导员):总体上缺乏对家长的有力支持。我们想呼吁残联给家长搞个培训都没有获得批准,说财政紧,没有必要。刚才说到了就是中国的支持性就业它不是不仅仅支持个案就完事了,还要有家长、企业等,但要注意他们不是一回事,我们要把个案、家长、雇主、同事分开。因为我们说如果你不支持家长,其实个案能作主吗?个案一点都作不了主,所以如果你不支持家长,其实你解决不了个案的就业问题,而且即使他就业,那家长也就阻碍也不会配合你,所以说家长是必须要拿出来的,因为对于心智障碍者,就是从智力和精神是必须要支持家长的,不支持家长支持性就业做不了,那反过来雇主的利益和同事的利益之间是不一致的,对吧?(访谈记录 SETI201602)

第八章

支持性就业的域外经验与实践

第一节 支持性就业的国际发展脉络与灵活保障

过去30多年来，支持性就业（supported employment）作为中重度和那些难以在公开劳动力市场就业的特定类型残障人（如渐进伤残、视障、智障、精神病康复者等）的特殊就业模式在欧美国家和地区获得长足发展（Paul Wehman，Michael West，& Kelly Kane-Johnson，1997；Cowi，2012），通过多年实践，人们已经认识到，心智障碍者若能在一个包容性的环境中工作，如果在工作场所获得适当支持，他们就能克服障碍较稳定地工作。国外支持性就业服务开展得比较早，形成了一套系统的实践流程，开发了多种适合残障人士的就业模式，还有完备的法律政策作为保障。支持性就业在美国被提出后，首先，在美国得到实践，随后在世界不同地方也陆续得到相应的实践和发展。作为首先提出支持性就业的国家，美国在支持性就业的探索为支持性就业的后续发展提供了一个具有深刻意义的先例。下文除了对支持性就业的美国模式进行讨论之外，还对日本、中国台湾和香港的支持性就业模式进行分析。美国和日本在实行支持性就业政策上获得了一定的成绩，我国可从中得到相应的经验；而选择台湾和香港两地的支持性就业模式作为分析对象，是因为历史同源，文化相通，可从两地的发展经验中借鉴。

支持性就业自1984年美国残疾人发展法案正式提出后，在欧美许多发达国家得到官方的承认与支持，许多国家有立法并采取一系列的积极社会保障措施，形成了其特定的运行模式，它们的共同特点包括：立法保障、以残障人为中心的支持服务网络，工作介绍与服务、整合性的康复服务、个人工作场所支持等（Becker & Drake，2006；Bond, G. R.，2004；Cowi，2012）。

近年来，人们开始意识到要整合和创新残障人社会保障体系，使之更具弹性和灵活性，能够吸纳政府、市场和社会等不同部门的资源和力量，为残障人提供一个就业—社会保障（服务）整合、就业—康复整合的包容性环境，支持其在公开劳动力市场从事竞争性工作的重要性。但是，多元主体在支持性就业中应当采取怎样的模式合作，该就业体系是否可以有不同的运行模式，在政策法规上该模式如何和集中就业、按比例分散就业等现有的就业模式相衔接，如何通过社会政策使得该模式更具弹性和灵活性等基本问题现在还缺乏比较系统、深入的研究。

一个新的变化是从 2014 年开始欧盟国家创新引入弹性灵活的社会保障体系，使残障人不用担心因为进入劳动力市场而失去社会福利和保障（Cowi，2012）。弹性保障的引入有效提升残障人进入劳动力市场的意愿和动力，平衡了残障人就业和社会保障的关系。

许多国家的支持性就业实践开始于解决智障人士就业问题的思考，在后来的发展中则把服务对象扩展到其他残障群体。如美国是最早推行支持性就业并立法的国家，美国 1984 年颁布的《发展障碍法案》将支持性就业纳入法律，1986 年修订《残障复健法案》要求各州为支持性就业进行拨款，逐年增加州内的智障人士职业培训机构数量（廖娟，2008）。美国智障人士经过转介、资格评估、制订个别化的就业计划后即可获得持续性的职业康复服务直至最后个案结束，为智障人士提供适合的支持性就业模式，包括个别安置、飞地、群组、机动工作队和小型企业模式（胡杨，2015）。

支持性就业在欧洲国家有许多实践，但他们思考智障人士的就业问题也由来以久。20 世纪中后期开始，英国就业安置实行渐进模式和支持性就业模式。英国在 1971 年成立"社区联动信用社"，是一家智障青年就业服务中心，自建社会企业为智障人士提供实训场所，提供同工同酬的就业岗位，并帮助有能力的智障人士提供个别化服务计划，实现创业（胡杨，2015）。另一个例子是瑞典，它的高福利政策在支持性就业方面有较充分的体现。在立法方面，瑞典建立了从中央政府到地方政府再到社区的保障智障人士权利的相关法律和政策。在就业支持方面，瑞典政府为智障人士提供了许多的职业培训和就业机会,包括特殊职业教育、到开放劳务市场去工作等,顺利完成了由机构安置向社区安置的转型(彭海燕,2013)。

亚洲国家与地方在支持性就业方面做得比较前沿的有日本、马来西亚、中国台湾等。二战后,日本颁布了一系列法律政策保障智障人士的就业权利,如日本政府对职业介绍所或雇用智障人士较多的企业实行优惠政策和发放补助金,并设立智障人士生活和就业援助中心,加强对智障人士的职业培训和就业指导等服务,保障智障人士稳定就业,以促进其融入社会(彭海燕,2013)。而马来西亚和中国台湾的支持性就业经验也被国人认为有很多可学习与借鉴之处。

第二节 支持性就业的美国经验

美国是世界上最早推行支持性就业的国家,而且是最早进行支持性就业立法的国家。自20世纪70年代起,支持性就业在美国各州就获得长足发展,1984年美国《发展障碍人士援助和权利法案》(the Developmental Disability Assistance and Bill of Rights Act of 1984)正式把支持性就业纳入法律框架。通过支持性就业,美国较为成功地把心智障碍者从庇护性的照顾机构融入了社区之中。美国的支持性就业模式有着重要的借鉴意义。

一 美国支持性就业的内容

1999年,克林顿总统签署一项重要法令,规定对于失去工作能力的残障人提供再就业培训和求职辅导等一系列保障残障人权益的措施。该法令被看作病残救济计划中一项最重要的改变,将计划的重心从提供福利保障转到使病残者重获工作能力并鼓励其重回工作岗位(薄晓光,2004)。根据1987年美国联邦政府法规,支持性就业包括三个要素:竞争性工作(competitive employment)、融合性工作环境(integrated work setting)与提供持续的支持(the provision of ongoing support services)。支持性就业在美国不断得到发展,已明确了其基本原则:(1)零拒绝原则(Zero Exclusion);(2)职业康复、精神疾病治疗同时进行(Integration of Vocational Rehabilitation and Mental Health);(3)竞争性就业(Competitive Employment);

(4) 快速搜寻工作（Rapid Job Search）；(5) 持续的支持服务（Time-unlimited Support）；(6) 尊重残障人意愿（Attention to Consumer Preferences）等（Chan and Mabon, 2011）。

美国支持性就业的实施流程由以下几个步骤组成（汪蔚兰、昝飞，2010）：

(1) 转介——对残障人士的详细信息进行登记。

(2) 资格评估——由专家小组对残障人士进行评估，确定其是否有资格获得支持性就业服务。

(3) 制订个别化就业计划——残障人士就业教育服务办公室（VESID）为该残障人士制订一份个别化就业计划（Individualized Plan for Employment Development, IPE）。

(4) 提供持续性的职业康复服务——服务可分为密集型服务和外延型服务。密集型服务主要对残障人士进行工作技能培训、对工作方向进行评估以及调整就业方案；外延型服务主要是对残障人士工作表现的观察以确定是否需要提供持续的服务。一般来说，残障人士在获得密集型服务的同时也接受外延型服务。

(5) 结束个案，在案主能够稳定就业后逐渐减少支持，最终退出服务对象的工作场所，接受个案。但会与政府合作，提供后续的跟踪和服务。

二 美国支持性就业的特点

（一）以法律为基础

美国的支持性就业是以法律为基础，以法制的方式进行推进的。这也意味着政府对残障人士（心智障碍者）法定就业权的承认，这极大推进了支持性就业的发展。法律保障了支持性就业无论是在实务领域还是研究领域都能够获得联邦政府大量的资金支持。法律的保障、充足的政府财政资金，再加上良好的无障碍环境，支持性就业获得广泛的推行，极大改善了美国心智障碍者的就业状况。

（二）鼓励自我雇用

自我雇用（self-employment）是指残障人不再成为别人的雇员，而是通过一定的支持服务来自己经营自己的企业（Callaban, Grifin, and Hammis，2011）。美国政府高度认可自我雇用对残障人实现就业的有效性，《1998年职业康复法案修正案》从法律上确定自我就业为残障人职业康复的形式，与此同时许多州开始调整自己的政策以促进自我雇用的发展，同时为了帮助残障人实现自我雇用，政府提供大量的支持服务。

美国自我雇用就业方式得到发展，与其独特的民族特色息息相关。前文提到的IPS模式的其中一条原则是就业以残障人的偏好为主选择工作内容，由于对残障人喜好的尊重，美国的残障人更有机会选择他们自己喜欢的职业。除此之外，美国高科技产业发展蓬勃、信息化程度高，大大减少了残障人因残疾而带来的不便，也为其实现自我雇用提供了便利条件。"美国梦"所带来的影响也鼓励残障人进行自我雇用。

（三）市场化

美国残障人的就业更多地依靠市场的力量，而不像大多数国家那样采用按比例就业等形式促进残障人的就业。这与美国就业渠道宽密切相关，这样残障人就必须不断提高自身技能，美国一些残障人可以凭借自己的能力入驻高新领域。因此，美国为残障人提供的就业服务更多地倾向于各种职业培训，从而提高残障人的就业能力。

三 美国支持性就业的优点

（一）强调个别差异化和尊重个人意愿的工作内容选择

美国的支持就业模式主要采用的是IPS服务模式，IPS服务模式的基本原则包括个别性的（Individualized）、注重残障人偏好（Attention to client preferences）等，这种模式对于提高残障人的自主工作积极性有很大的提高，并且有针对性的就业工作培训计划对于残障人的康复工作更有帮助。

（二）参与的残障人士类型越来越多元

一项对2005年到2010年参加支持性就业的44272名残障人的调查显示，美国参加支持性就业的残障人主要包括：智力落后、精神障碍、视力障碍、听力障碍、肢体障碍以及学习障碍人士等，这基本包括了主要的残障类别，在所有的参加支持性就业的残障人中精神障碍人士所占比例最多（44.38%），其次是智力落后人士（32.64%）（Nazarov，Golden，and Schrader，2012）。

(三) 自我雇用的发展

残障人通过自我雇用获得经济利益，不仅可以实现自身经济独立，甚至能够负担部分家庭的支出，有些甚至能成为纳税人。在自我雇用的过程中，残障人能够增强自信心和自尊心，并能从工作中获得乐趣。除此之外，自我雇用允许残障人自主地控制工作时间及工作量，还能在一定程度上改变社会对残障人的偏见。

四 美国支持性就业的不足

(一) 就业质量较低

2012年的一项调查显示，支持性就业中从事简单生产的残障人约占49.79%，而从事相对专业工作的残障人只占6.99%。支持性就业残障人维持工作时间短，大约2/3的智障人士能维持工作6个月左右，1/2的人能维持一年，大约1/3的人能够维持2年（杜林、李伦、雷江华，2013）。

(二) 支持性就业准入门槛高

由于支持性就业所需资金较为庞大，受资金及其他原因所限，支持性就业能够服务的残障人数量并不能满足需要支持性就业的残障人人数，许多成年智障人士想要通过支持性就业获得到竞争性岗位工作的机会，但不得不需要等待数月甚至数年。

(三) 政策冲突所引起的资金不足

尽管支持性就业在美国得到广泛的关注，在政策上也对支持性就业服务进行了扶持，但是同样地对庇护式就业模式也投入了相当数量的资金，甚至有部分州政府对庇护式就业的资金投入比支持性就业还多。

(四) 自我雇用阻力较大

自我雇用需要一定的资金进行前期投入，但大多数残障人家庭环境并不十分理想，不能支撑残障人进行自我雇用。若残障人希望通过商业银行进行贷款，但事实表明残障人或者商业银行贷款的可能性较小。除此之外，就业辅导员和就业培训中心对自我就业的知识相对缺乏，不能够为残障人提供很好的自我就业技能培训。

五 美国支持性就业对我国的启示

(一) 通过立法明确支持性就业在我国的发展方向

我国对于残障人支持性就业仍处于探索阶段，通过各地的自主探索总结经验，再转变到国家统一协调。但由于缺乏政策的支持，各地支持性就业的发展比较缓慢，方向不够统一，仍然以庇护式就业为残障人主要的就业方式。

(二) 加大对支持性就业的资金支持

从美国支持性就业的后续发展所面临的困境我们可以看到，由于政府没有对支持性就业资金投入上相应的政策倾斜，使得支持性就业的发展陷入瓶颈的阶段。资金更加倾向于对庇护式就业的投入，让庇护式就业安于现状，不再寻求向支持性就业转变。

(三) 大力发展残障人的自我雇用

美国支持性就业模式的一大特点是自我雇用的发展，我国也处于电子商务、高新科技的快速发展阶段，为残障人进行自我雇用带来了新的机遇。电商的发展相对于传统的"面对面"交易对残障人自我雇用所面临的歧视大大减少。

第三节 支持性就业的日本经验

一 日本支持性就业的内容

涉及日本残疾人就业的法律法规有十几部，但其中对于保障和促进日本残障人就业方面发挥着极其重要作用的是1960年颁布的《残障人雇用促进法》，该法律也比较明确地指明了日本的支持性就业的发展模式和发展方向。

日本公共职业介绍所（Public Employment Office，Hello work）是由日本厚生劳动省（the Ministry of Health, Labor, and Welfare）运作的为日本民众提供职业指导和职业介绍的机构（Aizawa and Hisanaga, 2012；赵萌萌、吕学静，2012），职能包括为残障人士提供就业信息，为企业提供残障人士的求职信息，给予双方雇用建议和指导，给予残障人士适应力检查和职业指导等，它担负着从职业介绍到工作岗位服务等一系列职能（赵萌萌、吕学静，2012）。

在Hello work中有一个专门的部门针对残障人就业，其中Hello work也配置兼职的就业支持者（employment supporters）专门为患有精神疾病的残障人进行服务。这些就业支持者是得到认可的负责精神疾病的社会工作者或注册心理学家等,和在精神疾病残障上有经验的人。就业支持者根据想要工作的精神残疾人个别性的精神疾病特征,为他们提供咨询服务。同时还有不同的项目针对在 Hello work 中接受就业推荐的残障人(赵萌萌、吕学静,2012)。

(1)试验性就业项目(Trial employment program)——针对全体残障人,目标是在一拟时间内实现常规就业。对雇用残障人的企业进行资金奖励。

(2)加强性就业项目(Step-up employment program)——针对患有精神疾病的残障人,让精神性残障人先从比较短的工作时间开始进行工作,在 3—12 个月内开始增加工作时间,直到工作时间达到至少 10 个小时一周。

(3)为难以就业的申请者的就业发展拨款(Grant for employment development for hard-to-employ job applicants)——针对较严重的精神障碍者,项目对于残障人不同的工作时间以及聘用残障人的公司规模有不一样的拨款规定。

除了公共职业介绍所 Hello work 外,《残障人雇用促进法》第 19 条中也提及了日本厚生劳动省为促进残障人在其职业生活中的自立,设置了三种不同类型的职业康复机构,主要由独立行政法人高龄和残疾人雇用支援机构(JEED)运营,这三种职业康复机构如下(赵萌萌、吕学静,2012):

(1)残障人职业综合中心(培养职业生活顾问以及工作场所适应援助者)。

(2)广域残障人职业中心。

(3)地域残障人职业中心(培养工作场所适应援助者)。

《残障人雇用促进法》第 20 条到第 22 条分别对以上三种职业综合中心的工作进行了详细的规定。职业综合中心针对不同种类的残障人和不同的工作内容培养了三种不同的专门工作人员:职业生活顾问、工作场所适应援助者和残障人雇用帮助者(赵萌萌、吕学静,2012)。

第 24 条对于职业生活顾问有专门的规定(Aizawa and Hisanaga,2012)。

（1）在机构设置方面，残障人职业中心必须设置残障人职业生活顾问。

（2）残障人职业生活顾问必须通过厚生劳动大臣指定的考试，必须参加厚生劳动大臣指定的培训，并且具备厚生劳动省令中规定的其他资格。

工作场所适应援助者是指使智力残障人、精神障碍者以及厚生劳动省令中规定的其他残障人能比较容易地适应工作场所的人员；残障人雇用帮助者是指收集、整理从事与作为被帮助对象的残障人一同上下班及提供作为被帮助对象的残障人工作所需的其他帮助等的人员（Aizawa and Hisanaga，2012）。

二 日本支持性就业的特点

（一）就业服务人员分工细致

职业综合中心针对不同种类的残障人和不同的工作内容培养了三种不同的专门工作人员：职业生活顾问、工作场所适应援助者和残障人雇用帮助者。这样的工作人员有明确的分工，工作内容不同，专业性也不一样。

（二）设立公共职业介绍所与职业综合中心

日本对于残障人支持性就业分为促进就业及就业康复。设立公共职业介绍所对残障人进行职业介绍、职业指导和工作技能训练以及就业后的建议指导等；职业综合中心通过工作场所适应援助者对残障人工作情况进行跟踪调查研究，对其职业康复情况进行评估。

三 日本支持性就业的优点

（一）立法明确细致

日本主要采用残障人按比例就业的形式，对企业雇用残障人的比例有十分明确的规定。《残障人雇用促进法》当中对于支持性就业如机构的设置等相关条例的规定是十分明确的。如此细致的法律规定避免了执行过程中的盲目性。

（二）明确国家和社会团体的责任主体

《残障人雇用促进法》明确责任主体，国家、社会团体应当承担在残障人职业介绍、职业指导、心理支持等方面的责任。同时，强调了国家和社会团体聘用残障人的比例，让国家和社会团体在残障人支持性就业工作上起到示范性作用。

(三) 建立了残障人就业支持系统

日本通过设立公共职业介绍所和职业综合中心,对残障人的就业和康复工作进行了十分细致的分工。通过公共职业介绍所在很大程度上解决残障人就业信息缺乏、就业机会小、工作能力不足的问题,对残障人进行职业技能培训以及相应的职业介绍。通过职业综合中心对残障人就业后的情况进行跟踪分析,及时掌握每个残障人的就业信息。同时,职业综合中心还以一种自上而下的三级网络系统,职能明确,便于就业信息的提供。

四 日本支持性就业的缺点

(一) 僵硬化,缺乏灵活性

日本厚生劳动省对残障人促进就业的每一项举措都进行了具体细致的条例规定,细致到机构的设置,人员的派遣都有一个明确的分工。在避免了盲目性的同时,也容易对变化的事情持僵硬化要求,不能做到具体问题具体分析,缺乏灵活性。如部分希望实现自主创业的残障人,由于按比例就业被安排到单位工作,自主创业的积极性就会大大降低。

(二) 重度残障人容易被边缘化

尽管患有精神障病的残障人被雇用后也能算入该单位雇用残障人的比例中,但实际上他们是不在这个按比例就业的规划中的(Aizawa & Hisanaga, 2012),按比例就业的对象主要是除重度或特定如智障人士等的残障人,法律并没有规定企业需要雇用多少个患有精神疾病的残障人,他们容易被边缘化。

五 日本支持性就业对我国的启示

(一) 明确国家和社会团体的责任主体

通常在实际执行过程中,会出现部门各自职责不明确,政府部门之间互相推卸责任。但日本对国家和社会团体各个部分的分工十分具体细致,立法明确责任主体,国家、社会团体应当承担在残障人职业介绍、职业指导、心理支持等方面的责任。

(二) 丰富就业服务内容,细化法律法规

日本对残障人的就业服务,除了提供单一的就业信息之外,还提供相应的职业技能培训、职业康复、职业指导,还有就业后的就业情况评估等,随时掌握残障人就业的情况。

(三)加强对残障人就业服务专员的培养

职业综合中心针对不同种类的残障人和不同的工作内容培养了三种不同的专门工作人员:职业生活顾问、工作场所适应援助者和残障人雇用帮助者。对不同种类工作人员的培养和培训对于提高残障人就业服务的专业性有很大的帮助。

第四节 支持性就业在中国台湾的实践

台湾的支持性就业是比较成功的,有比较成熟的服务和社会保障体系,且有专业的就业辅导员队伍。其支持性就业安置率达82.8%,而就业辅导员的实际服务周期是4.81—7.86个月,表明其服务能力较强。台湾的经验有许多值得借鉴之处。

一 台湾支持性就业的对象与内容

(一)对象

台湾对于残障人权益保护主要通过《身心障碍者权益保护法》来进行规定,保护法第34条,明确了支持性就业对于身心障碍者就业促进方面的作用:各级劳工主管机关对于具有就业意愿及就业能力,而不足以独立在竞争性就业市场工作之身心障碍者,应依其工作能力,提供个别化就业安置、训练及其他工作协助等支持性就业服务。配合保护法的规定,台湾又先后在2008年制定了《身心障碍者社区化就业服务计划》、2014年制定了《补助直辖市及县(市)政府办理身心障碍者就业服务计划》。

台湾《身心障碍者社区化就业服务计划》中支持性就业主要针对的对象是功能较低的重度身心障碍者,或社会适应能力较低如慢性精神病患者,或在学习上有类化及沟通困难的中、重度智能障碍等身心障碍者。

其服务对象主要通过服务机构或学校转介,一般要满足以下条件。

1. 凡年龄在15岁至64岁,设籍在台湾当地并领有身心障碍手册者(截至2016年,41%为智障,19.5%为精障,11.8%为多重障碍,9.1%为肢体障碍，7.5%为听障，5.0%为视障，1.8%为自闭症，其他障别低于1%）。

2. 具有工作动机、意愿与基本生活自理能力，但碍于工作技能、人际沟通、环境适应与交通等，就业未成功者。

3. 经评估或职业评量测量后，适合支持性就业服务者。

（二）模式

其中《身心障碍者社区化就业服务计划》中指出支持性就业主要有两种模式：个别服务模式和群组服务模式，这两种模式根据就服员（办理就业服务员，相当于就业辅导员）面对的身心障碍者的个数来划分。还对就业服务员的资格、薪资、工作内容等都做了详细的规定。

（三）内容

1. 职业重建。《补助直辖市及县（市）政府办理身心障碍者就业服务计划》则明确了劳动部、劳动部发展署及其各分署、地方政府和职业重建服务中心的任务。

2. 推介和辅助就业。台湾根据实际需要附加了《身心障碍者支持性就业服务实施要领》，对地方政府需要完成支持性就业的人数有进行规定："地方政府每年应完成之推介成功总人数，依就业服务员人数乘以十二计算，支持性就业成功总人数，依就业服务员人数乘以六计算。支持性就业成功人数应至少占就业成功总人数三分之二。"除此之外，要领的最后还明确了强化稳定就业辅导服务。

3. 就业前评估与培训。

4. 补贴雇主。为了更好地促进残障人就业，提高企业雇用残障人的积极性，台湾还制定了《进用身心障碍者加值辅导补助计划》，对聘用身心障碍者的雇主实行资金补贴。

二 台湾支持性就业的特点

（一）对身心障碍者创业有专门的辅助条例

为鼓励身心障碍者创业，台湾还制定了专门对身心障碍者创业的补助条例，《身心障碍者创业辅导服务实施方式及补助准则》：（1）创业贷款利息补贴；（2）创业咨询；（3）创业指导；（4）创业知能研习；（5）其他身心障碍者创业服务。

（二）由各级行政部门分工

台湾的支持性就业服务分层级进行："劳动部"负责统筹；"劳动部"劳动力发展署对地方政府工作制定指标；"发展署"分署负责对地方政府的申请进行审查并考核其业务；地方政府研订辅助计划；职业重建服务中心提供地方政府就业服务业务工作执行。

（三）就服员不能兼任其他职务

相关计划对就服员的规定比较具体严格，规定就服员应专人专用，不得兼任其他职务。根据《补助直辖市及县（市）政府办理身心障碍者就业服务计划》中的规定，接受补助的就服员，无论是地区自聘还是委派的就服员，都要专人专用，不允许兼任其他的职务。若有兼任工作行为的，在限期内未能改善，补助将会被终止。

三　台湾支持性就业的优点

（一）制度不断修改完善

从一开始的《残障福利法》到《身心障碍者保护法》再到后来的《身心障碍者权益保护法》可以看出台湾对于残障人的相关法律法规是在不断的修改完善当中的。除此之外，从2013年和2008年制订的两项计划来看，能够看出法例规定的不断深入完善和具体。

（二）条例明确细致

台湾有较完善的法律体系，光是针对身心残障者支持性就业和庇护性就业的相关条例就有超过3部之多，其中还有专门针对支持性就业的，法例对实际问题的划分十分细致，避免了执法的盲目性。

（三）拓宽残障人就业的行业

《身心障碍者支持性就业服务实施要领》中提及"视觉功能障碍者之就业服务，应以积极开拓按摩以外之职类，推介至按摩以外职场为主"，说明台湾支持性就业不仅仅让残障人成功就业，还在拓宽他们的就业渠道上作出努力。

（四）就业辅导员有职业化的保障

台湾的就业辅导员已经职业化，有着相当成熟的专业体系。而且台湾的就业辅导员参照公务员待遇，薪酬相当有保障，薪酬水平也高，比台湾的社工高得多。这就保障了就业辅导员的人力资源质量。

四 台湾支持性就业的不足

1. 庇护工厂仍处于较重要的地位

在《身心障碍者权益保护法》中，从第34条与第35条对于庇护性就业服务及庇护工厂的设立的规定可以看出，台湾把推动庇护工厂的设立和提供庇护性就业服务作为政府的法定责任。可见台湾在立法上，并未如英美国家那样意图削减庇护工场之存在（吴秀照，2012）。在台湾的支持性就业实践中，庇护工场也是较多案主就业的场所，这约束了支持性就业的开放性。

2. 支持性就业的工作岗位多处于次级劳动力市场

中国台湾与欧美国家不同的是，并没有那么多大型企业和政府部门有大量的办公室文员的职位开放给心智障碍者，接纳他们开展支持性就业。台湾接受支持性就业的心智障碍者从事的工作岗位多处于次级劳动力市场，主要是清洁、洗车、送货等体力劳动（表8-1）。这也削弱了家长对心智障碍孩子就业的支持意愿。

表8-1　　台湾支持性就业职位分布统计（2015年）

普通服务人员	34%
顾客服务事务	17.9%
办公室事务	6.8%
非技术性体力工	5.9%
生产体力工	4.7%
机械组装工	3.7%
其他技术相关	3.1%
采矿工及营建工	2.3%
售货员	2.1%

3. 相对完善的社会福利降低了残障人士的就业意愿

台湾针对残障人士的社会福利越来越完善，各种项目繁多，补贴和服务的水平较高。这样的背景下，就业辅导员反映越来越难找得到服务对象，心智障碍者和家长大多希望能有一份"事少钱多离家近"的工作从天而降，不现实的期待降低了他们与工作机会的匹配度，也使得支持性就业的开展越发艰难（访谈记录 SETW201601）。

五　台湾支持性就业对大陆的启示

总体上台湾支持性就业的经验很值得大陆学习，台湾的模式无疑更贴近大陆的实际情况。

（一）各政府部门互相配合

台湾把支持性就业的各部分内容细分，形成一种自上以下的结构，并且任务分配明确，避免了出现责任不明确，部门之间互相推卸责任的问题出现。

（二）给予充分财政支持

台湾对支持性就业给予充分财政支持，政府虽也是服务主体，但对社会服务机构提供的服务采取的是直接补助形式，实报实销，服务机构有充足的资源开展服务。

（三）就业辅导员的薪酬纳入财政预算

台湾就业辅导员的薪酬由政府支付，与服务支出分开。而且其薪酬水平较高，就业辅导员工作体面，吸引了有资质的年青人入行。台湾虽然也是实行政府购买服务的模式，但一个机构一旦竞标成功，它所有的就业辅导员的薪酬都是政府列支单独，不与其他服务支出捆绑在一起，而且就业辅导员的薪酬水平高，故台湾有一支非常稳定的就业辅导员队伍。

（四）设立政府直接管理的支持性就业管理机构

台湾在劳动管理部门里面设立支持性就业的个案管理中心，由职业的就业辅导员提供服务。个案管理中心负责支持性就业的转介、就业辅导员退出后的后期跟进和其他疑难问题的处理。个案中心的运作有效弥补了社会服务机构运作的碎片化，起到体系衔接的作用。

台湾开设了职业重建窗口，方便个案转介。这就避免了有机构退出支持性就业项目的时候，它之前支持的心智障碍者不能继续获得服务。他们可以联系政府的职业重建窗口或者政府购买机构服务的职业重建窗口，保证能够通过职业重建的系统，从个案管理员那里继续得到支持。这样就保证了服务的持续性。

受访者（台湾就业辅导员）：台湾政府里头有一个部门叫职业重

建窗口，假如说这个机构不做了，也就是说这个机构今年我们不竞争支持性就业项目了，那没关系，他原来支持的这些心智障碍者可以跟重建窗口这边的个案管理员联系就是，服务还是继续的。（访谈记录SETW02）

（五）灵活的政府购买模式

台湾通过设立官方的统筹和直接服务机构，并把政府购买经费与就业辅导员的薪酬分开等方式，使购买模式变得更灵活且使服务更具衔接性，避免了服务的碎片化。

> 受访者（台湾就业辅导员）：在台湾机构之间可以竞争的，比如说在桃园县有150个名额要就业，现在可能有3家机构来竞争，政府要求你要符合服务资质，比如你要有就业辅导员，你有督导，你符合我的条件就OK，你就有资格来去竞争项目。但是实际上你竞争成功了项目之后，政府是要给就业辅导员发工资的。如果一个机构你竞争不下来，你的就业辅导员还可以转到别的机构去继续做就业辅导员，政府依然会发工资，它的目的就是通过这种灵活的制度设置保证服务的稳定与持续性。所以它不是补贴性的，它是发工资性的，也就是就业辅导员是拿政府工资的。（访谈记录SETW02）

台湾这种灵活的购买模式值得大陆学习，因为大陆在推行支持性就业的时候采用的也是政府购买服务模式，可惜的是这一模式缺乏弹性，机构退出竞争购买的竞标，服务也就跟着结束，这对服务对象不利，对就业辅导员的队伍建设也是不利的。

第五节　支持性就业在中国香港的实践

一　香港支持性就业的内容

香港的支持性就业又称为辅助就业，辅助就业服务为15岁及以上的残障人士而设，目的是让他们在获得所需辅导和支持服务的情况下，在与非残障人士共事的公开环境工作,并享有工作的所有一般福利,例如赚取市值工资和获得职业保障①。这是一项福利服务,服务营办机构和学院之间不存在雇佣关系②。

香港的支持性就业服务主要是由非政府组织的社会企业提供。社会企业打算通过达到特定的社会目标,如为弱势群体争取就业和培训的机会,而在商业上获得相应的利益而不是把利润分发给股东(Andy ect.,2015)。

香港社会福利署对支持性就业的对象界定为工作能力介乎庇护工场及无须支援而可公开就业之间的中度残障人士,即大部分中度智障人士及附有其他残障或获服务机构或辅助医疗专业(如职业治疗师、心理学家等)推荐、评估为可受惠于这项服务的轻度智障人士;或在缺乏支持的情况下无法适应公开竞争的职业市场,但有良好工作能力的中度残障人士,即严重肢体、感官、器官或精神残障人士。

辅助就业所提供的服务包括:

(1) 安排就业,例如提供职业分析及就业选配。

(2) 提供支持服务,包括与就业有关的技能训练、在职训练和督导,以及向学员、其家属及职位提供者提供与职业有关的辅导及意见。

(3) 这项计划具有弹性以配合劳工市场及经济结构不断转变的需要,以确保向学员提供的支持服务切合实际需要。

除了参照美国的 IPS 模式,香港在 2010 年提出整合性就业支持(Integrated Supported Employment,ISE)模式,这种 ISE 模式是将 IPS 和培训与工作相关的社会技巧(Work-related Social Skills Training,WSST)结合起来,大大增大了参与者在职业上取得的成果。

二 香港支持性就业的特点

(一)主要由非政府机构负责

香港政府将支持性就业与庇护工厂并列到残障人促进就业服务中,没

---

① 香港社会福利署,为残疾人士提供的训练、就业和住宿服务,https://www.swd.gov.hk/sc/index/site_pubsvc/page_rehab/sub_listofserv/id_vocational/id_supportede/,2019/2/15。

② 香港社会福利署,康复服务手册,https://www.swd.gov.hk/sc/index/site_pubsvc/page_rehab/,2019/2/15。

有如前文提到的地区一样把支持性就业单独提出,并将其和庇护工厂政策分离开。对支持性就业没有十分明确的法律规定,并且主要是交由一些非营利非政府组织负责,再由香港社会福利署拨款。这些组织参与支持性就业注重的是达到一定的社会目标,从而获得利益。

(二) 政府干预较小

香港政府对支持性就业没有做出强制性的要求,政府对于支持性就业的干预比较小,支持性就业的实施主要由一些政府认证的非营利非政府组织负责,香港社会福利署负责拨款到非政府机构,相对来说更偏向于一种福利服务。

三 香港支持性就业的优点

(一) 灵活性较强

由于香港支持性就业没有明确的制度规定,政府对于支持性就业方面的干预也比较小,相对比其他地区的支持性就业显得更有灵活性。

(二) 政府负担较小

由于政府基本上主要负责拨款,不需要专门设立支持性就业的相关机构处理残障人的支持性就业问题,对政府而言负担较小。

四 香港支持性就业的不足

(一) 资金不足

虽然最初香港的社会机构收到来自政府的资助,但他们必须实现财务独立(社会福利署,2013a)。支持性就业的提供者通常未能实现财务可持续性,有很多在他们最初资金耗尽后关闭(Yuen & Lee, 2004)。实际上,有研究(Chan & Mabon, 2011)表示只有少于三分之一的社会企业能够在3年后自我维持下来,因为他们面临的是在社会使命和财务现实之间的挣扎。

(二) 就业机会受环境影响大

1997年香港遭遇金融危机,香港社会福利署发言人表示,根据一项调查显示,412名患有慢性病的患者中有19.4%失业,失业率是香港总失业率(2.9%)的6.5倍。显然,患有精神疾病的残障人寻找工作的概率是更小了。

五　香港支持性就业对内地的启示

可适当放权于社会组织。香港的非营利社会组织的发展值得内地学习，通过对社会组织的法律支持，拨款支持，扶持部分社会组织的发展，有利于减轻政府的负担。

第九章

研究结论与促进支持性就业的政策建议

第一节 研究结论

一 支持性就业需要灵活的社会保障制度支撑

支持性就业的本质是通过社会政策保障残障人士的就业平权,需要灵活的社会保障制度支撑。研究通过对支持性就业在欧美国家和中国港台地区的发展脉络进行梳理,发现虽然支持性就业有不同的发展模式,针对的对象在政策概念的外延上可能有所不同,但本质却是相同的。它的本质是为了实现在传统的公开劳动力市场上处于边缘地位,却有就业意愿和有一定劳动能力残障人士,特别是心智障碍者和某些中重度残障人士的就业平权。它是要通过一系列的密集支持和政策安排,帮助上述服务对象实现在就业上的充权赋能,清除社会环境的障碍,通过弹性灵活的社会保障制度安排,帮助他们开发工作岗位,进入公开的劳动力市场稳定就业。经过几十年的发展,支持性就业被认为是实现心智障碍者和中重度有支持需要的残障人士就业融合,打破社会隔离和障碍的有效方式。

正如前文所述,只要工作环境和条件足够包容,包括心智障碍者、中重度伤残人士在内的残障人士就能较好地在一个公开、正常的劳动力市场中实现就业,而包容性的工作环境本质上意味着灵活保障的制度设置,包括弹性的工作时间、灵活的工作内容安排、弹性的薪资制度、持续性的职业培训等。支持性就业需要灵活保障的支持。支持性就业的推行同时意味着打破就业—福利的对立两分,改变社会政策资源的分配规则,建立更加灵活、有弹性的社会保障制度,包括更具包容性的残障人士就业配额制度

(按比例分散安排残障人就业制度)、灵活的工作场所制度安排、弹性而必要的工作场所社会服务、政府对企业用工成本的补贴等。这一切在过去是不可想象且被认为缺乏经济效率的，但新的实践证明它可行且富有社会效益。

在支持性就业推行的过程中，人们还看到福利治理的进一步发展。在支持性就业议题上，它需要重新审视和界定政府和企业、政府和社会组织、社会组织和企业，以及上述部门与家长、残障人士等主体之间的关系。它需要创新协商与合作机制来承载这些互动。

二 支持性就业回应了心智障碍者的就业需求，其外延有待扩展

研究表明支持性就业在我国发展的急迫性。通过对中重度残障人士和心智障碍者就业意愿和需要的调查，发现他们当中具有强烈就业意愿的比例很高，但劳动就业参与率却很低，特别是心智障碍者，即便他们有强烈的公开就业意愿，但或者被劳动力市场排斥，或者被他们的父母家人阻挠。心智障碍者通常被刻板化和标签化为不适合就业群体，只能待在家里依赖父母或者仰赖社会福利。其他的中重度残障人士多有就业能力，却也长期被劳动力市场排斥，即便就业也多是在福利企业这类相对封闭的就业场所，他们虽然就业却就业质量不高，根本原因在于他们并不处在一个无障碍的工作环境，他们在工作岗位上有对无障碍设施、合理便利和社会服务的需要，但这些通常是不可获得的。

我国已经有了支持性就业的地方实践，过去2—3年间，全国有二十多个省市开始了支持性就业的试点，支持性就业进入了它们的地方政策议程。虽然有不同的实践经验，但根本的政策措施几乎是相似的，包括政府购买服务的模式、政府资助的政策、服务递送的模式等。

支持性就业已经在促进心智障碍者公开就业议题上显示出了其他就业支持模式难以媲美的优点。支持性就业通过个别化的支持协助和持续的支持系统，让心智障碍者在融合的工作场所工作变成了现实，增加个人的经济收入，增强社区参与，提高生活质量。就业辅导员一对一的服务模式是支持性就业的亮点，陪同就业式的密集支持和自然支持系统，具有职位匹配度高、全面持续的就业后支持服务的优点。

正如前文分析所示，因应支持性就业在国内兴起主要需归功于心智障碍者的家长，特别是自闭者的家长的社会倡导的缘故，我国试点城市对支持性就业的界定上，外延只局限于心智障碍者，特别是智力障碍者和自闭者，政策对象过于局限、狭义。事实上如本书所示，非心智障碍的残障人士也面临就业的种种困境，需要就业场所的支持服务。支持性就业的外延有待扩展至其他有需要的残障人士（特别是中重度残障人士）和其他群体。事实上在欧美的实践中，支持性就业的对象并不局限与心智障碍者，而是包括了一切有需要的残障人士和就业边缘群体。

三 缺乏灵活保障的政策支持制约了我国支持性就业的发展

支持性就业在发展过程中出现了一系列困境，从最初完全由民间社会服务组织自发探索到近几年迅速在全国二十多个省市铺开试点，支持性就业的发展有进入瓶颈阶段的态势。目前国内的支持性就业只针对心智障碍者，虽然这个群体公开就业率本来就很低，在中轻度心智障碍者中本有很大的服务需求。但事实上却是一方面愿意公开就业的心智障碍者非常有限，他们被家长阻挠进入劳动力市场；另一方面是在有公开就业意愿的心智障碍者中，大部分却难以公开就业，在接受支持性就业服务的心智障碍者中，就业率也不甚理想，他们依然被公开劳动力市场排斥，即便心智障碍者进入了公开劳动力市场，他们在工作岗位上的后续服务跟不上，缺乏安全和服务保障，其稳定就业率受到挑战。

服务机构同样存在一系列问题与挑战，首先是社会服务机构对服务对象的选择性现象明显——对轻度智力障碍者和高功能自闭者存在显著偏好，为其他中轻度心智障碍者服务的不多。其次，就业辅导员尚未职业化，工资水平低，人数不足，流失率较大，能力有限，这将直接影响支持性就业服务推行的可能性与质量。最终，呈现出来的现象是针对心智障碍者的支持不足，岗位开发单一，就业培训缺乏针对性。

企业方面，支持性就业对于它们尚属新鲜事物，企业的接纳度不高。首先，在工作岗位的适应性、工作流程重组、工作场所的无障碍环境、工作场所社会服务等方面，企业难以承担过多的责任，无法满足心智障碍者的需要，与家长的期待也常常差距甚远。其次，支持性就业一定程度上改变了企业的治理方式，它要求企业接纳就业辅导员进入提供服务，就业辅导员于企业是"外生"的，它的存在一定程度影响到企业的决策和管理方式，企业通常需要做结构性调整。企业常常认为就业辅导员的工作方式增加了管理难度，甚至有企业担心就业辅导员会泄露商业秘密。企业总体上难以接纳心智障碍者和支持性就业的服务模式。

导致支持性就业实施效果欠佳的原因很多，有来自残障者自身，也有来自社会环境的制约，其中社会歧视与排斥是阻碍他们实现支持性就业的重要价值观因素。无论是社会公众、企业还是家长，多数对心智障碍者都存在刻板印象，给他们贴上不适合就业的标签。有障碍的社会环境在该问题上难辞其咎，包括社会制度和社会环境对心智障碍者就业并不包容。

通过对北京、湖南和广州等地支持性就业实施情况的研究发现，在支持性就业发展的影响因素中，缺乏弹性的社会保障制度是主因，它直接导致了支持性就业前进步履蹒跚，难以发展。具体而言，它包括了（1）现行社会保障体系与支持性就业的冲突，包括社会救助体系、包括"两项津贴"制度在内的残疾人福利体制、现行托养体系与支持性就业的冲突等都排斥了心智障碍者的就业意愿，特别是家长的支持意愿；（2）缺乏弹性的就业保障与支持性就业之间的冲突，具体表现为就业环境的弹性不足，工作流程重组难以得到执行，工作场所支持缺乏，心智障碍者在签订了劳动合同后难以获得后续的工作场所社会服务等；（3）缺乏就业—培训的弹性保障体系，心智障碍者很难获得提升工作技能和社会适应性的转衔服务；（4）政府与企业缺乏灵活的责任承担合作机制，企业需要承担过多的责任。

以上是来源于社会保障背景的主要原因。其次，缺乏灵活设计的支持性就业政策支持体系是直接原因，它包括（1）购买模式弹性不足，政府投入不足；（2）缺乏弹性的政府购买程序；（3）就业辅导员激励不足，难以职业化；（4）政策排挤了其他残障类别的人士获得支持性就业服务；（5）家长无法获得制度性的支持等。

来自社会服务机构，特别是广州慧灵庇护工场的典型个案研究证明了以上结论，慧灵在就业方面获得的资源较为丰富，但心智障碍者在就业能力和社会交往技能方面存在着较大的局限，心智障碍者就业获得的政府政策支持不足、服务机构培训和宣传不足，社会排斥等，遭遇来自个人、家庭、企业、政府等多方面的阻碍，导致心智障碍者的就业困境。

社会政策致力于消除社会排斥,帮助心智障碍者实现就业,保障就业权益,但是在实施力度和操作性上还需要进一步改进。面对支持性就业的现状和困境,需要政府、企业、机构、家庭等多方面的支持,完善支持性就业的政策建议,为心智障碍者搭建一个更为广阔的就业服务平台。

最后,需要对中国残障人士就业保障体制以及后面的社会保障制度安排进行反思和分析,支持性就业在发达地区的最新实践以及在国内的实施现状都表明,它需要一套灵活保障的制度安排作为后盾,需要探索一套能够满足中重度和特定类型残障人士(如心智障碍者)就业需要的弹性支持性就业模式和政策保障机制。

第二节　灵活保障视角下支持性就业发展的进路

在提出完善支持性就业政策的建议之前,首先要明确支持性就业在我国的发展前景。正如前文分析所示,支持性就业能够满足心智障碍者和中重度残障人士的公开就业需求,促进他们的就业平权和社会融合,在过去的试点阶段已经被证明是一种可行的模式。基于此,研究认为支持性就业值得向全国推行,而且应该把服务对象从心智障碍者扩展到中重度残障者和其他有就业意愿和相当劳动能力的就业边缘群体。

一　一个基于灵活保障的支持性就业模式

作为一种新型的就业支持服务模式,支持性就业为解决心智障碍者以及其他具有一定就业能力残障人士的就业问题提供了有效路径。研究探讨了支持性就业在我国实行过程中的服务递送模式、社会保障支持及其存在问题,发现支持性就业的有效施行仅有服务系统是不足够的,根本的需要一个灵活而弹性的社会保障系统的支持。灵活保障(flexicurity)的应对方案正被欧盟国家大量采用(Cowi,2012),对我国支持性就业的推广有重要的借鉴意义。

灵活保障意味着把具有弹性的社会保障和社会服务措施引入残障人士的就业保障中去。打破目前国内工作—福利二分的残障社会政策特征,即对于残障人士,不能因为他们进入劳动力市场就不加考虑地剥夺他们原来享受的社会福利,而是应当考虑他们的伤残情况,他们就业的不稳定性等，采取更灵活的社会保障措施，为有需要者提供一定形式的保障，包括就业保障、收入保障和其他的保障，鼓励他们安心留在劳动力市场。

具体到支持性就业，如图9-1所示，应当改变眼下《劳动法》和《劳动合同法》的禁锢，允许企业对通过支持性就业服务就业的残障人士实施更具弹性的合同安排，包括（1）灵活的工作时间；（2）弹性的薪酬制度；（3）全灵活的劳动合同；（4）全职业生涯的培训安排；（5）工作场所服务和支持；（6）独立生活支持服务和相关社会保障等。

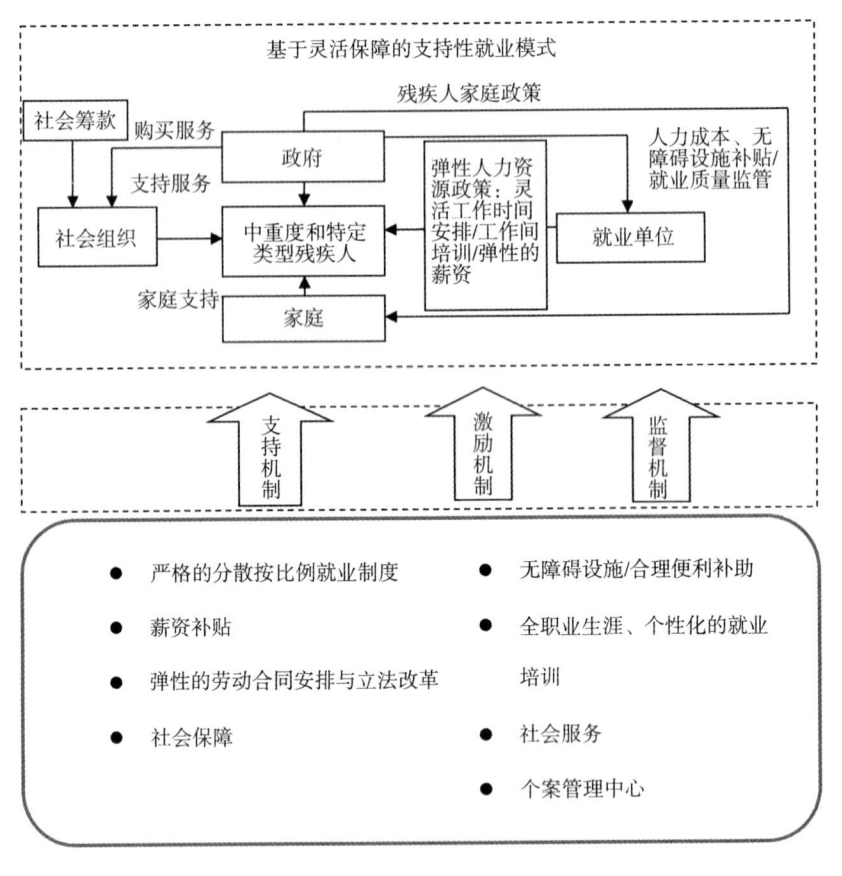

图9-1 基于灵活保障的支持性就业模式

具体的社会福利制度保障包括：（1）严格的分散按比例就业制度。已在我国推行多年的残疾人分散按比例就业制度为支持性就业的实施提供了重要基础，但是，这一制度受到"挂靠"现象的侵害，削弱了支持性就业推行的力度。从长远的社会效益看，政府需要引导社会改变对"挂靠"的看法，出台相关政策严禁"挂靠"，实施严格的分散按比例就业制度（即严格的"配额制度"）。

（2）政府提供给企业的薪资补贴，补助企业支付给残障员工无法完成法定工作时间劳动却要领取最低工资标准薪酬的差额，补助企业支付给残障员工的交通、餐饮与残障相关的补助。

（3）弹性的劳动合同安排与立法改革，在劳动合同中允许实行灵活的工作时间和薪资安排，改革现有《劳动法》和《劳动合同法》对于最低工资设置的规定，允许政府对残障人士无法工作满法定劳动时间的薪酬进行补贴而非一刀切地要求企业在任何情况下都必须支付残障员工最低工资。

（4）相关社会保障制度的完善，保障有需要的残障人士可以根据自身情况进入劳动力市场或者退出劳动力市场，保障其在就业过程中依然可以享有必要的津贴、康复服务和其他福利，不因进入劳动力市场反而生活质量下降。

（5）政府对企业进行无障碍设施改造、为残障人士提供合理便利的合理补助。

（6）政府对企业为残障人士提供全职业生涯、个性化职业培训的支持和补助。

（7）成立由政府负责运作的个案管理中心对服务进行监督以及提供跟踪、转衔服务。

（8）相关社会服务，促进服务对象的独立生活能力。

关于这一基于灵活保障的支持性就业模式的制度保障和政策路径，将在下一个部分详细论述。

二 灵活保障视角下支持性就业发展的进路

若支持性就业要向全国推广，就需要在一定范围内推行灵活保障的制度安排。

（一）完善支持性就业的政策体系，使之能回应个性化的需要

1. 扩面

首先是扩面，应该把握支持性就业的本质，更灵活定义服务对象的范

围，把服务对象扩展至而其他类型的中重度残障人士，非机械地局限于智力障碍者和自闭症者。目前在进行支持性就业的地区，几乎都把支持性就业的服务对象局限于心智障碍者，甚至大部分地区都局限于智力障碍者和自闭症者，精神障碍者也是被排除在外的。但事实上，无论是从支持性就业的本质，还是从欧美国家的经验看，支持性就业的服务对象甚为广泛，并不局限于心智障碍者，而是还包括了有一定就业能力和就业意愿，但伤残程度较重，或被传统劳动力市场严重排斥的中重度残障人士、多重残障人士。此外，欧美国家支持性就业的服务对象并不局限于残障人士，而是包括了就业能力有一定缺憾被劳动力市场广为排斥的戒毒者、单身母亲等。

我国在实施支持性就业的过程中，应当不断扩大福利政策的受益对象，使更多有需要的人士能够通过支持性就业实现在普通劳动力市场的正式就业。

2. 政府需加大财政资金投入，社会组织也当扩展社会筹款

稳定而充足的资金对支持性就业的顺利开展非常重要。政府应该加大对支持性就业服务购买的金额，让更多的社会组织可以投入该领域的服务，并加大对就业辅导员的薪酬支持力度，考虑把就业辅导员的薪酬与其他服务成本分列支出，确保有更多的人力资源愿意留在这个职业中，更有能力提供个性化的服务，支持更多的残障人士获得就业。

此外，从事支持性就业服务的社会组织也应当发挥自身社会筹款的能力，多渠道筹措服务资金，而不是仅仅依靠政府资金，从而保障服务资金来源的多元、稳定和财务的健康。

3. 对企业工作场所无障碍环境的营造给予更多支持[①]

支持性就业的目标是融合就业，政府要推动支持性就业的发展，促进心智障碍者和中重度残障人士的就业融合，需要完善社会政策，其中一个根本的举措就是无障碍环境的营造和支持。工作场所无障碍环境分为三个维度，它们包括：（1）无障碍硬件设施与合理便利，其中硬件设施包括坡道、扶手、电梯、卫生间、工作台、自动门和停车场等；合理便利需求主要指特殊办公用品、特殊照明、盲文阅读系统、声音合成器等设备。(2) 特殊工作安排，主要指那些改变工作类型或时间安排的便利条件

---

① 本段大部分内容已经公开发表。廖慧卿、岳经纶：《工作场所无障碍、融合就业与残障者就业政策》，《公共行政评论》2015 年第 4 期。

(洛普雷斯蒂和马格，2013：99），如工作岗位重构、灵活的工作时间安排、灵活的薪酬制度等。（3）辅助与支援服务，包括岗位指导、个人辅助、就业培训等工作场所在业服务（见图9-2）。

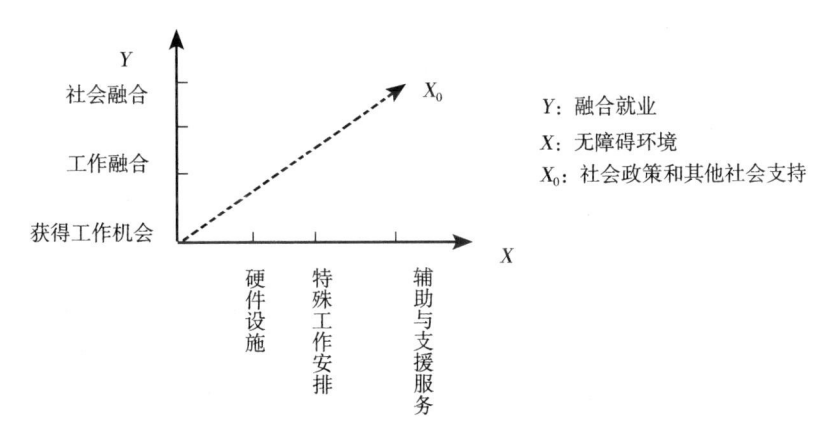

图 9-2　融合就业、无障碍环境和社会政策和其他社会支持关系

研究表明：（1）雇主越能满足无障碍环境的需要（无障碍硬件设施与合理便利、特殊工作安排、辅助和支援服务），残障雇员的融合就业层次就越高，不但能够获得工作机会，还能实现工作融合乃至实现独立生活和社会融合；（2）企业越能获得无障碍环境建设或改造的政策或社会支持，其无障碍条件越好；（3）政府规制或政策支持越强的就业类型，残障者的工作融合程度越高。上述结论可用一个三维坐标系表示。[①] 以上结论对支持性就业同样成立，而且需要支持性就业的残障人士无疑对无障碍环境有着更多的需要。

政府在该议题上的责任是毋庸置疑的，研究表明，越是市场化的就业形式（政策工具），如按比例分散就业，政府越需要设置规制；越具社会属性的就业形式（政策工具），如福利企业、社会企业，政府的支持越重要。研究表明，我国的实际情况却是政府的责任在工作场所无障碍环境议题上是缺失的：（1）缺乏对工作场所无障碍环境的规制和监督，没有任何的法律法规和政策对工作场所无障碍环境建设标准、具体要求进行规范；（2）缺乏对工作场所无障碍环境的积极支持。我国没有政府资助企

---

① 廖慧卿、岳经纶：《工作场所无障碍、融合就业与残障者就业政策》，《公共行政评论》2015年第4期。

业进行无障碍改造的政策，2012 年颁布实施的《无障碍环境建设条例》规定无障碍设施改造由所有权人或者管理人负责，换言之，企业必须为雇用残障者需要而进行的无障碍建设和改造负全责。

这种让企业自行负责无障碍环境的提供政策导向并不合理：首先，无障碍环境具有公共物品属性，供给上具有非竞争性和非排他性（李炜冰，2010），若单靠企业雇主提供，出于自利性考虑，企业会倾向于不雇用或少雇用残障者，宁交就业保障金也不进行无障碍环境建设或改造。此外，工作场所无障碍环境牵涉的不单是雇主自身，还涉及多方社会主体，让企业完全负担也是不合理的。

政府需要通过更精细化的政策设计给予工作场所的残障者多维且积极的社会支持与保护。欧美国家在保障残障者工作权的政策工具上除了强制性、补偿性措施，还采取支持性的介入手段（吴秀照、陈美智，2012）。如瑞典政府对企业的无障碍改造进行补贴，对残障者就业实行工资性补贴就业，提供一系列的特别就业服务，包括扭转非残障员工歧视和认知的措施、工作场所就业服务等。

对于支持性就业而言，政府应该担负起更多的责任。应该对接纳支持性就业的残障人士和就业辅导员的企业给予无障碍环境改造的支持，具体可包括（1）合理补偿企业提供无障碍硬件设施的成本；（2）合理补偿企业为残障人士进行工作流程重组的成本；（3）对残障人士，特别是支持性就业的残障人士的薪酬与社保支出给予一定比例的补贴。事实上，本书提出的这些措施并非"过分"，而是我国有些地区已经尝试实施的新举措，比如广东省的顺德区，以上三点都是该地方政府为推进残障人士就业已经在实施的政策，并取得良好的效果。

4. 推进就业辅导员的职业化

人社部门应当把就业辅导员纳入制度化的职系中，并推出相关的职业资格认证。除此之外，政府应当更积极支持就业辅导员的职业建设，包括保障其薪酬待遇，让其有晋升和职业发展的空间等。可以参考欧美国家的就业辅导员服务补偿金政策。研究表明在就业辅导员支持下，心智障碍者就业的留职率能到有效提升。在日本和马来西亚，将就业辅导员纳入了财政支持体系，通过法律的形式支持就业辅导员。国内可以借鉴国外的经验，将补偿金纳入残障金预算中，储备和培养更多就业辅导员，打造专业化的社工队伍。划拨一部分残保金用于购买专业机构服务，提高就业辅导员的薪资，为其提供强有力的保障。

要组织和加强就业辅导员的培训，提升就业辅导员的能力，转变其工作思想，总结实践经验，并引导和福利服务机构形成长期稳定的员工培训管理制度。

> 受访者（H服务机构负责人）：就业辅导员的思维模式很重要，就业辅导员需要正确评估心智障碍者的能力，开发适合他们的就业岗位。如果就业辅导员觉得心智障碍者的能力浅薄，心智障碍者就永远只会做厕所保洁的工作；如果就业辅导员的眼光高，可以找到一些更好的工作岗位，比方说在连锁服装店里面制作防盗器的简单工作等。（访谈记录：SEGZH201601）

此外，政府可以和社会组织合作，举行形式各异的比赛和评选，对优秀就业辅导员给予表彰和宣传，既能鼓励他们也扩大公众对支持性就业和就业辅导员的知晓度。就业辅导员是一支新生力量，目前在我国仍处于开发阶段，要培养专业化的成熟队伍，必须加强对就业辅导员的政策扶持力度。通过开展年终表彰大会，实行梯度的奖金激励制度，提高就业辅导员的社会地位，让就业辅导员逐渐成为政府扶持、社会认可、心智障碍者及家庭欢迎的职业队伍。

（二）更公平合理的"配额制"——完善分散按比例就业制度

残障人士就业的"配额制"，在我国也称为"残疾人分散按比例就业制度"，即是要求用人单位需要按照职工人数的一定比例雇用残障人士，否则就要缴纳残疾人就业保障金（简称残保金）的制度。目前这个制度在国内实行得不是很好，主要现象是很多企业宁愿缴纳残保金也不愿接纳残障人士就业。在2016年后，国家改革了残保金缴纳的基数，规定用人单位缴纳残保金的基数参照的是企业职工平均工资，而非原来的地区职工平均工资。这对于经营效益好的企业是很大的冲击，它们的残保金提高了2—3倍，这迫使它们开始考虑雇用残障人士，这对支持性就业的推行是个有利因素。

但是，正如家长和心智障碍者所抱怨的，企业提供的工作岗位通常是处于次级劳动力市场，"事重钱少离家远"，就业辅导员开发企业的工作岗位并不容易。

根据国务院《残疾人就业条例》，各地区都制定了《残疾人就业保障金征缴实施办法》之类的地方法规，规定在本市行政区域内的机关团体、企事业单位、民办非企业单位等各类用人单位，应按不低于上年度在职职工平均人数1.5%的比例安排残障人士就业，并为其选择适宜的工种和岗位。未安排残障人士就业或安排残障人士就业未达到法定比例的，依法缴纳残疾人就业保障金。但目前上述条例在政府部门中是没有得到实施的。

研究建议政府学习欧美国家由公共部门带头雇用残障人士的做法，特别是对于支持性就业，在心智障碍者和中重度残障人士的工作岗位开发上，国家机关和事业单位应该起领头作用。这并不仅仅是政策的昭示作用，更重要的是在公共部门，工作岗位开发比在企业有利。公共部门的就业环境通常比较好，薪酬有保障，而且这些部门有大量的勤工岗位，包括清洁、文件递送、基础文秘工作（碎纸、装信封、派报纸等）是适合他们的。政府部门和事业单位应该率先按政策按比例安排残障人士就业，而且应该率先加入支持性就业单位的队伍中来。

政府内部可以多提供公益性岗位，率先开展支持性就业工作。政府应提供门槛低、地点距离近的所在社区相关的公益岗位，并在公益性岗位中每年规划出一定的岗位比例提供给心智障碍者就业。政府内部有清洁、厨房帮工、绿化等合适岗位应当优先考虑心智障碍者，并且把支持性就业纳入政府绩效考核的体系中，带头完成按比例就业，提高企事业单位接纳心智障碍者的积极性。另外，政府应通过公共财政支出，优先批发采购心智障碍者制作的办公用品，对于有就业意愿但无力承担就业培训费的心智障碍者提供财政津贴，扶持支持性就业。

(三) 建立灵活保障的制度安排

1. 一个灵活的就业—保障系统

建设一个灵活保障的心智障碍者福利和就业体系，打破传统的就业—福利的截然两分。传统的社会保障体系不能保证心智障碍者获得平等的就业机会和福利，所以我国要不断完善和修订残疾人保障法，制定更具体的细则，体现同工同酬、残障平等的理念。

应考虑设立按照月结工资梯度发放津贴的制度，而不是残障人士一进入公开劳动力市场就一股脑把他们原来领取的低保、残疾人津贴和其他社会救助等都拿走。一个灵活保障的福利体系既能鼓励心智障碍者就业，又能缓解生活贫困。

2. 一个灵活的就业—服务系统

要完善残障人士在工作场所的社会服务支持，建立灵活的转衔系统。残障人士并非一进入工作场所就"很有能力"，不需要社会服务，恰恰相反，他们在工作环境下对心理疏导、同事关系建立、社交礼仪和技能、工作技能、康复和生活照料等社会服务有着个性化的需要。此外，心智障碍者的自我维权意识较薄弱，当他们的劳动就业权利受到严重侵害时，政策应有可操作的条款，提供工作场所服务，明确相应的主体责任，保障心智障碍者的就业权益。针对心智障碍者就业能力和社会适应能力不足等问题，政府应鼓励建立一个灵活的转衔系统，并考虑对企业损失的补贴，让心智障碍者在工作岗位也能及时获得合适的职业训练。

支持性就业是很需要福利多元治理的领域，要形成政府主导，不同部门合作的系统化机制。支持性就业政策的实施应政府为主体，协调各种资源配置。如可以由残联登记心智障碍者就业人数，监督用人单位的就业落实情况，组织有针对性的就业培训会和研讨会；社会保障部门完善心智障碍者就业保障体系；残联的劳动服务部门落实支持性就业安排制度，发布心智障碍者可就业的信息，通过资源整合，帮助这个行业更好发展，全方位搭建心智障碍者就业平台。

另一个措施是鼓励用人单位转变观念，引进企业社工。第一，用人单位应该树立以人为本理念。对内要积极开发岗位，制订全面的支持性就业入职培训系统，深层次认识到心智障碍者的专注、忠诚、有责任的工作人格，全面了解支持性就业政策，包括雇用心智障碍者可以享受就业保障金和税收减免优惠等政策。对外增强与服务机构的交流合作，为心智障碍者提供实习基地，主动承担企业责任。第二，人力资源部设立企业社工的岗位。企业社工了解商业运作流程，同时兼具社工专业知识，由其负责心智障碍者的招聘、培训、支持工作，协助心智障碍者处理与普通员工的人际关系，营造包容的工作环境。根据心智障碍者的工作表现、情绪行为等问题，制定相应的政策和措施，并与服务机构、就业辅导员定期交流与反馈。

3. 一个灵活的工作—生活照料保障体系

参加支持性就业的残障人士其伤残程度往往比较重或就业能力较弱，在生活照料、交通出行等方面通常有照料需要。但目前国内的社会服务并没有把就业和生活照料衔接起来，对已经就业的残障人士几乎没有任何的生活照料服务。在支持性就业的实践中发现有部分心智障碍者因为上班地点离家比较远或者需要乘坐交通工具，父母不放心就不了了之。还有一种情况是支持性就业的对象是原来在庇护工场、工疗站等辅助性就业场所劳动的心智障碍者，他们在庇护式工作场所的时候其饮食是有专人照料的，而一旦就业就意味着他们需要自己解决一切，对一部分可以就业的心智障碍者而言这是有难度的。

广州慧灵庇护工场所推行的社区融合就业模式值得学习，它的核心精神是建立就业—生活服务整合的体系。慧灵通过在心智障碍者工作场所附近的社区组建社区家庭，让他们在下班后可以学习独立生活而不是依靠父母，这对心智障碍者支持性就业的成功有重要的支持作用。

> 受访者（慧灵就业辅导员）：我们目前有3个家庭，一个是在恒福路，一个是在华海大厦那边，还有一个是在白云花园。每个家庭有4—6位心智障碍者，有一个晚间辅导员跟他们一起。这是一种半独立家庭，就是心智障碍者住的那个地方，他在外面做公开就业的，晚上回去住，因为他自己家住在花都（很远），所以就在我们的社区家庭住，方便他上下班。他们之间不仅仅是室友关系，还是模拟家庭关系，互相去支持。我们派一个员工在那跟他们生活，就是家庭妈妈，一起买菜做家务啊，但是我们不是照顾式的，而是互相支持咯。（访谈记录SEGZHL201602）

政府可以考虑出台相应的支持政策鼓励和支持这种就业—生活照料服务的整合模式，帮助心智障碍者可以更好的自立生活。

（四）采用灵活的就业形式

应多渠道多层次多形式促进支持性就业。可以考虑的策略如下：

第一，加大力度推行社会企业模式。社会企业是通过商业手法进行运作，赚取利润用以扶助弱势群体，创造更多就业机会。如南京市爱德基金会开设的爱德面包坊雇用了心智障碍者为正式员工，广州市麦子烘焙食品有限公司为 7 名心智障碍者提供就业岗位，占员工的 50%。深圳残友集团开办了 25 家分公司，雇用智障、肢体等残疾员工 1000 多名，有效解决集中就业。在党的十八届三中全会要求创新社会治理体制的背景下，社会企业得到政策支持。政策上可以鼓励部分公益资源进入社会企业，如鼓励慈善、教育、福彩、体彩等基金会投资社会企业，实现基金会和社会企业双赢。

第二，推广社区就业服务模式。社区融合主张心智障碍者和健全人享有基本的社区成员权利和社会服务。社区就业服务模式有着近距离上班、就业机制灵活、弹性较大的特点，符合社区融合理念。加上心智障碍者对社区较为熟悉，不存在陌生感，在融合的环境中就业质量更好。可以社区为单位，安排社区服务员协助支持性就业服务，让心智障碍者从事绿化、家政服务、物业管理、维修服务等社区工作。

第三，自主创业模式能够大幅地提高心智障碍者的就业率。随着支持性就业模式逐渐创新，网络就业可以不断实践和推广。例如，广州市番禺区明月关助服务中心项目——明月云屋，通过自制工艺品、微店运营模式，为肢体残疾人提供网上就业创业的平台。在智力障碍领域，服务机构的工艺品除了义卖，还可以实行心智障碍者自主创业模式。由 2 名就业辅导员带领 8 名左右的心智障碍者，开展职业培训课程，教心智障碍者打字、办公自动化、微店管理、插花艺术等工作技能，形成由心智障碍者制作工艺品、包装、标价、宣传、销售、快递等一条龙服务。

第四，推行奖励、补偿、惩罚政策。一是推行奖励政策。政府应对支持性就业给予政策倾斜性扶持，鼓励用人单位结合心智障碍者的心理、行为特点，提供支持性就业岗位，对超过比例的单位进行现金、荣誉奖励。每多安排一名心智障碍者就业，在减免营业税增值税同时，给予单位额外奖励，如给予管理岗位补贴。二是推行补偿政策。为了满足心智障碍者的就业需求，政府可以进行政策创新，对于企业开发多元多样的工种过程中所产生的经费给予补偿。如设立"雇主工作环境改造津贴"，并纳入就业保障金的财政预算，鼓励用人单位为心智障碍者提供包容的环境。三是推行惩罚政策。加强监督严查力度，对于挂靠、不缴纳残保金或歧视心智障碍者就业的单位，给予增加税收等明确的惩罚措施。

(五) 加强对社会服务机构的扶持

政府应加强对提供支持性就业的社会服务机构的支持力度，包括加大购买合同金额和加强合同的稳定性。对于连续几年服务成效良好的社会服务机构，可以考虑直接委托服务和补贴的形式，而不需要每年招投标，避免服务的不稳定性。

为了避免服务的碎片化和缺乏连续性，政府也应考虑在人社部门或者残联建立自己的服务部门聘用政府社工，承接服务评估、培训、转介、后期跟进等服务。并作为对社会服务机构的支持部门。

可以资助服务机构开发一系列针对服务对象的培训课程，提升其服务成效，同时也完善支持性就业的培训系统。一方面，加强职业培训与就业服务一体化建设，鼓励机构制订职业指导计划，有系统性地开展就业服务。另一方面，服务机构也需建立一支成熟的社工团队，发挥社工教育者的角色，使用支持策略，加强就业教育、职业指导、辅导培训工作，让心智障碍者了解职业的分类、职业所需技能等，提前做好职业规划。另外，针对个案的需求，因材施教。针对不同智障群体开展定岗培训，满足不同个案的就业需求，包括对自闭症人士进行人际交往、礼仪等系统培训，对有烘焙兴趣爱好的轻度心智障碍者进行职业课程设计和培训，对唐氏综合征人士进行情绪管理和艺术调理。

鼓励和引导社会服务机构加强与企业合作，与企业建立长期合作伙伴关系，降低就业岗位开发的难度。一是让企业留下深刻的印象，创造合作机会。对企业进行初次拜访时，携带机构的简介并将成功就业的个案资料给雇主，以雇主的需要条件为优先，进一步厘清工作内容。二是以友善的方式与企业保持沟通顺畅。过年过节送上心智障碍者制作的礼物表达祝贺，主办主题活动邀请企业参加表达诚意，增强良性互动。同时请媒体对参加活动的企业进行宣传报道。三是利用已有资源建立雇主档案。收集雇主名片并整理成电子文档，当雇主成立新的服务场所时，可电话访谈或实地拜访，留意工作机会的开发。四是与企业建立长期的合作项目。组织心智障碍者参观企业、一日工作体验等主题活动，寻找更多适合心智障碍者的培训实习基地，设立专门清洁工作队、快递服务队等，定期为合作企业输送踏实能干的心智障碍者并进行入职培训。

（六）加强对家长的支持

实践表明，家长工作对支持性就业能否成功特别重要。可以通过开展家长培训、设立家长论坛等不同的形式向家长宣传支持性就业，通过个案分享让家长了解支持性就业的意义，打消他们的顾虑，让他们愿意支持孩子就业。同时对热心家长可进行支持性就业技巧的培训，让家长充当一部分就业辅导员的角色，直接支持孩子就业。

（七）加强公众教育，提高社会对心智障碍者就业的认同感

加强宣传，提高支持性就业的公共认知度。社会各界对心智障碍者存在刻板印象，贴上智力水平低、社会适应力差等标签。如在社工带领心智障碍者外出活动时，虽然地铁站有设立免费通道，但有些地铁站服务员会以一种不友善的方式，如优先服务健全人或者以拖拉扯的方式对待心智障碍者，还有路人的异样目光和故意避让的举动。为了让社会更加了解心智障碍者和支持性就业，除了政府设立无障碍通道等硬件设施，服务机构应整合资源，增强软件设备。

争取资源，多渠道宣传支持性就业。社会模式理论认为心智障碍者是一种自然常态，社会应当为忽略心智障碍者的需求承担责任。政府应建立健全公平就业的劳动力市场机制，联合服务机构、企业多方力量，举办支持性就业的宣传性公益讲座，引导社会明确个体功能的缺失是社会应履行的责任，营造一个去标签化的社会环境。争取广播、网络、媒体等资源，设立支持性就业栏目，提高社会对心智障碍者就业的认同感。

多利用网络资源，在公众号等网站定期更新支持性就业动态和转发就业政策，提高阅读量。定期开展家长会。通过家长填写意见调查表，了解家长期望个案就业的职业、地点、待遇等需要，消除对就业的顾虑。与高校合作，建立稳定的志愿者队伍。高校内部拥有丰富的大学生志愿者资源，加上大学生群体网络社交平台广阔，与高校的青年服务队等社团合作，在组织心智障碍者社区清洁、探望敬老院、高校义卖等辅助性工作时，机构应增强对支持性就业的宣传。

借鉴国外经验，组织研讨会和培训会，加强教育。如广州虽然有定期开展支持性就业的研讨会，但整体效果有待提升，周期性短，没有形成良好的持续性。为了让用人单位对心智障碍者就业有更深的认识，可以邀请国外专家介绍支持性就业岗位开发与培训的经验，探讨如何解决雇主聘用心智障碍者存在的困难。在企事业单位，加强由政府和企业出资的就业培训，包括招聘、培训、评估等；加强人事管理部门对各企业人力资源专员的定期培训，包括支持性就业政策和用优势视角看待心智障碍者等内容。

第十章

支持性就业案例

本章主要是拟通过3个支持性就业服务机构在2015年、2016年两年间进行的服务案例呈现支持性就业的困境以及背后的制度原因，帮助人们理解支持性就业与灵活保障之间的关系。

案例一：胖胖失业是因为太胖？

（长沙AME康服中心提供）

一 个案背景

（一）个案基本资料

案主姓名：不详（小名：胖胖）

性别：男

年龄：31岁

障碍类别：智力障碍3级

（二）个案来源

2009年社工走访而来到机构进行职业训练。

（三）背景资料（涉及隐私，略）

1. 情绪状况
2. 家庭资料
3. 人际关系
4. 行为表现
5. 支援网络

二 案例描述

2010年个案跟机构另外4名学员一起进入一家社会企业洗车行进行洗车服务。因为个案体型较胖，所以小名叫胖胖。胖胖做事很细致，一切有条不紊地进行着，但是性子却是个慢性子，洗车时动作慢，无法跟上其他工作人员的步骤，而被退回机构继续进行职业训练。因为胖胖本人有较强的就业愿望，他希望通过自己赚钱去购买自己喜欢的东西和外出旅游。

2011年机构就业辅导员找到一份仓库管理员的工作，他与另外一位个案一起去应聘，在实习期第一天，因为仓库的布置能给予员工活动的区域有限，加之货物重且多，胖胖再一次因为自己的体型和因肥胖导致的体力不支而无法胜任此项工作。这次应聘给了他很大的打击，他从此下定决心减肥，每天做早操，午休期间到社区健身广场进行压腿弹跳运动，晚上吃完晚饭外出散步，严格控制高热食物的摄入，控制自己不吃或少吃零食。

2013年，在机构就业辅导员和家长的鼓励下，胖胖赴天津参加了成年心智障碍者自组织夏令营，经过几轮竞选拉票演讲，胖胖凭借自己的热情与一颗渴望带领伙伴一起倡导自身权益的心，成为全国心智障碍者自组织理事长。自成为理事长后，他的就业意愿就更强烈了，而且在带动自组织活动中也更加愿意去进行倡导支持性就业理念，一如他竞选理事长演讲时所说："如果我做了理事长，我会带领大家赚钱、过自己想要的生活，我们自己的生活自己做主。"

2014年机构成为湖南省支持性就业试点单位后，他又报名参加此次项目，经机构就业辅导员前期的评估与培训，2014年下半年进入一家物业公司进行卫生保洁工作，因为考虑胖胖体重及身体原因，故此经过就业辅导员与雇主的沟通，通过岗位再设计，将原本需要频繁上下楼清扫楼道的工作内容调整成为负责清理地下车库白色垃圾及车库地面灰尘，大大地减轻了因爬楼给胖胖带来的身体负担。此小区是新小区，设施还不够完善，每次清理的垃圾需要运送很远，很多业主需要重新装修房子，所以装修垃圾、沙子等一切都从地下车库运输，所以经常需要用扫帚把沙子扫掉，然后用拖把把灰尘清理掉，每天胖胖全身都是灰尘，从地下车库上来，只能看见眼珠里面是白色的，其余都被灰尘掩盖，物业考虑灰尘大，给他每天配发三个口罩及一顶草帽,但还是不顶用,他自己每天休息期间还要到卫生间进行卫生清理。地下车库工作最主要的问题是来来往往的车辆造成的安全隐患。因为在地下车库,光线较暗,车速较快,前期就业辅导员给胖胖进行安全意识培训,进行黄白区域划分,身穿荧光绿的衣服,每天进行安全须知确认,就业辅导员运用辅具帮助案主区分安全区域及如遇安全事故该如何求救,经过2个月的密集跟踪辅导,案主可单独就业。因表现良好,2015年进行岗位调整,从地下车库调到地面进行树叶清扫。冬春交接时,树叶经常飘落,所以每天工作日他都需要时刻地把树叶清扫干净,地面树叶清扫每天上班的时间也有所调整,每天早上6点半必须打卡上班,需要在9点半以前把他所负责的区域打扫干净。从胖胖家出发到他工作场所需要转一趟公交车才能到,早上6点半上班对他来说需要每天5点起床出发,但因为自己强烈的就业意愿,他每天还是坚持着。地面工作与地下车库工作有许多不同,地下车库工作每天早上7点半以前到岗即好,不需要与小区业主打交道,而且车库内工作量不大。但是地面树叶清扫工作时间的调整、每天还需要跟小区业主打交道,这些对胖胖稳定就业都是很大的挑战(因为体型很胖,很多小孩子看着他有点怕,失败后寻找原因时也有业主投诉说"小孩子怕他")。

三 主要问题与需求分析

胖胖因为自己的体型和因肥胖导致的体力不支而无法胜任仓库工作,此次应聘给了他很大的打击,他从此下定决心减肥,每天做早操,午休期间到社区健身广场进行压腿弹跳运动,晚上吃完晚饭外出散步,严格控制高热食物的摄入,控制自己不吃或少吃零食。

胖胖就业意愿非常强,2014年机构成为湖南省支持性就业试点单位后,他又报名参加此次项目,经机构就业辅导员前期的评估与培训,2014年下半年进入一家物业公司进行卫生保洁工作,在地下车库工作,车来来往往很危险,前期就业辅导员给胖胖进行安全意识培训,进行黄白区域划分,身穿荧光绿的衣服,每天进行安全须知确认,就业辅导员运用辅具帮助案主区分安全区域及如遇安全事故该如何求救。

2015年对胖胖进行了岗位调整,从地下车库调到地面进行树叶清扫,不但上班时间变早了,工作量也变大了,每天还需要跟小区业主打交道,很多小孩子看到胖胖的体型感到害怕,有业主投诉有小孩害怕胖胖,最后胖胖就业失败。

四 问题根源:缺乏后续服务支持

胖胖的就业意愿和就业能力都很强,也已经在工作岗位上成功就业。后来的失业,问题发根源在于胖胖在工作场所缺乏后续支持。胖胖稳定就业后,服务机构完成了与政府购买合同的任务,合作结束。政府没有设置后续的服务计划,政府自身也没有相关的服务机构,机构因为资源紧张的缘故也没能给胖胖以后续支持,最终导致了他在工作岗位上无法坚持下去。

解决这个问题需要考虑工作场所跟踪服务的供给,在该案例中,如果就业辅导员能够及时介入,做小区业主的工作,及时和企业沟通,并对胖胖进行必要的辅导,就业失败的情况就不会发生。

案例二:支持性就业的安全责任应该由谁承担?

(衡阳 H 社会工作服务中心提供)

一 个案背景

(一)个案基本资料

案主:罗洁(化名)

性别:女

年龄:24 岁

障碍类别:智力障碍 2 级

(二)个案来源

机构中的学员。

(三)背景资料

1. 情绪状况:情绪稳定。
2. 家庭资料:家人之间相处融洽,互帮互爱,妈妈为案主的主要照顾者,案主有时候也多跟外婆谈话,交流。
3. 人际关系:跟熟悉的人比较有礼貌,也能帮助其他残障人,但与不熟悉的人较少主动互动。

4. 社区生活：能独立来往社区熟悉地点，可自行逛街和购买生活用品，但不主动和邻居主动交谈。

5. 沟通行为：能简单沟通，吐词清楚。能与熟悉的人主动打招呼，能理解日常生活中常见的图像、文字、标识等。

6. 个人经历：小学时在河南武术学校上学，能够完成老师布置的功课，2013 年至 2014 年在本照料站学习职前知识，2014 年曾在电子厂工作，后因工作太辛苦，家长也不是很赞同而辞职，2015 年 6 月 1 日到衡阳 H 百货上班，因工作太复杂跟不上节奏在 7 月 15 日调整至衡阳 R 超市一直工作至今。

二 案例描述

罗洁，24 岁，智力障碍二级，能独立来往社区熟悉地点，可自行逛街和购买生活用品，但不主动和邻居主动交谈。曾在小旅馆跟妈妈一起干过一段时间的客房服务员，有工作意愿。

2015 年 6 月机构从朋友处得知衡阳市 H 百货要招人，工作内容包括：①在超市食品科整理台面；②了解本人所负责的区域；③将自己负责区域的卫生做好；④熟悉仓库属于自己部门的货品所在位置，检查货牌与货品是否对位；⑤及时补货，配合部门卸货。

在与用人单位沟通后，罗洁获得面试机会，就业辅导员于 6 月 1 日陪同罗洁参加了面试，面试很顺利，企业同意录用，罗洁接受为期一周的职前训练就能上岗。但是问题出现了，企业后来发现 H 百货离案主家有一点远，用人单位担心案主的安全问题，经与服务机构协商和案主家长签订协议，案主在百货工作期间安全由用人单位负责，离开百货这段时间的安全由家长负责。过了一个月，因为工作太复杂，也因为企业内部规则的缘故，就业辅导员在企业的支持也不顺利，案主的工作表现不佳——不能按要求到仓库及时补货，做事欠缺主动性，不能很好地做到食品先进先出，所以不能适应岗位的要求而被劝退。

2015 年 7 月 15 日，机构对案主进行岗位再设计，R 超市的人力资源部找到就业辅导员询问有没有人可以推荐去就业。机构于是将案主由 H 百货有限公司食品科调整至衡阳市 R 超市，之前工作内容中的商品管理、区域管理全部剔除，目前调整为专项管理出入口的购物车。经过 3 个月密集支持，基本工作都能胜任，2015 年 9 月就业辅导员与案主家长商量结案事宜，9 月 21 日正式结案，案主也一直在 R 超市工作至今。

三　主要问题与需求分析

由于担心案主在上下班路上的人身安全问题，H 百货对于雇用案主有一定的顾虑，经机构协商与案主家长签订相关协议，案主在上班期间，人身安全由用人单位承担，而非工作期间案主的人身安全由其父母负责。

H 百货工作太复杂，案主工作能力跟不上以及主动性欠缺，后岗位调整至衡阳市 R 超市负责管理出入口的购物车。

四　问题根源：社会无障碍环境和支持缺乏

罗洁的就业历程并不顺利，主要原因之一是她上下班途中的安全问题。企业并不愿意承担责任。除了反思劳动保障本身的原因，公共交通和公共场所的无障碍设施缺乏，相关的指引服务亦缺乏也是问题之源，这导致无论是企业还是家长都不放心她独自上下班。当然，离家比较近的社区内就业是比较理想的解决措施，但在社区内不都能顺利找到适合罗洁的岗位。

另一个原因是在她的第一家工作单位对就业辅导员进入企业提供支持在态度上并不开放和积极，以企业内部规则为由提出诸多限制，影响了就业辅导员对案主的密集支持，最后案主在工作环境的自然支持也未能建立起来。

案例三：案主就业能力不足时怎么办

（衡阳 H 社会工作服务中心提供）

一　个案背景

（一）个案基本资料

案主：李胜（化名）

性别：男

年龄：30 岁

障碍类别：智力障碍 3 级

(二) 个案来源

机构中的学员。

(三) 背景资料 (略)

1. 情绪状况
2. 家庭资料
3. 人际关系
4. 行为表现
5. 支援网络

二　案例描述

李胜，30 岁，智力障碍 3 级。经过就业辅导员工作岗位开发和职业介绍，他进入衡阳 CS 酒店厨房当学徒，案主对厨师这个行业十分感兴趣，家人对案主的选择也十分支持。但在工作的过程中发现案主工作能力不够，如切辣椒时胆小害怕切到手，三个三个地切，拖慢整体工作效率；帮忙上菜过程中还会出现把半成品端上给客人，工作能力不足；由于工作场所的原因，企业不愿意让就业辅导员进入酒店厨房，就业辅导员也无法进入厨房对案主进行支持。

用人单位向就业辅导员反映，希望政策方面能够有工资补偿，用人单位本身雇用员工超过 30 人，不需要交残保金了，如果能获得一些国家性的补贴，雇主会觉得这是对自己行善行为的鼓励，对这些爱心企业也能够起到一个鼓励支持的作用。

但是机构需要支持的服务对象比较多，每个就业辅导员同时需要跟进几个个案。李胜除了厨师外不愿意做别的职业尝试，但他的能力明显不足以应对厨师的工作。而企业提出来的政策奖励问题不是就业辅导员可以解决的。最终该就业案例不了了之。

三　主要问题与需求分析

案主工作能力不够，欠缺主动性，胆小，切菜的时候害怕切到手，工作效率低；帮忙上菜过程中还会出现把半成品端上给客人，工作能力不足；由于工作场所的原因，就业辅导员也无法进入厨房对案主进行支持。同时也因为没有政策支持，就业辅导员无法专注地做案例，身兼多职，没能很好地对案主进行密集性支持。

政策优惠方面对用人单位没有吸引力，用人单位向就业辅导员反映希望能得到工资补贴，得到国家对企业行善行为的一种鼓励。

四 问题根源：缺乏转衔机制和政策鼓励

这个案例反映的问题是制度性的。首先是缺乏转衔机制，特别是对于心智障碍者，他们在职业训练方面就先天不足。当他们到一个工作岗位的时候，往往会发现能力上的不足。有些能力上的缺失不是就业辅导员3个月的密集支持可以弥补的，这时候或许要考虑对案主进行再培训的问题。但是，去哪里培训？工作岗位上的师带徒制培训会不会是更合适的选择？成本谁承担？目前这些问题都没有答案。

就业单位反映的用人（心智障碍者）激励问题也是很常见的，除了要鼓励企业承担企业社会责任，如何合理分担他们的负担也是政策需要考虑的。

参考文献

Anand, P. & Sevak, P. (2017). The Role of Workplace Accommodations in the Employment of People with Disabilities. Iza Journal of Labor Policy, 6 (1), 1-20.

Andy, S. K., Cheng, Frank, P. F., Chiu, Manfred, S. M., Fung, and Raymond, W. C. Au. (2015). A Review of Supported Employment Services for People with Mental Disabilities, *Hong Kong. Journal of Vocational Rehabilitation.* Vol. 42, No. 1, 75-83.

Aizawa, K. & Hisanaga, F. (2012). Employment Support Services in Japan. *International Journal of Mental Health.* Vol. 41, No. 2, 48-60.

Balser, D. B. & Harris, M. M. (2008). Factors Affecting Employee Satisfaction with Disability Accommodation: A Field Study. *Employee Responsibilities and Rights Journal*, 20 (1), 13-28.

Barnes, C. (1992). Disability and Employment, *Personnel Review*, Vol. 21 Iss: 6, 55-73.

Barnes, C. (1999). A Working Social Model? Disability and Work in the 21st Century, paper presented at *the Disability Studies Conference and Seminar*, Edinburgh, 9 December.

Barnes, C. & Mercer. (1996). Introduction: Exploring the Divide. In C. Barnes & G. Mercer (Eds.), *Exploring the Divide: Illness and Disability* (1-16). Leeds: The Disability Press.

Barnes, C. (2003). Disability, the Organization of Work, and the Need for Change, Statement Presented to the OECD Conference Transforming Disability and Ability, 6 March. Available online at: www.independentliving.org/docs6/barnes20030306, html (accessed 5 July 2006).

Bartel, A. (1981). Race Differences in Job Satisfaction: A Reappraisal, *Journal of Human Resources*, Vol. 16, 295-303.

Becker, D. R. & Drake, R. E. (2006). Supported Employment Interventions are Effective for People with Severe Mental Illness. *Evidence Based Mental Health*, 9 (1).

Bond, G. R., 2004. Supported Employment: Evidence for an Evidence-Based Practice. *Psychiatric Rehabilitation Journal*, 27 (4), 345.

Bond, G., Drake, Rober, Becker, D. (2008). An Update on Randomized Controlled Trials of Evidence-Based Supported Employment. *Psychiatric Rehabilitation Journal* 31 (4): 280-290.

Borjas, G. (1979), Job Satisfaction, Wages, and Unions, *Journal of Human Resources*, Vol. 14, No. 1, 21-40.

Brown, L., Shiraga, B. & Kessler, K. (2006). The Quest for Ordinary Lives: The Integrated Post-School Vocational Functioning of 50 Workers with Significant Disabilities. *Research and Practice for Persons with Severe Disabilities*. 31 (2), 93-121.

Burke, R. (1999). Disability and Women's Work Experiences: An Explanatory Study, *International Journal of Sociology and Social Policy*, Vol. 19, No. 12, 21-33.

Callahan, M., Grifin, C., Hammis, D. (2011). Twenty Years of Employment for Persons with Significant Disabilities: A Retrospective. *Journal of Vocational Rehabilitation*, 35: 163-172.

Cammann, C., Fichman, M., Jenkins, G. D., Klesh, J. (1983). Michigan Organizational Assessment Questionnaire. In: Seashore, S. E., Lawler, E. E., Mirvis, P. H., Cammann, C. *Assessing Organizational Change: A guide to methods, measures, and practices*. New York: Wiley-Interscience, 71-138.

Chan, F., Mabon, B. (2011). Current and Future Challenges in Vocational Rehabilitation. *Journal of Vocation Rehabilitation*, 35: 189-191.

Clark, A. (1997). Job Satisfaction and Gender: Why are Women so

Happy at Work? *Labour Economics*, Vol. 4, No. 4, 341-372.

Clark, A., Oswald, A. (1996). Satisfaction and Comparison Income, *Journal of Public Economics*, 359-381.

Cleveland, J., Barnes-Farrell, J. L. &Ratz, J. M. (1997). Accommodation in the Workplace. *Human Resource Management Review*, 7: 77-107.

Cowi. (2012). Supported Employment for People with Disabilities in the EU and EFTA-EEA, European Commission.

Drake, R. E., Becker, Dr. R., Biesanz, J. C., Wyzik, P. F. & Torrey, W. C. (1996). Day Treatment versus Supported Employment for Persons with Severe Mental Illness: A Replication Study. *Psychiatric Services*. 47. 1125-1127.

Dali, M. C. & Bound, J. (1996). Worker Adaption and Employer Accommodation Following the Onset of A Health Impairment. *Journal of Gerontology*. 51B. 554-560.

Drake, R. E., McHugo, G. J., Bebout, R. R., Becker, D. R., Harris, M., Bond, G. R., et al. (1999). A Randomized Clinical Trial of Supported Employment for Inner-City Patients with Severe Mental Illness. *Archives of General Psychiatry*, 56, 627-633.

European Commission, (2007). Towards Common Principles of Flexicurity: More and Better Jobs through Flexibility and Security.

Feldblum, C. R. (1991). Employment Protections. In J. West (Ed.), *The Americans with Disabilities Act: From policy to practice*. Milbank Quarterly, 69 (Supplement 1/2), 81-110.

Freeman, R. (1978), Job Satisfaction as an Economic Variable, *American Economic Review*, Vol. 68, No. 2, 135-141.

Goering, S. (2002). Beyond the Medical Model? Disability and Employment: A Comparative Critique of UK Legislation. *International Journal of Human Resource Management*. 11 (4), 807-821.

Houser, R. & Chace, A. (1993). Job Satisfaction of People with Disabilities Placed through a Project with Industry. *Journal of Ehabilitation-Washington* 59, 45-45.

Jenkins, W. & Kelz, J. (1973). Congruency of Rehabilitation Counselor Work Role Perceptions and Job Satisfactions. *Rehabilitation Research and Practice Review*, (4), 65-73.

Kelly, G. M. (2000). Employment and Concepts of Work in the New Economy. *International Labour Review*. 139 (1), 9.

Kiernan, W. E., Gilmore, D. S. & Butterworth, J. (1997). IntegratedEmployment: Evolution of National Practices. *Integrated Employment: Current Status and Future Directions*. 17-29.

Kiernan, W. E., McGaughey, M. J., & Schalock, R. L. (1988). Employment Environments and Outcome for Adults with Developmental Disabilities. *Mental Retardation*, 26 (5), 279.

Lévy-Garboua, L., Montmarquette, C. (2004). Reported Job Satisfaction: Whatdoes It Mean? *The Journal of Socio-Economics*, 33: 135-151.

Lewis, E. (1980). *Public Entrepreneurship: Toward a Theory of Bureaucratic Political Power. Bloomington*. Indiana University Press.

Long, J. Scott & Jeremy F. (2001). *Regression Modelsfor Categorical Outcomes Using Stata. College Station*, TX: Stata Press.

Luciano, A., Drake, R. E., Bond, G. R., Becker, D. R., Carpenter-Song, E. & Lord, S., et al. (2014). Evidence-Based Supported Employment for People with Severe Mental Illness: Past, Current, and Future Research. *Journal of Vocational Rehabilitation*, 40 (1), 1-13.

Madsen, PerKongshøj (2008). "Flexicurity in Denmark-A Model for Labour Market Reforms in the EU", In Bienkowski, W. Brada, JC. & Radlo. M (ed.) Growth versus Security. Old and new EU Members Quest for a New Economic and Social Model. Basingstoke: Macmillan, 33-53.

McAfee, J. and McNaughton, D. (1997). Transitional Outcomes: Job Satisfaction of Workers with Disabilities - part two: Satisfaction with Promotions, Pay, Co-workers, Supervision, and Work Conditions, *Journal of Vocational Rehabilitation*, Vol. 8, 243-251.

Meng, R. (1990). The Relationship between Unions and Job Satisfaction, *Applied Economics*, Vol. 22, No. 12, 1635-1648.

Migliore, A., Mank, D., Grossi, T. & Rogan, P. (2007). Integrated Employment or Sheltered Workshops: Preferences of Adults with Intellectual Disabilities, Their Families, and Staff. *Journal of Vocational Rehabilitation*, 26 (1), 5.

Miller, L. & Muthard, J. (1965). Job Satisfaction and Counselor Performance in State Rehabilitation Agencies. *Journal of Applied Psychology*, 49, 280-283.

Miller, P. W. (1990). Trade Unions and Job Satisfaction, *Australian Economic Papers*, Vol. 29, No. 55, 226-228.

Morehead, A., Steele, M., Alexander, M., Stephen, K. and Duffin, L. (1997). Changes at Work, Department of Workplace Relations and Small Business, Canberra.

Moseley, C. (1988). Job Satisfaction Research: Implications for Supported Employment, *Journal of the Association for Persons with Severe Handicaps*, 13, 211-219.

Mueser, K. T., Becker, D. R. & Wolfe, R. (2001). Supported Employment, Job Preferences, Job Tenure and Satisfaction. *Journal of Mental Health*, 10 (4), 411-417.

Murphy, S. T. & Rogan, P. M. (1995). Closing the Shop: Conversion from Sheltered.

Nazarov, Z. E., Golden, T. P. & Schrader, S. V. (2012). Prevocational Services and Supported Employment Wages. *Journal of Vocational Rehabilitation*. 37: 119-129.

Nelson, N. (1971). Workshops for the Handicapped in the United States: An Historical and Developmental Perspective. Springfield, IL: Charles C Thomas.

OECD, (1999). *Social Enterprises*. Paris: OECD publications.

Oliver, M. (1983). *Social Work with Disabled People*, Basingstoke: Macmillan.

Oliver, M. (1986). *Social Policy and Disability: Some Theoretical Issues, Disability, Handicap and Society*, 1, 1, 5-18.

Oliver, M. (1990). The Individual and Social Models of Disability, presented at Joint Workshop of Living Options Group and the Research Unit of the Royal College of Physicians.

Oliver, M. (1996a). *Understanding Disability*. Basingstoke: Macmillan.

Oliver, M. (1996b). *A Sociology of Disability or a Disablist Sociology?* In Barton (ed.), Disability and Society, Emerging Issues and Insights. Harrow: Longman.

Oliver, M. (2004). *Implementing the Social Models of Disability: Theory and Research*, edited by Colin Barnes and Geof Mercer, Leeds: the Disability Press.

Quigley, S. (1968). *Deaf students in Colleges and Universities*. Washington, DC: Alexander Graham Bell Association for the Deaf.

Reiter, S., Friedman, L., & Mokho, M. (1985). Motivation, Vocational Interests and Job Satisfaction of Mentally Retarded Adults. *International Journal of Rehabilitation Research*, 8, 19-28.

Renaud, S. (2002). Rethinking the Union Membership/Job Satisfaction Relationship: Some Empirical Evidence in Canada, *International Journal of Manpower*, Vol. 23, No. 2, 137-150.

Schwochau, S. (1987). Union Effects on Job Satisfaction, *Industrial and Labour Relations Review*, Vol. 40, 209-224.

Scott, A., Williams, J., Stout, J., & Decker, T. (1980). *Field Investigations and Evaluation of Learning Dsabilities* Scranton, PA: University of Scranton Press.

Selzer, M. (1984). Patterns of Job Satisfaction among Mentally Retarded Adults. *Applied Research in Mental Retardation*, 5, 147-159.

Skalli, A., Theodossiou, I., Vasileiou, E. (2008). Job as Lancaster Goods: Facets of Job Satisfaction and Overall Job Satisfaction. *The Journal of Socio-Economics*, No. 37: 1906-1920.

Sloane, P. and Williams, H. (2000). Job Satisfaction, Comparison Earnings, and Gender, *Labour*, Vol. 14, No. 3, 473-502.

Szymanski, E. M., Hanleymaxwell, C., Hansen, G. M. & Myers,

W. A. (1988). Work Adjustment Training, Supported Employment, and Time-Limited Transitional Employment Pprograms: Context and Common Principles. *Vocational Evaluation & Work Adjustment Bulletin*, 21 (2), 41-45.

Uppal, S. (2005). Disability, Workplace Characeristics and Job Satisfaction, *International Journal of Manpower*, Vol. 26, No. 4.

Vidal, Isabel, and NuriaClaver, (2004). Work Integration Social Enterprises in Spain. Available from: http://www.emes.net/fileadmin/emes/PDF_files/PERSE/PERSE_ WP_ 04-05_ SP. pdf.

Wehman, P. E., Others, A. (1997a). Supported Employment Research: Expanding Competitive Employment Opportunities for Persons with Significant Disabilities, 234.

Wehman, P. & Others, A. (1997b). Improving Access to Competitive Employment for Persons with Disabilities as a Means of Reducing Social Security Expenditures. *Focus on Autism & Other Developmental Disabilities*, 12 (1), 23-30.

West, J. (1991). The Social and Policy Context of the Act. In J. West (Ed.), T*he Americans with Disabilities Act: From Policy toPpractice*. Milbank Quarterly, 69 (Supplement 1/2), 3-24.

Wittla, Andrews, M. C., Kacmar, M. (2000). The Role of Participation in Decision-Making in the Orrganizational Politics-Job Ssatisfaction Relationship. *Human Relations*, 53 (3): 341-358.

Wong, K. K., Chiu, L. P., Tang, S. W., Kan, H. K. & Kong, C. L. (2004). A Supported Eemployment Program for People with Mental Illness in Hong Kong. *American Journal of Psychiatric Rehabilitation*, 7 (1), 83-96.

Wright, G. & Tertian, L. (1987). Rehabilitation Job Satisfaction Inventory, *Rehabilitation Counseling Bulletin*, No. 30, 159-176.

薄晓光:《美国社会保障制度》,《中外企业文化》2004年第6期。

蔡禾、王进:《"农民工"永久迁移意愿研究》,《社会学研究》2007年第6期。

蔡禾、周林刚:《关注弱势,城市残疾人群体研究》,社会科学文献出版社2008年版。

陈静江:《美国庇护工场兴衰对国内身心障碍者就业的启示》,《就业安全》2006年第2期。

陈圣祺：《回顾十五年期望再发展——上海市杨浦区工疗站15年前后的对照》，《临床精神医学杂志》1995年第6期。

程凯：《第二次全国残疾人抽样调查数据分析报告》，华夏出版社2008年版。

邓锁：《信息化背景下残疾人就业模式及政策支持路径分析》，《残疾人研究》2016年第1期。

杜林、李伦、雷江华：《美国残疾人支持性就业的发展及对我国的启示》，《中国特殊教育》2013年第9期。

冯慧玲：《关于社工在精神病康复者庇护工场中的角色探索——以春晖庇护工场为例》，《残疾人研究》2011年第9期。

黄建飞：《盲人按摩师就业不稳定的职业教育对策》，《中国残疾人》2006年第3期。

赫茨伯格·弗雷德里克：《两因素理论：工作动机研究报告》，洪嘉盈译，实学社出版公司1998年版。

胡扬：《智障人士支持性就业中的社会工作服务——以湖南省h智障人士服务中心为例》，广西师范大学，2015年。

赖德胜：《2013中国劳动力市场发展报告》，北京师范大学出版社2013年版。

刘菡：《残障NGO就业服务研究——以ZG机构为例》，山东大学，2016年。

刘璐璐：《支持性就业模式下的智障人士就业问题的探讨》，《开封教育学院学报》2016年第7期。

李瑾：《关于我国智障者实施支持性就业的思考》，《鸡西大学学报》2011年第6期。

李炜冰：《无障碍环境建设中的政府责任》，《苏州大学学报》（哲学社会科学版）2010年第2期。

林静新、古阳春、林一帆：《广州市智障人士支持性就业实践及政策援助诉求》，《改革与战略》2013年第8期。

林庆仁：《由美国庇护工场的发展看台湾推动的愿景》，[EB/OL].2011-7-8. http://www.docin.com/p-229899677.html。

廖慧卿、罗观翠：《基于残障概念模式的残疾人就业政策目标评价》，《华中科技大学学报》2012 年第 2 期。

廖慧卿：《交换、福利抑或挤占：残障人士的保护性就业》，《社会学研究》2014 年第 1 期。

廖慧卿、岳经纶：《工作场所无障碍、融合就业与残障者就业政策》，《公共行政评论》2015 年第 4 期。

廖娟：《残疾人就业政策：国际经验及对我国的启示》，《人口与经济》2008 年第 8 期。

林宏炽：《庇护工场的规划与功能》，《就业与训练》1997 年第 4 期。

洛普雷斯蒂和马格：《成年残疾人的求职和工作无障碍设施问题》，收录于奥尔特曼等编、郑晓瑛等译《利用调查数据研究残疾人问题——美国残疾人访问数据调查研究结果》，北京大学出版社 2013 年版。

吕明晓：《以庇护性就业为突破点创多元就业模式》，《社会福利》2013 年第 5 期。

彭海燕：《长沙市智障人士就业支持研究》，湖南师范大学，2013 年。

孙汉银：《组织公平对组织政治知觉与工作满意度之间关系的调节作用》，《北京师范大学学报》（社会科学版）2009 年第 1 期。

田蕴祥：《公私协力模式下的劳动就业促进政策研究——以台湾地区残疾人事业发展为例》，《湖北社会科学》2014 年第 4 期。

叶苏扬：《轻度智障人士就业支持体系构建》，《浙江青年专修学院学报》2013 年第 3 期。

王国羽、林昭吟、张恒豪：《残障研究理论与政策应用》，巨流出版社 2012 年版。

王浦劬、[美] 莱斯特·M. 萨拉蒙等：《政府向社会组织购买公共服务研究：中国与全球经验分析》，北京大学出版社 2010 年版。

汪蔚兰、昝飞：《美国的智障人士支持性就业》，《社会福利》2010 年第 5 期。

吴秀照、陈美智：《劳动与就业》，收录于王国羽等《残障研究理论与政策应用》，巨流出版社 2012 年版。

香港社会福利署，http://www.swd.gov.hk/sc/index/。

谢涵：《农疗在精神康复中的作用探析》，《中国残疾人》2014 年第

11期。

谢建社:《探索街居工疗站社会工作服务与管理新机制新方法——以广州为例》,《重庆工商大学学报》(社会科学版)2013年第2期。

许琳:《残疾人就业难与残疾人就业促进政策的完善》,《西北大学学报》(哲学社会科学版)2010年第1期。

熊文娟、李伦、雷江华:《我国庇护工场的发展历程、优势和挑战》,《绥化学院学报》2014年第4期。

杨立雄、兰花:《中国残疾人社会保障制度》,人民出版社2011年版。

杨可欣:《社区精神康复与社会工作介入——对杭州朝晖工疗站的个案调查》,《北京城市学院学报》2012年第6期。

杨晓岚:《盲人按摩管理模式及发展研究》,《中国残疾人》2010年第6期。

张晓筱、柯卉兵:《社会政策视角下的我国残疾人就业问题分析》,《桂海论丛》2014年第2期。

赵萌萌、吕学静:《中美日残疾人就业保障比较研究》,《社会福利》(理论版)2012年第10期。

赵国秋、李水根:《精神病工疗站的经济和社会效益初探》,《卫生经济》1984年第6期。

朱亚鹏、肖棣文:《政策企业家与社会政策创新》,《社会学研究》2014年第3期。

卓彩琴、林诚彦、张凤琼等:《残疾人支持性就业模式建构——基于广州慧灵的实践研究》,《社会福利》(理论版)2015年第12期。

张宝林:《张宝林在"第十二届北京论坛"上发言——智障人就业与支持性模式》[EB/OL].中国智力残疾人及亲友协会:2015年11月7日,http://www.capidr.org.cn/news1302.html。

张秀梅:《福州城市社区残疾人就业状况调查》,《社会》2004年第2期。

北京市民政局、北京市残联、北京市财政局等:《关于印发〈北京市困难残疾人生活补贴和重度残疾人护理补贴制度实施办法〉的通知》。

北京市残疾人联合会、北京市财政局、北京市社会建设工作办公室:

《北京市开展支持性就业工作试点方案》。

中国残疾人联合会:《关于印发〈残疾人就业保障金征收使用管理办法〉的通知》[EB/OL]. 中国残疾人联合会:2015 年,http://www.cdpf.org.cn/zcwj/zxwj/201509/t20150915_527933.shtml。

中国残疾人联合会:《关于发展残疾人辅助性就业的意见》,2015 年,http://www.cdpf.org.cn/zcwj/zxwj/201507/t20150708_521155.shtml。

中国智协:《中国智力障碍者支持性就业培训与研究项目报告》[EB/OL]. 中国智力残疾人及亲友协会:2013 年 8 月 1 日,http://www.capidr.org.cn/news156.html。

广州市残疾人联合会:《广州市残联试行智力残疾人支持性就业》[EB/OL]. 广州市残疾人联合会:2014 年 11 月 17 日,http://www.gzdpf.org.cn/Article/news1/12591.html.

广州市人民代表大会常务委员会《广州市按比例安排残疾人就业办法》,2015 年修正。

附录一

灵活保障与支持性就业研究访谈提纲（一）

（残联部分）

1. 为什么推动支持性就业？当时有家长或其他民间力量的倡导吗？有怎样的愿景？
2. 是完全外包还是自己直接提供？
3. 项目资金来源（残保金）？是否充足？
4. 每个服务对象的平均成本？成本是否存在较大差异？
5. 对服务对象主要的残障程度是否有政策或制度性规定？如限制在智力障碍，为什么？
6. 智力障碍者进入劳动力市场的主要障碍？
7. 他们接受支持性就业服务的主要障碍？（家长？自身？）
8. 残障人士是否更愿意吃低保或挂靠而不愿意就业？
9. 为服务对象提供哪些工作场所支持？支持的时间长度？
10. 残障人士特别是心智障碍者就业过程中是否遭受政策方面的障碍？
11. 对服务对象的政策支持力度是否足够？不够的地方表现在哪里？
12. 就业辅导员的数量与工作能力是否满足服务需要？
13. 支持性就业的服务对象是否会扩大到其他障别？
14. 对服务机构的支持性项目有监督和评估（考核）吗？以什么形式？（直接/第三方评估）
15. 主要是什么机构在承接项目？资质如何？
16. 推行支持性就业是否存在其他制度性或政策性冲突？有何对策？
17. 推行支持性就业是否过于超前？

附录二

灵活保障与支持性就业研究访谈提纲（二）

（就业服务机构部分）

1. 机构为什么做这个项目？有怎样的愿景？目前的服务成效？
2. 项目资金来源？是否充足？
3. 每个服务对象的平均成本？成本是否存在较大差异？
4. 服务对象主要的残障程度？
5. 智力障碍者进入劳动力市场的主要障碍？
6. 他们接受支持性就业服务的主要障碍？（家长？自身？）
7. 残障人士是否更愿意吃低保或挂靠而不愿意就业？
8. 为服务对象提供哪些工作场所支持？
9. 残障人士特别是心智障碍者就业过程中是否遭受政策方面的障碍？
10. 对服务对象的政策支持力度是否足够？不够的地方表现在哪里？
11. 就业辅导员的数量与工作能力是否满足服务需要？
12. 支持性就业的服务对象是否会扩大到其他障别？
13. 支持性就业实施过程中还遇到哪些困难？政策支持方面需要怎样改进？
14. 支持性就业的前景如何？

附录三

残障人士就业状况、认知和需要调查

您好！为进一步了解您对福利企业和工作的看法，我们进行了此次调查。我们不需要知道您的名字，所以请不要在问卷上署名。在任何情况下，答案均是保密的。您如实的填写将有助于我们了解您的想法和需要，以向相关部门提出合适的政策建议。这不是考试，答案没有对错之分，您只需按您的实际情况作答即可。

谢谢您的合作！

请在符合您个人情况的选项上画"√"

一、调查对象基本情况

1. 部门　　2. 职位　　3. 工种
4. 性别：(a) 男　　(b) 女
5. 年龄段：(a) 16—19 岁　　(b) 20—29 岁　　(c) 30—39 岁　(d) 40—49 岁　(e) 50—59 岁　(f) 60 岁及其以上
6. 教育程度：(a) 从未接受教育　(b) 小学　(c) 初中　(d) 高中（中专中技）　(e) 大专（高技）　(f) 本科　(g) 研究生
7. 具有何种职业资格？(a) 无　(b) 有，请填写（　　），等级（　　）（从高到低，一般是 1—5 级）
8. 在本企业工作年限：(a) 少于 6 个月　(b) 6 个月—1 年（不含 1 年）　(c) 1—2 年（不含 2 年）　(d) 2—5 年（含 2 年不含 5 年）　(e) 5—10 年（含 5 年不含 10 年）　(f) 10—20 年（含 10 年不含

20 年）　（g）20 年以上（含 20 年）

9. 残疾类型视力残疾：（a）听力残疾　（b）言语残疾　（c）肢体残疾　（d）智力残疾　（e）精神残疾　（f）视力

10. 残疾等级：（a）一级　（b）二级　（c）三级　（d）四级

11. 婚姻状况：（a）未婚　（b）已婚　（c）离异　（d）再婚　（e）丧偶　（f）其他

12. 已婚者配偶的就业状况：（a）就业　（b）失业　（c）退休（含早退）　（d）其他

13. 已婚者配偶的职业：（a）普通工人　（b）技术工人　（c）一般行政人员　（d）基层管理干部　（e）中层以上管理者/领导　（f）个体户　（g）私企老板　（h）打零工/散工（非正规就业）

14. 平时居住地：（a）工厂/企业宿舍　（b）工厂所在乡镇/区　（c）附近乡镇/区　（d）其他

15. 是否为广州户籍：（a）是　（b）否

16. 您的身份状况：（a）非农业户口（市民）　（b）农业户口（农民）

17. 家庭人口总数：（　　）人

18. 您目前家庭中的就业人数是：（　　）人

19. 日常生活是否需要人进行护理（因此身体残障的原因）？（a）非常需要　（b）需要　（c）有点需要　（d）基本不需要　（e）一点都不需要

20. 如果您的日常生活因为残障的原因而需要额外的护理，您能够得到足够的护理吗？（a）是的　（b）没有

21. 若您的日常生活需要护理，您主要的护理者是：（a）家人　（b）私人保姆　（c）企业聘请的护工　（d）其他

22. 合同期限：（a）无固定期限　（b）5 年以上　（c）3—5 年（含 5 年）　（d）1—3 年（含 3 年）　（e）1 年及其以下

23. 来这里工作之前您的就业情况：（a）福利企业　（b）其他私企　（c）其他国企　（d）务农　（e）无业　（f）其他

24. 您是通过什么途径得到这份工作的？（a）朋友介绍　（b）自己看招聘广告来应聘　（c）残联推荐　（d）其他

25. 您认为自己家庭的经济状况属于：（a）充裕　（b）够用　（c）节约点够用　（d）经济有困难

二、以下是一些关于对工作与需要的认识和看法，请在符合您个人情况的选项上画"√"

陈述	完全赞同	比较赞同	中度赞同	不太赞同	完全不赞同	不知道
1. 您喜欢这里的工作						
2. 您觉得工作比不工作更能使生活有意义						
3. 您了解企业的组织目标						
4. 您了解企业的运作						
5. 企业经常向您宣传它的价值观或目标						
6. 您宁愿跟较多的残疾人一起工作						
7. 您宁愿跟更多身体健全的人士一起工作						
8. 身体特征不是您选择工作环境的理由						
9. 这家企业有特别的为您（残疾人）而改变周围的设施和布置或其他环境以使您适应这里的工作						
10. 您的工作需要家人的支持						
11. 您工作可以帮补家庭的收入						
12. 这里的环境有利于您的职业发展或成长						
13. 这里的工作设施没有让您觉得不方便						
14. 工厂的生活设施很方便						
15. 您需要克服很多困难才能从事现在的工作						
16. 您所在的企业能够一视同仁地对待残疾员工						
17. 您所在的企业特别关照残疾员工						
18. 您满意您的收入						
19. 在这里工作很有压力						
20. 您满意您现在的岗位						
21. 您应该有比现在更适合的岗位						
22. 您的身体情况不适应这个工种						
23. 企业在工作岗位安排方面公平地对待残疾员工						

续表

陈述	完全赞同	比较赞同	中度赞同	不太赞同	完全不赞同	不知道
24. 企业在工资待遇方面公正地对待残疾员工						
25. 您与其他员工之间的关系是亲密合作的						
26. 您能够融入这个集体						
27. 企业经常对您进行培训						
28. 企业的培训帮助您能够胜任工作						
29. 在您的工作中,您与残疾员工经常接触						
30. 在您的工作中,您与身体健全的员工经常接触						
31. 为了更好地工作,您希望与残疾员工更多接触						
32. 为了更好地工作,您希望与身体健全员工更多接触						
33. 总体而言,这里的就业能够满足您的生存需要						
34. 总体而言,在这里工作经常让您觉得有成就感						
35. 总体而言,在这里工作经常让您在情感上觉得满足						
36. 为了更好地工作,您认为企业应该更多的关注您的需要						
37. 为了更好地工作,您认为政府应该更多的关注您的需要						
38. 如果您在工作的过程中出现了问题,您可以获得很多的帮助来解决那些问题						
39. 您的顶头上司或部门经理以及更高的管理者对您工作中面临的技术难题非常了解						
40. 在找工作的时候,或工作遇到困难,您会考虑寻求政府部门(如居委、村委、残联)的帮助						
41. 政府部门(如居委、村委、残联)的帮助能够帮助您顺利就业						

1. 您为什么愿意到这里工作?(可多项)

(a) 这家企业的实力很强 (b) 因为找不到别的工作 (c) 福利企业更友好公平地对待残疾人 (d) 福企更能发挥您的特长 (e) 其他

2. 出现难题的时候，在企业内您向谁求助？

(a) 直接上级　　(b) 同部门同事　　(c) 高层　　(d) 下级 (e) 其他部门的同事　　(f) 没人　　(g) 其他

3. 企业已经对您进行了哪些方面的培训？(a) 技能　　(b) 职业资格 (c) 学历学位　　(d) 其他

附录四

支持性就业调查问卷

请在符合您个人情况的选项上画"√"

一 基本情况

1. 残疾类型

A. 自闭症谱系障碍　　B. 智力残疾　　　C. 脑瘫伴有智能障碍

D. 精神残疾　　　　　E. 多重残疾　　　F. 其他

2. 监护人

A. 父母　　　　　　　B. 祖父母　　　　C. 夫妻

D. 子女　　　　　　　E. 其他

3. 受教育情况

A. 未完成义务教育　　B. 已完成义务教育,现在家自学

C. 正就读职业高中　　D. 高中毕业,正就读大专　　E. 其他

二 对于支持性就业的意见

1. 目前的就业情况

　A. 待业,找工作　　　　B. 待业,没找工作　　C. 公司、企业

　D. 政府部门、企事业单位　　E. 个体户、网店、自谋职业

　F. 农业生产种植养殖　　　　G. 庇护性就业,康园工疗站、托养

　H. 挂靠、假就业　　　　　　I. 其他

2. 目前家庭总收入(每个月)

　A. 低于 1000 元　　　　　　B. 1001—3000 元

C. 3001—5000 元　　D. 5001—8000 元　　E. 8000 元以上

3. 目前家庭收入的来源有（多选）

A. 家人工资、退休金　　B. 民政低保、救济　　C. 障碍者劳动收入

D. 亲友资助、社会捐赠　　E. 其他

4. 已接受职业教育时间（含职业高中学历教育、技能培训、岗前培训等）

A. 无　　B. 1 个月至 3 个月　　C. 4 个月至 6 个月　　D. 6 个月以上

5. 家庭是否支持残疾人公开就业？

A. 是　　B. 否　　C. 还没有想好

6. 残疾人是否曾经求职成功？

A. 是（跳至第 8 题）　　B. 否（跳至第 7 题）

7. 求职被拒绝的原因是什么？（可多选）

A. 自身能力不足　　B. 没有工作经验

C. 单位有顾虑　　D. 试用后未聘用　　E. 其他

8. 以前通过哪些方式找工作？（可多选）

A. 劳务市场　　B. 残联组织的招聘会

C. 亲友帮忙　　D. 服务机构、学校推荐　　E. 其他

9. 残疾人登记求职后是否得到市、区残联的就业服务？

A. 是（跳至第 10 题）　　B. 否（跳至第 11 题）　　C. 不清楚

10. 市、区残联曾为残疾人提供哪些就业服务？

A. 职业能力评估　　B. 免费培训、培训补贴

C. 职业介绍、推荐就业　　D. 缴纳社会保险补贴　　E. 其他

11. 残疾人期望的每月工资收入（含社保）？

A. 1000—2000 元　　B. 2000—3000 元

C. 3001—4000 元　　D. 4001 元以上

12. 残疾人最希望在哪儿就业？

A. 民营企业　　B. 政府部门、事业单位

C. 个体户、网店、中外合资公司　　D. 大型国有企业　　E. 其他

13. 残疾人是否曾经参加职业技能测评？

A. 是　　B. 否　　C. 不知道

14. 残疾人家庭是否听说过支持性就业？

A. 是　　B. 否　　C. 不知道

15. 如果要求就业辅导员帮助残疾人实现公开就业，您（监护人）认为就业辅导员应该具备什么资质？

　　A. 大专学历以上　　B. 本科学历以上　　C. 研究生学历以上

16. 就业辅导员支持智力、精神残疾人进入普通岗位公开就业，您（监护人）认为应该支持多长时间？

　　A. 1个月左右　　B. 1个月至3个月　　C. 3个月至6个月　　D. 其他

17. 您（监护人）是否愿意配合就业辅导员工作以促进残疾人就业？

　　A. 是　　B. 否

18. 您（监护人）对政府促进智力、精神残疾人就业的具体意见是？

　　A. 建立就业平台，帮忙安排工作　　B. 建立更多庇护工场

　　C. 提供住宿托养　　D. 多组织残疾人的公益性活动，加强正面宣传

　　E. 补贴、奖励招聘残疾人的企业，增大企业残疾人就业比例

　　F. 政府帮忙买社保医保　　G. 政府扶持保障残疾人的基本生活

　　H. 做好就业后的跟进工作　　I. 就业前培训

　　J. 提供更多就业辅导员　　K. 出台更宽松的就业政策

19. 您（监护人）对市、区残联培训就业辅导员的具体意见是？

　　A. 要有比较高的学历（大专或以上）

　　B. 要有爱心、责任心、耐心和要有专业技术能力

　　C. 举办多一些培训与实操　　D. 提供评估与就业建议

　　E. 提高辅导员待遇　　F. 提供家访　　G. 定期心理辅导

20. 如果心智障碍人士被您所在的机构聘用，您（监护人）将怎样和他们一起工作？

　　A. 像对待普通人一样对待和支持他们　　B. 配合机构、单位帮助他们

　　C. 接纳、信任他们，并且耐心教导锻炼他们的工作能力

　　D. 多和辅导员沟通

后　　记

十多年以来，各种因缘际会之下，我一直从事残障社会政策与社会工作的教学、实务和科研工作，特别是残障就业议题的探索。从国家"十二五"规划到今年开启的"十四五"规划阶段，我有幸见证了我国残障权利运动的风起云涌。"没有我的参与，请不要做与我利益相关的决策（Nothing about Us without Us）"这句话越来越为残障社群所熟知，后面所蕴含的关于残障现象认知的社会模式理论也逐渐在现实世界的社会政策实践中发挥重要影响。过去十年，我们欣喜地看到国内残障社会政策各个领域都取得了重大进展，从经济救助、康复服务、托养照料等基本生活保障议题到融合教育、融合就业等发展性议题，政府都不断出台各种保障政策推动残障平权、消除社会歧视和弥合各种社会不公带来的裂痕。在这个过程中，残障社群和家长也积极行动，或组织起来在残障社会服务领域亲力亲为，或投入残障平权的社会倡导特别是政策倡导中去。踏实的行动和理性的对话构成政社良性合作的重要根基。与此同时，包括残联在内的公共部门在政策过程中也愈加具有包容性、回应性和开放性。

但是，包括精神障碍者、智力障碍者、自闭症谱系障碍者在内的心智障碍者和其他发展性障碍者依然徘徊在社会的边缘，由于长期的社会污名和标签作用，他们的特质、潜能和价值不被看见。他们常被社会公众误解，甚至多被家人"藏"在家中。我们认为无论是何种（些）类型的障碍，残障是人类社会多样性的一个部分，这种"不同"跟人类肤色、性别、语言等的不同没有差异。残障不是"缺陷"，更不应被看作是人类社会发展必须"付出的代价"。心智障碍者同样拥有在家庭和社会中安全生活、在职场中展现价值的权利和机会。

很大程度上，支持性就业在我国是自闭症谱系障碍者的家长历经多年艰辛进行社会政策倡导的产物，它为心智障碍者的就业提供了新的进路和可能。这一就业模式打破了人们对于传统"就业"的认知，它是社会服务与劳动力市场的结合体。它的意义不单在残障就业领域，更在社会边缘群体的社会参与议题上。从这个意义上，虽然支持性就业的推行正面临种种挑战，处于瓶颈阶段，但它的成果应该为国内的研究者和实务人士所珍视。如本书所言，我们期待看到它能被推广到更多的残障社群或非残障群体。特别是在国内面临严峻人口老龄化、少子化的形势下，支持性就业为就业弱势群体进入公开劳动力自食其力提供了更多机会。这一新型就业模式对社会服务提出了新的要求，也让人们重新思考政府责任、公开劳动力市场与社会服务的关系。

本书是敝人对国家社科基金项目"基于'灵活保障'的残障人士支持性就业模式"的研究成果。在这个历时近五年的研究项目中，我们奔赴华北、华中、中南、广东等多地进行调研，研究得到了多地残疾人联合会、助残社会组织、心智障碍者家长组织和相关企业的帮助，在此表示衷心的谢意。特别要感谢中国残疾人联合会、广东省残疾人联合会、广州市残疾人联合会等部门和领导多年以来给予本项目，乃至本人在科研和个人成长上的支持，也要感谢中国慧灵集团、中国智力残疾人及亲友协会、北京融爱融乐心智障碍者家庭支持中心、广州市扬爱特殊孩子家长俱乐部、广州市北斗星社会工作服务中心、长沙市爱弥尔智障儿童康复中心、衡阳市慧家社会工作服务中心、原国际劳工组织北京局官员（融易咨询创始人）周海滨先生、中国慧灵集团创始人孟维娜女士、北京市残障人文化发展中心创始人解岩先生和合伙人蔡聪先生等机构和个人为课题调研所提供的各种便利。

我们以问卷、深度访谈和观察等方式聆听了数千名心智障碍朋友的就业历程及他（她）们的生命故事。心智障碍朋友和服务提供方的努力有目共睹，尽管面对的困难和挑战十分艰巨。同时，研究团队亦深感调研过程中与心智障碍人士沟通并非易事——不是他们的问题，而是我们不懂他们的"语言"。正如村上春树所言，人类的悲喜并不相同，人类的语言通常亦难以相通。这样的结果虽然直观地体现了在调研成本、特别是所耗费的时间上，但于研究者而言，这也是生命成长的机会。在此，特别地，要奉上对所有接受过我们调研的心智障碍朋友和家长的感恩，没有他们的配合与支持，本书将不可能成稿。

我也要感谢中国社会科学出版社的宫京蕾编辑和她的同事们在出版过程中辛勤而严谨的工作，她们多次细心通读了书稿，提出很多宝贵的修改意见，她们的工作态度给我留下了异常深刻的印象。还要感谢我的多位学生，特别是研究生汪秋丽、张苑仪和黄紫莹，还有本科毕业生叶素素和庄思琳，她们或参与了多次的调研，或帮助了书稿的文字校对工作，没有她们的支持，书稿面世或许还要拖延更多的时间。

最后，要感谢常年陪伴和支持我的家人，一路给予我前进的鼓励和帮助，让我可以在学术的道路上自由地做自己。

残障是最具差异性的社会现象，本书的研究对于还原这一现象本身，以及揭示与这一现象相关的种种本质问题，依然存在种种不足与差距。路漫漫而其修远兮，未来的研究也将任重而道远。

廖慧卿
2021年8月于广州五山